淮河流域供水安全保障关键技术研究及应用

主 编 沈 宏 梅 梅

副主编 詹同涛 王 浩

合肥工业大学出版社

| 前　言 |

　　淮河流域地处我国南北气候过渡带，水资源时空分布不均。受全球气候变化及人口和经济社会快速发展的影响，该流域水资源禀赋条件与经济社会发展布局不相匹配，其以不足全国河川天然径流量2.17%的水资源，哺育着占全国人口总量12.5%的人口。该流域经济总量占全国经济总量的10.2%，生产的粮食占全国粮食总量的19.1%，水土资源空间失衡问题突出。淮河流域水资源开发利用程度较高，过度开发与开发不足问题并存，湖库富营养化问题仍未得到有效改善，局部地区水污染依然严重，生态流量保障难度大，地下水超采形势依然严峻。水资源安全问题已成为制约淮河流域经济社会发展的重要因素。

　　如何应对气候变化对水资源的不利影响以及水资源时空分布不均和水质达标率不足造成的缺水压力，合理配置水资源、维持河流健康与人水和谐发展的需求，是目前及未来较长时期内淮河流域面临的重大挑战。

　　根据《国家中长期科学和技术发展规划纲要（2006—2020年）》精神，结合淮河流域供水安全问题，为实现该流域水资源—经济社会—生态与环境协调发展，开展淮河流域供水安全保障关键技术的研究是十分必要的。在此背景下，课题组开展了淮河流域供水安全保障关键技术研究，并撰写了本书。

　　本书在充分认识经济社会发展与水资源的供求关系及相互影响的基础上，从时序断面、区域空间、经济领域发展结构需求等方面，全面深入地论证了淮河流域和谐发展的经济模式和水资源规划与配置方略，统筹协调区域之间、行业之间、区域规划和专业规划之间的矛盾，科学编制流域综合规划，为制订淮河流域治理开发与管理方案提供了可靠的决策依据，为保障淮河流域城乡饮水安全、粮食需求安全、生态发展安全，实现水资源的可持续利用与经济、社会、生态环境协调发展，提供了强有力的支持。

本书由中水淮河规划设计研究有限公司人员撰写。作者在撰写本书的过程中，坚持问题导向和实践需求，将产学研用相结合，运用了水文水资源、系统工程、社会经济以及地理遥感等信息技术的最新研究成果。在水利部行业公益性项目资助下，经过1年反复修改完善，形成了本书。

本书共分8章，第1章由沈宏、王浩编写，第2章由梅梅、詹同涛编写，第3章由梅梅编写，第4章由梅梅、胡瑞编写，第5章由李臻、常春晓编写，第6章由詹同涛、李臻编写，第7章由胡瑞编写，第8章由沈宏、王浩编写，全书由沈宏、梅梅统稿。本书得到了淮河水利委员会水文局、北京大学环境科学与工程学院、中国水利水电科学研究院等单位的大力支持，在此表示衷心的感谢。

本书得到了中国水利水电科学研究院、淮河水利委员会水文局（信息中心）、北京大学等有关单位的大力支持和帮助。在此，向给予本书关心和支持的单位、领导和同志表示衷心的感谢！

由于作者水平有限，书中难免存在疏漏之处，敬请广大读者批评指正。

编　者
2021年12月

目录
Contents

第1章

绪 论

　　受全球气候变化及人口和经济社会的快速发展的影响，淮河流域已成为我国水资源短缺和水质状况不佳的地区，城乡供水短缺矛盾不断加剧，河流季节性断流和湖泊干涸现象时有发生，水质污染情况和水生态系统健康情况堪忧。

　　如何应对气候变化对水资源的不利影响及水污染造成的水质型缺水压力，合理配置水资源、维持河流健康与人水和谐的发展需求，是淮河流域面临的重大挑战。

　　本书可为淮河流域的综合规划、水资源优化配置与管理，及节水减排的产业结构调整与经济发展模式优化等提供基础性技术支撑。通过本书的研究，可以对未来淮河流域的经济规模、城市化水平、水资源需求规模、粮食安全供水、水环境状况做出合理判断，这些将有效降低淮河流域水资源开发、利用、保护与管理的成本，提高水资源规划与配置效率，对全面提高水资源利用效率与效益，保持经济社会的可持续发展和水资源的可持续利用具有重要的意义。

1.1　供水安全研究进展综述

　　供水安全是指一个地区或国家实际可供给的水资源的数量和质量，能够满足当前和未来社会经济可持续发展对水资源的需求（王雪等，2007）。国内外许多学者从水量、水质、承载力、灾害等不同角度诠释了供水安全的定义，但其概念的核心内容一直是围绕自然条件和社会经济发展对供水和需水两方面的影响展开的。《21世纪水安全：海牙世界部长级会议宣言》中指出"水资源安全是以可以承受的价格提供安全的供水"，这里所说的水安全是狭义的供水安全，其实质是水资源供给能够满足合理的水资源需求。第二届世界水资源论坛"世界水展望（2000）"的主旨文件《为了全球水安全：行动框架》强调了水安全的主要内容是水资源能够满足人类生存的需求。2002年《中国国际环境问题报告》（宋国涛等，2002）中提出，水安全是指一国实际占有的水资源能够满足该国经济当前的需求和可持续发展的需要。阮本清和魏传江（2004）在《首都圈水资源安全保障体系建设》一书中提出，水安全是一种社会状态，要与社会、经济、生态结合起来。美国学者针对当时美国水资源开发利用和水灾害防治的特定状况，提出了"美国水管理战略"，重视农村供水系统、流域防灾减灾体系、气候变化对水资源影响的研究。在美国西部大开发中，通过蓄水战略和综合调度解决了美国西部降雨时间分布不均的问题，使水资源有效蓄积，对经济社会发展起到了推动和保障作用。英国国家河流管理委员会与私有供水排水管理企业共同制定了国家水资源管理战略，对供水安全予以宏观控制。以色列以节水为核心，对水资源进行了合理配置和有效利用，缓解了国家的缺水危机，其节水战略包括政策建立、经济激励、技术进步、农业结构调整、水资源一体化管理、海水淡化及废水利用等。

在水资源优化配置的实践上，美国科罗拉多州强调水资源的有效利用。随着经济社会的发展，科罗拉多州水资源短缺现象日益明显，因此该州政府更加重视水资源的节约与保护，并逐步形成了一整套法制体系，推动了水资源保护与利用的发展。美国加利福尼亚州水工程系统调控运用也是一个较典型的成功案例。为了解决水资源在分配上的问题，该州以中央峡谷工程枢纽和州水资源工程枢纽为中心，对加利福尼亚州水系进行合理的调控运用，以蓄留北部地区冬季径流来供给萨克拉门托峡谷的夏季灌溉并输出到该州中部及南部区域。

在洪涝灾害防治方面，世界各国都针对本国的洪涝灾害情势开展了防洪战略对策研究。其中，以堤防和水库为核心的日本洪涝灾害防治实践独具特点。日本是一个岛国，人口密集，平地少，80%的人口居住在沿海地区的城镇，其最主要的水问题是台风、暴雨、海潮造成的严重洪涝灾害。日本地形陡峻，河流较短、流量集中、流速快，降雨多集中在台风和梅雨季节，给洪水预报、滞洪等非工程措施的实施造成困难。因此日本洪涝灾害防治措施的重点是建设堤防和水库，且质量标准较高。

在流域水生态环境系统保护方面，莱茵河流域水资源一体化管理是成功的范例。莱茵河流域各国重新开始研究流域的系统化管理，流域内各国为共同治理莱茵河相继签署并实施了"控制化学污染公约""控制氯化物污染公约""防治热污染公约""2000年行动计划""洪水管理行动计划"等一系列流域管理战略，实现了莱茵河流域从传统单一的流域水安全战略管理，向以生存质量可持续发展为目标的流域系统化水安全战略管理转变。

在区域供水安全战略研究方面，钱正英、张光斗等43位中国工程院院士及一大批专家完成的《中国可持续发展水资源战略研究综合报告》，在分析当前中国水资源的现状和所面临的问题的基础上，提出了我国水资源的总体战略：必须以水资源的可持续利用，支持我国社会经济的可持续发展，并实施人与洪水协调共处的防洪减灾战略；以建设节水高效的现代灌溉农业和现代旱地农业为目标的农业用水战略；节流优先、治污为本、多渠道开源的城市水资源可持续利用战略；以源头控制为主的综合防污减灾战略；保证生态环境用水的水资源配置战略；以需水管理为基础的水资源供需平衡战略；解决北方水资源短缺的南水北调战略；与生态环境建设相协调的西部地区水资源开发利用战略等水战略措施。中国工程院以西北地区的水资源为研究对象，以生态环境的保护和建设为重点，以工业、农业和城镇建设可持续发展和缩小东西部经济差距为目标，提出加强以流域为基础的水资源统一管理，建设节水型社会，提高用水效率，统筹安排重点地区的生态环境用水，加快骨干型水利工程建设，优化水资源配置，加快供水水网体系等区域供水安全战略实施的对策。王浩院士等在对西北地区水资源与生态环境进行系统评价的基础上，面向西部大开发战略，提出了西北水资源的合理开发、高效利用与保护的模式。谢新民等根据宁夏的实际情况和亟待解决的问题，利用水资源系统分析的理论和方法及人工智能、决策支持系统等新技术，对宁夏水资源优化配置与可持续利用战略进行了系统的分析和研究，提出了适合宁夏的社会经济发展模式、水资源优化配置方案和水资源可持续利用战略。

关于供水安全风险评估的研究，目前主要集中于社会、经济、环境对水资源的影响及与决策分析、多目标理论方法、综合分析、计算机支持技术相关联的问题（韩宇平和阮本清，2003），而对与人类社会和城市发展关系密切的供水安全风险评价的研究较少。Tarek Merabtene 等（2002）建立了水资源管理决策系统，包括降雨—径流实时预测模型、需水量预测模型、水库调度模型 3 部分，为评价供水系统的脆弱性提供了决策依据。2005 年澳大利亚环境部对其西部的饮用水水源地进行风险评估，评估的主线为水资源供给过程，即流域集水、蓄水、水处理、水输送和消费等过程，并给出风险等级和管理方案。Andreas Lindhe 等（2011）在饮用水资源风险评价及其风险降低策略中着重强调了经济因子的影响，其主要研究方法为将概率和动态故障树分析方法与成本—效益分析方法相结合，并考虑到了风险降低策略的经济成本和不确定性。国内对供水系统风险评估的研究主要集中于其指标体系的建立和研究方法的探讨，从供水系统的自然灾害、水资源承载力或综合评估等方面探讨建立了供水系统的指标体系。这些指标体系包含了水资源的数量与质量、社会经济及生态与水资源的关系等多方面的内容，但是针对城市供水安全风险评价的可操作性指标体系及评价方法的研究较少。例如，韩宇平（2003）构建了一个包括水资源供需矛盾、生态环境、水资源管理、饮用水安全、水价在内的、具有层次结构的区域水安全评价指标体系，采用半结构性决策方法与模糊优选方法对区域水资源持续利用方案进行整体评价，为选择最优水资源利用方案提供判断依据。施春红（2007）等选取了人均水综合生产能力、人均日生活用水量、人均节水率等 9 个指标，运用主成分分析法和因子分析法对中国主要城市的供水安全进行评价。郑昊应用 PSR（pressure - state - response，压力-状态-响应）模型，采用灰色关联分析方法，识别了影响哈尔滨市全年供水总量的主要因素，并以此为理论依据，针对评价的结果，结合哈尔滨市的现有条件和发展规划，提出了切实可行的对策、措施。

水资源的供需平衡也是供水安全风险评价中的关键问题。迄今为止，国内外学者通过水资源供需平衡模型探讨了城市的供水安全问题。David Seckler 等（1998）在《全球水资源供给和需求》报告中探讨了全球水平衡和供需问题，并预测了不同灌溉情景下多个国家 2025 年的需水量。David Seckler 等（1998）建立的区域水资源供需平衡模型的水资源供给影响因子有有效流量、水库容量变化、海水淡化技术和净流量变化等，区域水资源需求的影响因子有农业用水、生活用水、工业用水和环境用水等。李景波用灰色系统模型等 6 种方法预测了滕州市规划水平年的需水量，并进行了水资源供需平衡分析，提出了滕州市水资源可持续利用评价的指标体系与评价方法，在中小城市水资源可持续利用方面进行了有益的探索。张伟东从可持续发展的角度研究水资源优化配置的理论及应用，以追求经济、社会、环境三者的综合效益最大化为系统目标，建立面向可持续发展的水资源优化配置模型并采用遗传算法进行求解，并对社会、经济、环境目标及经济发展与水资源利用、环境改善的协调进行了量化探讨。王浩提出了基于集中分配机制和市场分配机制的二层规划分配模型，并借鉴了国外先进的水权管理制度，结合我国水权制度现状，提出了政府宏观调控与市场机制相结合的可持续发展水资源管理构想。李静在用灰色模型和线性回归等模型预测宝鸡市需水量的基础上，对城市水资源的供需平衡和承载能力进行了分析，并给出了宝鸡市水资源可持续开发和管理的策略。牟丽丽以水资源可持续利用为主题，探讨了水资源可持续利用的相关理论，并针对三江平原水资源进行了供需水平衡满意度分析，建立了适合三江平原水资源可持续利用的评价指标体系，确定了三江平原水资源可持续利用的系统模糊模式识别评价模型。Chung 等（2008）建立了综合供水规划模型，并利用该模型分析了水资源供需平衡和水质情况及维持供水系统安全的成本。

此外，随着全球气候变暖，21 世纪全球海平面呈上升趋势。海平面上升引起原水供给量减少，而经济快速发展造成需水量增加，二者导致水资源供需失衡。因此，近年来，关于气候变化对供水安全影响的研究逐渐增多。政府间气候变化专门委员会（Intergovernmental Panel on Climate Change，IPCC）在科学报告中评价了气候因子对全球水资源的影响，尤其是海平面上升将增强盐水入侵强度，使沿海地区和河口地区水资源受影响程度增大（IPCC，2007）。Divya Sharma 等（2009）通过研究印度气候变化与水资源、风险管理的关系，建立了该地区气候变化对水资源影响的风险评价概念框架。该概念框架将该地区水资源安全风险因子分为两类，一类是人类活动造成的风险因子，如工业发展、生活用水、社会经济、环境等；另一类是气候变化导致的风险因子，如季风气候、水文循环、生态系统变化等。

1.2　研究目标与任务

主要研究目标有：评价气候变化对淮河流域供水安全的影响，研究淮河流域经济社会与水资源协调发展的评价指标，建立淮河流域经济、社会、生态环境与水资源协调发展模拟模型，提出粮食生产供水安全标准，建立城乡饮水安全供水预警模型。

主要研究任务有：

（1）研究气候变化对淮河流域水资源发展趋势的影响。

（2）研究淮河流域经济社会与水资源协调发展的评价标准。

（3）研究淮河流域经济社会、生态环境与水资源协调发展的模拟技术。

（4）研究淮河流域粮食生产供水安全标准及实现途径。

（5）研究淮河流域城乡饮水安全供水预警技术。

1.3 研究思路与方法

本次关键技术研究由 5 个子专题组成，各专题既相对独立，又相互联系。其中气候变化对淮河流域水资源发展趋势影响研究、淮河流域经济社会与水资源协调发展评价标准研究子专题是进行淮河流域经济社会、生态环境与水资源协调发展模拟技术研究的基础。粮食生产供水安全标准、实现途径研究及城乡饮水安全供水预警技术研究子专题与淮河流域经济社会、生态环境与水资源协调发展模拟技术研究相互联系、相互制约。总体技术路线如图 1-1 所示。

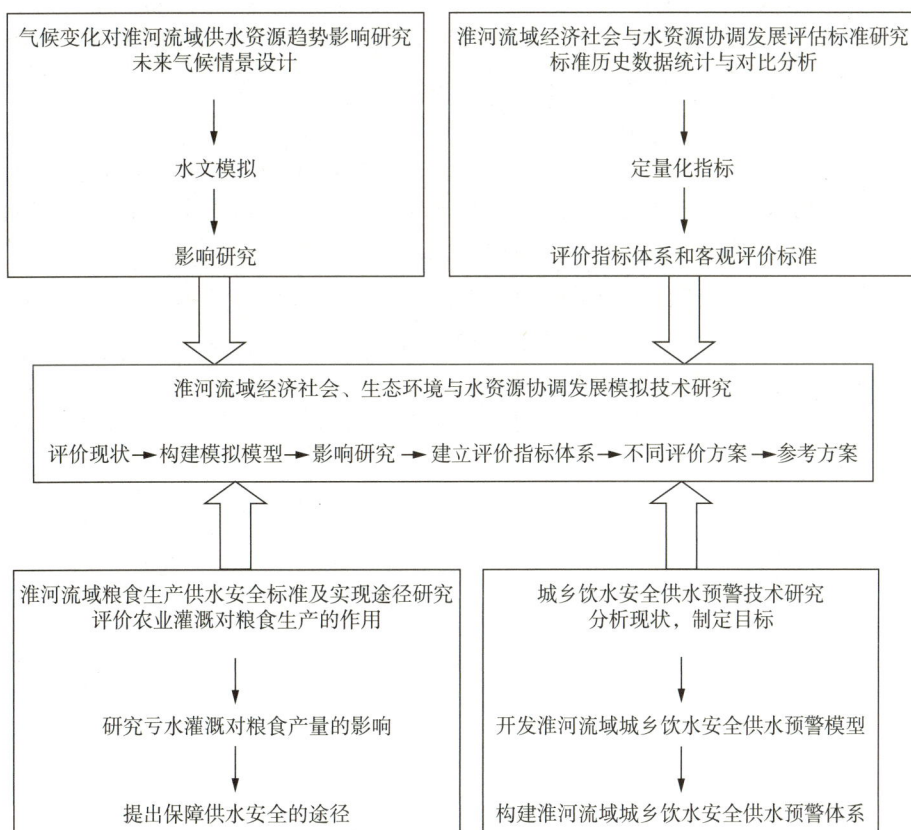

图 1-1 总体技术路线图

1.4 主要研究内容

（1）利用淮河流域自 1950 年至今的逐日（月）气温，最高气温，最低气温，蒸发、降水资料，通过时间序列、经验正交函数法（empirical orthogonal function,

EOF）分析近 60 年淮河流域气候时间和空间的变化特征。通过"未来气候情景设计—水文模拟—影响研究"模式，研究未来气候变化可能引起的淮河流域气温、降水等变化，预测淮河流域径流的增减趋势。

（2）构建淮河流域水资源消耗与经济发展水平关系的理论模型，以单位 GDP（gross domestic product，国内生产总值）水消耗量、人均水资源消耗量、人均 GDP 等变量为基础，基于淮河流域不同时期、不同地区的数据资料，利用计量模型进行定量分析，研究水资源消耗与经济发展水平的数量关系。以淮河流域经济社会与水资源协调发展度为目标层，确立指标体系的准则层，结合淮河流域特征选择评价指标，构建淮河流域经济社会与水资源协调发展的评价指标体系，确定淮河流域经济社会与水资源协调发展的评价标准。

（3）评价淮河流域水资源开发利用对经济社会发展的影响，确定淮河流域经济社会发展与水资源、环境协调性评价指标体系及评价方法，构建全面描述水资源-经济社会-生态环境模拟系统。利用系统分析工具与相关子模型，从供需双向揭示淮河水资源面临的问题与挑战，为淮河流域水资源规划和管理提供决策支持。运用淮河流域水资源-经济社会-生态环境协调发展整体模型、多目标群决策技术、多目标敏感性分析模型和情景生成与方案评价技术，提出可行的支持可持续发展的参考方案集合。通过综合评价手段，提出淮河流域水资源与经济社会协调发展的战略与对策。

（4）研究淮河流域粮食生产对国家粮食安全的影响，评价农田灌溉对淮河流域粮食生产的作用。通过开展农田灌溉实验，对不同作物的灌溉方式进行监测，研究淮河流域农业灌溉水源、灌溉方式及灌溉制度对粮食产量的影响，重点研究亏水灌溉对粮食产量的影响，并分析淮河流域粮食产量与水资源利用之间的关系，客观评价灌溉对粮食生产的促进作用，提出淮河流域农业供水安全标准体系和农业供水安全保障途径。

（5）预测规划水平年淮河流域城乡居民生活用水的供需水量，分析不同程度的用水保障，设定不同保障程度的供水警戒线，构建城乡饮水安全供水预警模型。

第2章 淮河流域供水安全状况

2.1 淮河流域人地系统特征分析

2.1.1 自然本底特征

1. 地貌类型多样，但排水不畅，易涝易洪

淮河流域位于我国中东部地区，西起桐柏山和伏牛山，东临黄海，北屏黄河南堤和沂蒙山脉，南以大别山、江淮丘陵、通扬运河及如泰运河南堤与长江流域分界，是我国南北气候物候过渡带、地势二级阶梯与三级阶梯过渡带、中纬度与高纬度过渡带、海相与陆相的过渡带，位于北纬 31°～36°、东经 112°～121°。淮河流域面积约 27 万 km²，以废黄河为界，分为淮河和沂沭泗河两大水系，其中淮河水系约 19 万 km²，沂沭泗水系约 8 万 km²。淮河流域地跨湖北、河南、安徽、江苏、山东 5 省 40 市、181 个县，总人口约 1.65 亿人。

淮河流域的地形大体由西北向东南倾斜，平原、丘陵、高山、海岸、滩涂、湖泊、沼泽、河流等地貌单元相间分布（图 2-1），其上游、中游地区景观异质性强，平原地形西高东低，地面高程多为 3～100m，坡降为 1/7500～1/10000，山区海拔一般为 500～1000m。

淮河流域由西向东可分为两个沉降带和两个隆起带：西部为嵩箕山、伏牛山强烈上升区，中西部为以周口地区为中心的强烈沉降区；中东部为苏皖隆起区；东部滨海平原为强烈沉降区。淮河中游正阳关（安徽省寿县正阳关镇）以上正处于中西部强烈沉降带，地形平缓，受北、西、南三面来水量的威胁；正阳关至洪泽湖淮河入湖口地区处于隆起区，因此排水不畅，造成了内涝的下垫面。

2. 受季风影响显著，降水分布时空不均

在气候分区上，淮河流域地处我国南北气候过渡地带，属暖温带半湿润季风区。淮河流域受季风影响明显，冬季在以极涡为中心的经向西风环流影响下，盛行东北信风；夏季在南亚高压和印度低压影响下，盛行西南信风。春秋季则是东北季风与西南季风的相互转换变化时期，它们转换变化的迟早、强弱和维持时间的长短，直接影响

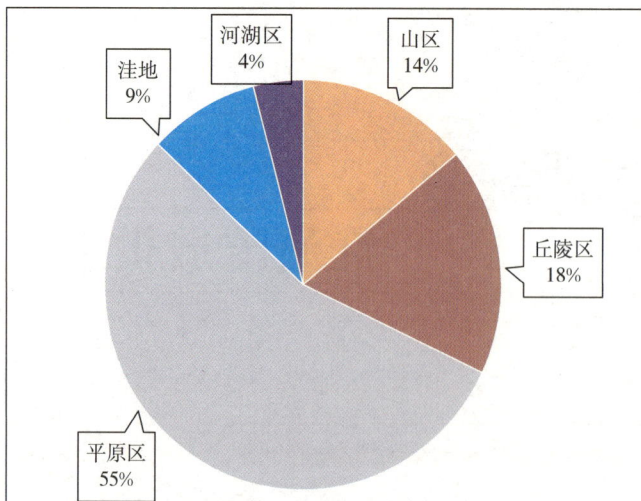

图 2-1 淮河流域地形构成图

着淮河流域四季降水量的多寡。淮河流域总的气候特点是：季风显著、四季分明、夏热多雨、冬寒晴燥、秋旱少雨，冷暖和旱涝的转换突然。

淮河流域年平均气温的分布特点是：南部高于北部，同纬度地区内陆高于沿海，平原高于山区；冬季各地温差大，夏季各地温差小，温差总的趋势是北部大、南部小，内陆大、沿海小。

淮河流域多年平均降水量为 883mm，丰年、枯年降水量可差 5 倍。淮河流域降水量时空分布不均匀，在地域上呈自南向北递减趋势；在时间上降水主要集中在汛期（6—9月），其间降水量一般占全年降水量的 70%～80%，而 7 月又是降水量最集中的月份，其平均降水量占全年降水量的 1/4 左右。淮河流域的降水量年际变化显著（图 2-2）。

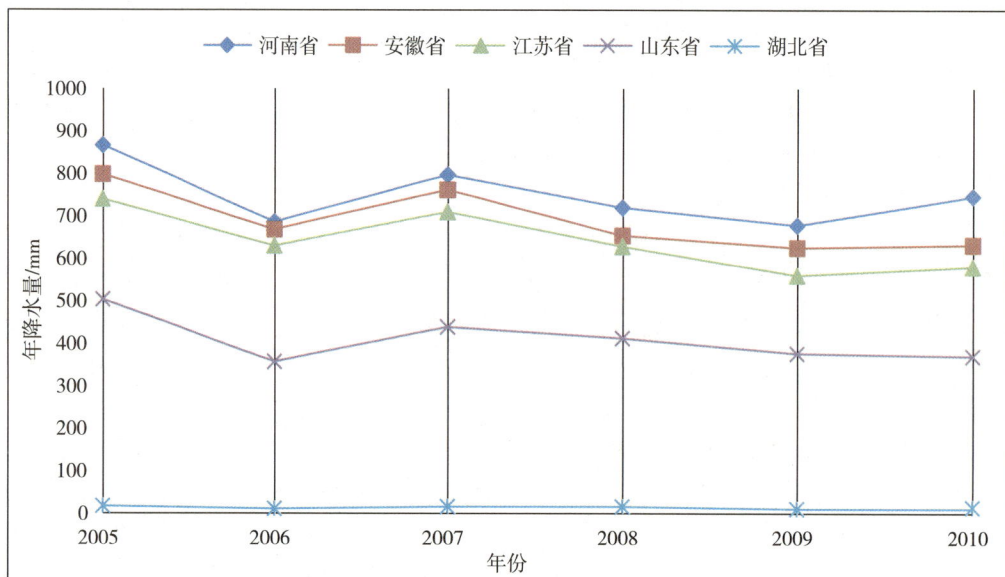

图 2-2 2005—2010 年淮河流域各省降水量变化

　　淮河流域的径流主要由大气降水补给，径流除受降水影响外，还受河道坡降大小和地面覆盖层厚薄等因素的影响。年径流量的分布与降水分布大体相似，即南部多，北部少；山区多，平原少；沿海多，内陆少。淮河流域径流的年内分配也同样与降水相似，主要集中在汛期（6—9月），其约占年径流量的70%～80%，集中程度为北部高，南部低。淮河流域年内月最大径流量与月最小径流量相差悬殊，年内月最大径流量占年径流量的14%～40%，年内月最小径流量占年径流量的1%～5%。淮河流域径流的年际变化率也较大，最大与最小年径流量相差悬殊。两者的比值在不同地区间差异很大，一般为5～30倍。

3. 河川水系发达，洪涝问题突出

　　淮河干流呈平行羽毛状，总落差为196m，平均比降为0.02%。淮河北岸支流多为平原河道，其中许多支流发源于黄河南堤，在淮河中游地段近似平行地自西北向东南流入淮河干流，干支流交角为60°～70°；南岸支流皆发源于山区或丘陵区，与淮河干流近乎成直角。淮河南北岸支流特征迥异：南岸短而陡，北岸长而缓，遇暴雨时，极易造成淮北地区内涝。淮河水系受区域地质控制，不对称系数沿淮河干流流向加大（洪河口以上0.33，正阳关0.66，中渡0.85），因此当淮河流域发生大面积暴雨时，洪涝问题更加突出。此外，淮河多弯曲河道，洪河口至洪泽湖段弯曲系数达1.67，加上淮河中下游比较平缓，形成了淮河洪水集中迅速、峰高量大、退水持续时间长等特点。

　　淮河水系与沂沭泗水系在地理位置和气象条件方面差异较显著：淮河水系接近于南面的长江流域，沂沭泗水系接近于北面的黄河流域，往往在水资源方面造成南丰北枯的情况，或者相反。这种差异性为淮河水系与沂沭泗水系相互调水创造了有利条件。

2.1.2　社会经济特征

1. 地广水丰——国家粮食安全的保障

　　土地和水资源是发展农业生产的两个限制性因子。我国北方长城以外广大地区地多水少，而南方除平原地区之外的广大山区则地少水多，二者在发展农业生产方面均存在克服难度极大的刚性约束。淮河流域平原广袤，地广水丰，自古以来就具有发展农业生产的优势，对中华文明的发展演进发挥了重大驱动作用。虽然现阶段淮河流域人均水资源量相对较低，在一定程度上制约了农业的发展，但属于相对短缺状态，即如果摒弃大水漫灌的粗放式灌溉方式，广泛推行节水灌溉，尤其是对水资源进行合理配置，则淮河流域的水资源量不仅足以支撑淮河流域农业生产的发展，还有巨大潜力，淮河流域对保障国家粮食安全具有无可替代的作用。

2. "双洼效应"——经济社会和自然地理双洼地

　　淮河流域人口稠密，平均人口密度为631人/km²，是全国平均人口密度122人/km²的4.5倍，居各大流域人口密度之首。淮河流域总耕地面积2.6亿亩，占全国耕地面积的1/7；粮食产量约8900万t，约占全国粮食产量的1/5，粮食平均产量高于全国平均水平，人均农业产值高于全国同期人均产值。然而，2010年淮河流域人均GDP仅为全国平均水平的72.9%。城市化率为36.0%，第三产业占GDP比例为33.6%，均低于全国平均水平10个百分点左右。

从整体上看，淮河流域具有典型的"双洼效应"（图2-3），即淮河流域处于南部长江中下游地区和北部黄河中下游地区之间，洪水泛滥频繁，行蓄洪区和易涝洼地遍布，在一定程度上具有"地理洼地"的特征；同时，淮河流域以农业为主的产业结构、城市化水平低、人均GDP低、大城市和城市群的辐射拉动作用弱等特点，使其经济社会发展处于我国东中部地区的较低水平，在一定程度上具有"社会经济洼地"的特征。

近几年，淮河流域各省采取相应措施，充分利用淮河的交通、资源和区位优势，使该地区经济发展的速度超过了全国平均发展速度，具有"后发优势"。

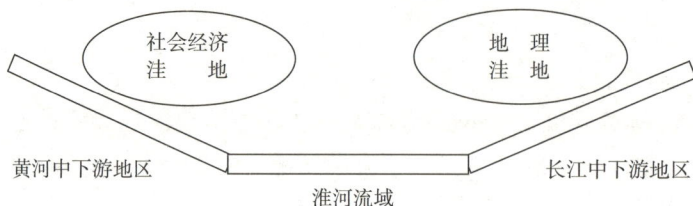

图2-3　淮河流域环境社会系统的"双洼效应"

淮河流域在农业和资源能源方面有比较明显的区位优势，是我国重要的农业生产基地之一，也是我国重要的粮、棉、油主产区之一，在我国国民经济中占有十分重要的战略地位。淮河流域气候、土地、水资源等条件较优越，适宜发展农业生产，因此该地区农业耗水量也相应较大。

3. 城市化水平较低，不同地区经济发展水平存在差异

淮河流域总体城市化水平较低，不同地区经济发展水平存在差异：目前淮河流域已形成3个城市经济圈：一是以蚌埠为中心的城市经济圈，二是以徐州为中心的城市经济圈，三是以郑州为中心的城市经济圈。蚌埠市位于淮河干流与京沪铁路的交汇点，是皖北地区的重要城市，为淮河中游地区的经济中心；徐州市位于淮河流域中部的苏皖鲁三省交汇处，为京沪铁路与陇海铁路的枢纽，是南京与济南之间的纽带，自古以来就是淮海地区的交通枢纽和经济中心；郑州市是河南省省会和"中原经济区"的中心，位于淮河流域的西北部、京广铁路与陇海铁路交汇处。河南省境内的淮河流域地区都在郑州市的辐射与吸引范围之内，它是淮河上游流域的经济中心。郑州市和蚌埠市同属2011年国务院批准的中原经济区。蚌埠、徐州、郑州三大中心城市与各自相邻的中小城市形成了联系密切的经济网络和经济圈，对全流域的辐射拉动作用日益凸显。

2.2　淮河流域供水情势

50多年来淮河流域修建了大量的水利工程，已初步形成淮水、沂沭泗水、江水、黄水并用的水资源利用工程体系，水资源开发利用率为43.9%，当地地表水开发利用率为40.6%。在中等干旱以上年份，淮河流域地表水资源供水量已经接近当年地表水资源量，已严重挤占河道、湖泊生态、环境用水。淮河流域浅层地下水开发利用率为 69.8%。

1. 供水设施与能力

淮河流域年供水能力为 606 亿 m³，比 1985 年年供水能力增加了约 100 亿 m³。淮河流域地表水源工程分为蓄水、引水、提水和调水工程，供水能力为 457 亿 m³，地下水源供水能力为 149 亿 m³。

2. 供水量及结构变化

淮河流域供水水源主要为地表水、地下水和其他水源。淮河流域 2010 年总供水量为 571.7 亿 m³，比 1980 年增加了 138.7 亿 m³，年均增长率 0.9%。在总供水量中地表水供水量为 427.3 亿 m³，占 74.7%；地下水供水量为 142.9.0 亿 m³，占 25%；污水处理回用、雨水集蓄利用等其他水源利用量为 1.5 亿 m³，仅占 0.3%。

2010 年与 1980 年相比，淮河流域地表水供水量占全流域总供水量的比重从 75.9% 减少到 60%，地下水供水量占全流域总供水量的比重由 19.6% 上升到 25%，跨流域调水供水量占全流域总供水量的比重由 4.5% 上升到 14.7%。

3. 用水量变化趋势

近几十年来，淮河流域用水总量总体呈增长趋势。由于淮河流域用水主要为农业用水，受丰年、枯年变化影响较大。1980—2010 年城镇生产、生活用水量迅速增长，在全流域总用水量中所占比例持续上升，由 1980 年的 13.2% 上升到 2010 年的 25.7%，年均用水量增长率为 0.4%。2010 年城镇生产、生活用水与 1980 年相比，分别增加了 2.21 倍、1.22 倍，如图 2-4 所示。

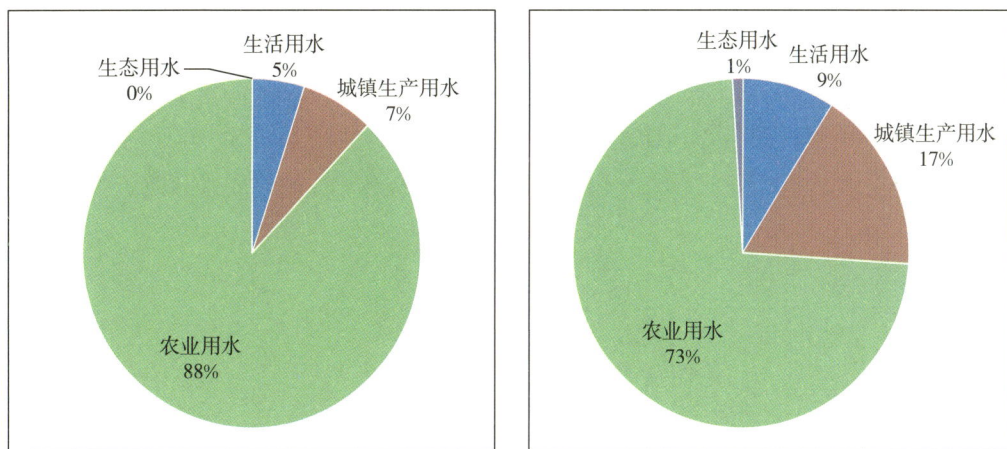

图 2-4 淮河流域 1980 年和 2010 年用水结构比较图

受资源条件、水质条件等因素的影响，历年各种供水水源供水量在总供水量中的比重变化较大。供水结构变化的趋势是当地地表水供水比重下降、地下水供水比重增加；跨流域调水比重逐步增加，年际变化较大；其他水源供水总量较小但增长速度较快。

2001—2010 年淮河流域水资源利用情况见表 2-1 所列。

表 2-1　2001—2010 年淮河流域水资源利用情况表

年份/年	供水量/亿 m³					用水量/亿 m³				
	当地地表水	跨流域调水	地下水	其他水源	总供水	农业	城镇生产	生活	生态	总用水
2001	295.21	95.49	145.24	0.86	536.80	407.73	89.58	39.43	0.04	536.80
2002	296.88	89.26	143.53	0.76	530.42	400.5	89.30	40.48	0.32	530.42
2003	248.63	43.29	118.32	0.63	410.87	273.95	89.89	43.06	3.97	410.87
2004	316.19	50.41	125.94	0.66	493.20	353.04	93.07	43.89	3.20	493.20
2005	306.16	50.26	122.64	0.58	479.64	329.33	101.87	44.82	3.63	479.64
2006	330.62	56.35	133.79	0.79	521.61	368.63	103.92	44.95	4.12	521.61
2007	316.62	37.38	132.19	0.90	487.08	338.82	96.12	47.47	4.65	487.08
2008	335.10	65.12	142.64	1.36	544.22	393.24	95.57	48.62	6.79	544.22
2009	347.87	75.18	147.64	1.44	572.13	420.07	96.02	49.72	6.29	572.13
2010	344.42	81.94	142.87	1.49	571.69	417.99	97.16	49.84	6.71	571.69

4. 解决水资源短缺问题的途径

淮河流域河道内外总缺水量为 74.6 亿 m³，其中河道外缺水量为 50.9 亿 m³，挤占河道内生态环境用水量为 23.7 亿 m³。淮河流域水资源利用的水平和效率在不断提高，其用水效率高于全国平均水平，但与国际先进水平相比，水资源利用方式还很粗放，用水效率较低，节水管理水平与节水技术还比较落后，节水潜力较大。

5. 水污染问题严重

目前，淮河流域污染物入河排放量仍然远远超过水功能区纳污能力，其中工业废水（不包括火电厂惯流式冷却水和矿坑排水）和城镇生活污水排放总量呈逐年上升趋势，如图 2-5 所示，2010 年的排污量是 2001 年的 1.65 倍。近一半河流的水质尚未达到水功能区水质目标要求，特别是在一些淮北主要支流，污染情况还比较严重。水污

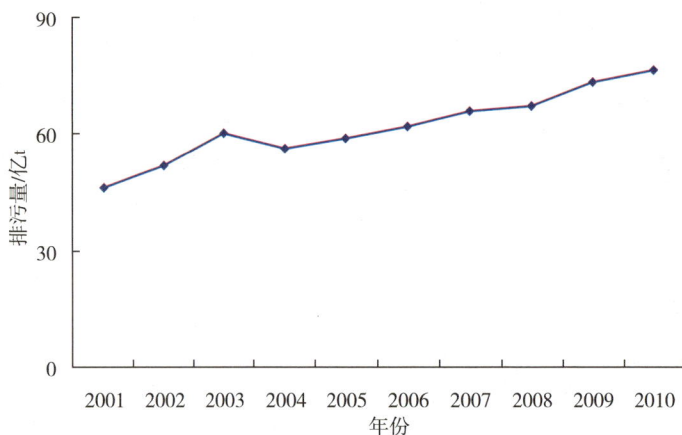

图 2-5　淮河流域 2001—2010 年污水排放总量趋势图

染使部分水体功能下降甚至丧失，严重影响了供水安全，进一步加剧了淮河流域水资源短缺的矛盾。

6. 水资源开发利用展望

随着经济社会的发展，用水需求不断增加。在中等干旱和特干旱年份，淮河流域内水资源总量分别仅为 542.3 亿 m^3、315.5 亿 m^3，且年用水需求约为 606 亿 m^3，因此水资源供需矛盾日益尖锐。需要从淮河流域内、外对水资源利用工程体系进行统筹规划、合理安排，以水资源的可持续利用来支撑经济社会的可持续发展。

（1）继续实施和扩大跨流域调水工程，提高淮河流域整体水资源承载能力，主要包括南水北调东线和中线工程、安徽省引江济淮工程、江苏省引江工程。

（2）强化节水管理，进一步挖潜配套现有水源，推广应用节水管理技术、高效节水技术等措施，提高灌溉水利用率，并充分利用其他水源，如污水、海水及雨水等。

（3）综合运用淮河流域内的水利工程或天然的地理优势，如临淮岗、水库、沿淮洼地、采煤沉陷区、洪泽湖等，进行洪水资源利用，实现洪水资源化。

（4）充分利用非工程措施，强化水资源保护科学化管理，提高应急反应能力和突发性水污染事件应急监测能力，建设淮河流域的水资源调度与决策支持系统工程，实现淮河流域水资源的精细调度，确保淮河流域供水安全。

2.3　淮河流域供水安全胁迫

淮河流域地处我国南北气候过渡带，水资源时空分布不均，长期存在"水多""水少"和"水脏"的问题，严重制约着淮河流域经济社会的健康发展。淮河流域供水安全受到气候变化、水资源短缺与开发过度、水污染、经济社会发展与环境保护不协调、水土资源不匹配等众多胁迫因子的影响。

2.3.1　气候变化胁迫因子

淮河流域水资源具有年际变化量大、空间差异明显、旱涝灾害多发等特点。在全球气候变暖的背景下，淮河流域旱涝灾害有增多趋势，特别是当地既经历了 2001 年、2002 年的大旱，又出现了 2003 年、2007 年流域性大洪水。淮河流域的径流主要由大气降水补给，径流的年内分配主要集中在汛期，约占年径流量的 70%～80%，降水年内分布不均。气候变化对淮河流域的水资源状况产生了很大的影响，使供水安全矛盾突出，制约淮河流域的社会和经济发展。淮河流域水资源的承载压力变大，水资源时空分布不均的问题在气候变化的情境下可能更加剧烈。气候变化的影响将给淮河流域供水安全带来更大的威胁与挑战。

随着区域经济的快速发展，人类活动的影响不断加剧，导致下垫面条件变化较大。一方面工业化和城镇化导致地表渗透能力下降，另一方面农村大量种植经济型树木，造成淮河流域蒸发量、散发量加大。

2.3.2　水资源短缺与开发过度胁迫因子

淮河流域是一个缺水地区。1949—1998 年的 50 年中，淮河流域频繁发生旱灾。旱灾已成为淮河流域的主要自然灾害之一。淮河流域人均地表水资源量为 500m³，仅为世界人均地表水资源量的 1/20，是全国人均地表水资源量的 1/5；亩均地表水资源量为 417m³，仅为世界亩均地表水资源量的 1/7，是全国亩均地表水资源量的 1/5。

目前淮河流域已有大中型水库 5700 多座和水闸 5000 多座，总库容 303 亿 m³，兴利库容 150 亿 m³，分别占多年平均年径流量的 51％和 25％，地表水利用率远远高于国际内陆河流开发利用率平均水平。根据 1996 年国际自然资源会议认可的标准，淮河流域水资源利用率为 43.6％，是我国水资源开发利用程度较高的地区之一。随着国民经济的发展，淮河流域用水量将继续增长，淮河流域水资源面临的压力是全国平均水平的 4～5 倍，有限的水资源已难以承载高速发展的社会经济发展规模。

2.3.3　水污染胁迫因子

从 1989 年淮河发生第一次重大污染事故以来，我国政府一直高度重视对淮河的污染防治工作。经过"九五""十五"期等十多年的整治，淮河水质有所好转。但污染事故仍屡屡发生，截止到目前，全流域共发生较大水污染事故近 200 起，直接经济损失累计达数 10 亿元。据 2005 年淮河流域水资源公报显示，2005 年水质为 Ⅳ 类以上的河流仍占 68％，淮河流域水污染问题依然严峻，正面对水质型缺水压力。

淮河流域闸坝工程众多，这些闸坝在防洪抗旱、农业灌溉和供水等方面发挥着巨大作用。但是，闸坝的联合调度问题、经济发展过程中排污控制问题与水环境修复、保护之间的协调与矛盾问题十分突出。闸坝工程修建后引起径流大幅变更，加之水污染过程迭加，使突发性水污染事故频繁发生，对河流生态与环境造成的影响已成为国内外关注的焦点问题。1994 年 7 月、2004 年 7 月淮河流域发生了震惊中外的重大污染事故，大量的污染团下泄，严重破坏了沿途生态环境，严重威胁了居民正常生活，造成了巨大经济损失。

淮河流域农业生产模式中所使用的农药、化肥产生了难以控制与监测的面源污染，对生态环境造成了一定的影响。特别是一些毒性较大的农药和化肥，在自然条件下的降解极为缓慢，使河流水质受到污染，危害人民的健康。

2.3.4　经济社会发展与生态环境保护不协调胁迫因子

20 世纪 80 年代初，淮河流域内各地市以牺牲环境为代价追求发展。城镇和农村有大量高耗水、高污染的企业兴起，出现了味精厂、柠檬酸厂、个体皮革厂、秸秆造纸厂等企业。粗放型的生产经营模式、过度开发水资源、低效利用和毫无控制地排放污水，使淮河流域江河湖泊的水质和生态环境遭到了严重破坏，造成了经济社会发展与环境保护严重不协调。

淮河流域水环境压力居七大流域之首。高密度的人口分布，使城市生活用水量增加、城市供水负担加大；高污染的产业结构，使每年的污染物入河量远远超出淮河流域的水环境承载能力。淮河流域水资源供需矛盾和水污染问题十分突出，这已经成为制约淮河流域经济社会健康发展的重要因素。

淮河流域内生态系统的健康，依赖于淮河流域水循环的正常运转，因为河流湖泊所在的水生态系统对水量、水质都有一定程度的要求，而经济社会发展也对水资源有很大的需求。因此，我们要依据现有紧缺的水资源，在生态系统和经济社会发展两方面进行协调，综合考虑两方面的需求，为自然生态保护和社会经济发展创造最大的效益。就目前的情况来看，淮河流域生态系统对水资源的需求还不够明确，因此往往不能保证生态系统的用水需求，继而造成生态系统情况的恶化。恶化的生态系统则进一步影响淮河流域的经济发展活力，也影响了居民的生产生活质量。这种不协调制约了淮河流域社会经济发展的质量，成为胁迫淮河流域社会经济发展的因素。因此，促进两者更协调的发展，让生态环境和经济社会发展实现共赢，是淮河流域亟待解决的问题。

2.3.5　水土资源不匹配胁迫因子

淮河流域土地肥沃，光热资源丰富，适于农作物生长，是我国重要的农业生产基地之一。淮河流域总耕地面积 2.6 亿亩（1 亩 ≈ 666.67 m^2），占全国耕地面积的 1/7；粮食产量约 8900 万 t，约占全国粮食产量的 1/5，粮食产量高于全国水平，地区生产总值 31072 亿元，占全国总量的 9.1%。然而淮河流域总径流量不足全国河川天然径流量的 2.17%，水土资源不匹配。水资源的分布与淮河流域内人口、耕地、矿产、能源等资源和生产力布局不协调。

淮河流域水资源匮乏，工业挤占农业用水。农业供水安全形势不容乐观，尤其是枯水年份农业用水不足，严重影响了粮食供水安全，对淮河流域粮食生产及全国粮食安全产生了影响。

2.4　小　结

1. 淮河流域人地系统特征分析

（1）自然本底特征：地貌类型多样，但排水不畅，易涝易洪；受季风影响显著，降水时空分布不均；河川水系发达，洪涝问题突出。

（2）社会经济特征：地广水丰——国家粮食安全的保障；"双注效应"——经济社会和自然地理双注地；城市化水平较低，不同地区经济发展水平存在差异。

2. 淮河流域供水情势

50 多年来淮河流域修建了大量的水利工程，已初步形成了淮水、沂沭泗水、江水、黄水并用的水资源利用工程体系，水资源开发利用率为 43.9%，当地地表水开发利用率为 40.6%。在中等干旱以上年份，淮河流域地表水资源供水量已经接近当年地表水资源量，严重挤占了河道、湖泊生态、环境用水。淮河流域浅层地下水开发利用率为 69.8%。

3. 淮河流域供水安全胁迫

淮河流域地处我国南北气候过渡带，水资源时空分布不均，长期存在"水多""水少"和"水脏"的问题，严重制约着淮河流域社会经济的健康发展。淮河流域不足全国河川天然径流量的 2.17%，却承载着全国人口总量的 12.5%、经济总量的 10.2%、粮食总量的 19.1%。供水安全受到气候变化、水资源短缺与开发过度、水污染问题、经济社会发展与环境保护不协调、水土资源不匹配等众多胁迫因子的影响。

第3章

气候变化对淮河流域水资源趋势影响研究

近代淮河流域气候研究主要参考、引用了葛全胜所著的《中国历朝气候变化》。淮河流域近60年气候与水资源特征研究资料为近170个气象县站关于逐日气温、降水的观测资料，资料年限为1951—2010年，径流资料来源于水文数据库。淮河流域未来气候变化研究采用的模式资料为中国科学院（以下简称中科院）大气物理研究所的IAP/LASG FGOALS模式和美国国家大气研究中心（National Center for Atmospheric Research，NCAR）研发的通用气候系统模式NCAR-CCSM3.3气候模式资料。

利用时间序列分析、波谱分析等方法分析淮河流域降水、气温和径流量的时间序列特征和周期性。利用EOF方法分析淮河流域降水、气温的空间分布特征。利用相似性分析方法分析淮河流域降水、气温与水资源的相关性，建立了淮河流域情境气候模式-水资源的月水量平衡模型，分析了淮河流域未来不同气候情境下的水资源变化趋势。

3.1　淮河流域近2000年的气候变化特征

3.1.1　气温变化特征

1972年，中国历史气候变化研究开拓者竺可桢，利用中国历史文献中关于自然物候与灾害的记载，首次建立了过去2000年中国历史上中原王朝兴衰与气候变化曲线（图3-1），他认为在过去2000年里，秦汉、隋唐明显气候更加温暖（比现今高1~2℃），魏晋南北朝及宋、元、明、清各朝气候寒冷。

淮河流域是中国历史上农耕文化发达地区，在这里人类活动历史悠久，人口稠密，历史文献中记载丰富。20世纪80年代以来，中国多位气候研究学者利用史料重建的这一地区有代表性的温度变化序列有8条，均具有年代际分辨率，长度达500年以上。葛全胜教授又对序列部分时段的温度距平值加以了修正，归纳了近2000年来中国东中部地区的冷暖变化特征。

第一阶段（公元前210—公元180年），大致对应秦至东汉后期，气候相对温暖，冬季半年平均气温较今高约0.27℃。

第二阶段（181—540年），大致对应东汉末—三国—两晋—南朝梁时期，气候总体

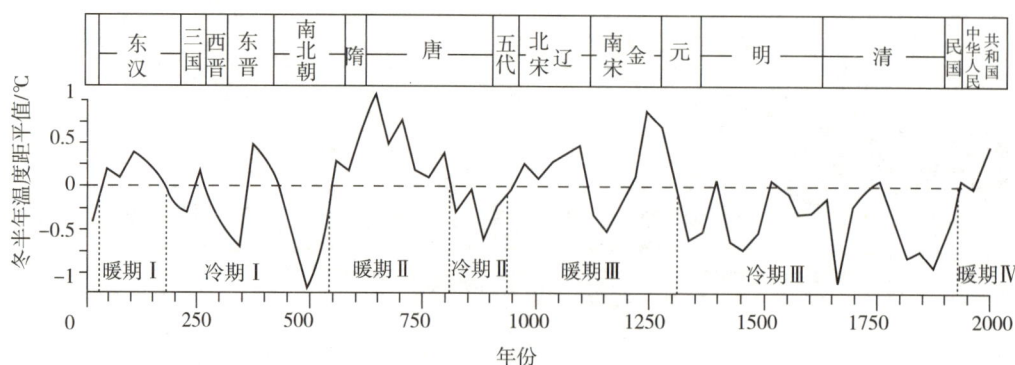

图 3-1　中国历史上中原王朝兴衰与气候变化

寒冷，冬半年平均气温较今低约 0.25℃ 以上。

第三阶段（541—810 年），大致对应南朝陈—中唐这一时期，气候总体上持续温暖态势，冬半年平均气温较今高约 0.48℃，其中最暖 30 年出现在公元 631—660 年，其冬半年平均气温较今高约 1℃。

第四阶段（811—930 年），大致对应唐后期至五代前期，气候总体寒冷，冬半年平均气温较今低约 0.25℃。

第五阶段（公元 931—1320 年），对应五代后期、两宋至元朝中期，气候相对温暖，冬半年平均气温较今高约 0.18℃。这一阶段冷暖波动幅度较大，最暖 30 年（1231—1260 年）较今高约 0.9℃，最冷 30 年（1141—1170 年）则较今低约 0.5℃，二者相差 1.4℃。

第六阶段（公元 1321—1920 年），对应元朝后期、明、清及民国初期，气候相对寒冷，冬半年平均气温较今低约 0.3℃。

1420—1520 年，淮河流域气候偏冷。史料中关于华中、华东地区气候寒冷事件的记载逐渐增多，淮河、汉水、太湖等河流湖泊都曾出现多年次的结冰现象，甚至出现海冰现象。据史载，1453—1454 年冬，"淮东之海冰四十余里"，淮河结冰，"凤阳八卫二三月雨雪不止，伤麦"。明朝弘治六年（1493 年），江苏淮安县"自十月至十二月，雨雪连绵，大寒凝海，即唐长庆二年海水冰二百里之类"。孢粉、泥炭与石笋等自然证据也证明 15 世纪气候十分寒冷。

1530—1550 年，淮河流域气候偏暖。华中地区气候已回暖至近乎明初的程度。1560—1690 年，淮河流域气候寒冷。1560 年冬至 1561 年春，华中、华东各地大范围出现严重的冰雪灾害，淮河出现封冻现象。淮河流域周边各地江湖结冰现象及异常初、终霜雪记载次数增多。1620 年冬至 1621 年春，安徽、江西、湖北、湖南 4 省出现长达 40 余日的冰雪天气，淮河下游、汉水及洞庭湖严重封冻；江苏涟水县在 1637 年和 1642 年分别出现"四月大雪杀禾"和"立夏大霜"的极端天气。在该时期，我国东中部地区最冷十年（1650—1660 年）的冬季温度较 1951—1980 年低约 1.3℃。1653 年冬，"大雨雪四十余日，烈风沍寒，冰雪塞路，断绝行人，野鸟僵死，市上束薪三十钱，烟爨几绝""烈风沍寒，冰雪塞路四十余日，行旅断绝""冬，淮冰合"。

1700—1770 年是气候相对温暖的时期。其间最冷的年份是 1720 年。这一年，东中部地区冬季温度较 1951—1980 年平均气温偏低约 0.2℃；最暖年份是 1700 年和 1760 年，这两年东中部地区冬季温度较 1951—1980 年平均高约 0.3℃。

1780—1900 年，淮河流域气候寒冷。1870 年是此时期最冷的年份，我国东中部地区冬季温度较 1951—1980 年平均气温低约 1.4℃，此后温度呈现快速上升趋势，1870 年是气候由冷向暖的转折点。

第七阶段（1921 年—），气候温暖，且在波动中逐渐增暖。从过去气候千年尺度变化自相似特征及百年冷暖的自然波动过程看，该阶段正处于时长达 200～250 年的重现暖周期中。1981 年以来的增暖幅度已接近过去 2000 年中温暖时期升温的最高水平。虽然 20 世纪的增暖情形在过去 2000 年中并不是唯一一次出现的，但如此大的升温幅度在历史上也是极为少见的。

3.1.2　干湿变化特征

淮河流域地处东亚季风区，有十分丰富的旱涝记载。利用历史文献资料，我国东部季风区的干湿、旱涝变化研究取得了很大进展，《中国历朝气候变化》对淮河流域的干湿变化做了较为详尽的论述。

东汉至魏时期（公元 1 世纪初—260 年）的干湿以年代际波动为主要特征：西晋时偏湿，东晋时偏干，南北朝初期（约公元 430 年）转湿，南北朝中后期持续转干；隋至唐偏湿，但年代际波动显著；五代至北宋初期（约公元 990 年）仍总体为湿润状态，仅五代后期（约 10 世纪 40 年代）较干；北宋前期至南宋中后期（约 13 世纪 20 年代之前）在波动中逐渐趋干；南宋后期至元末（约 14 世纪 50 年代之前）总体偏湿。

明初（1400—1420 年）淮河流域偏湿，最湿润的年份是 1420 年。1430 年前后淮河流域转干，1545 年后转湿。淮河流域旱涝交替变化，存在年代际的波动，但总体而言该时段偏干，史载 1433 年春"以两京、河南、山东、山西久旱，遣使赈恤"。1550—1600 年淮河流域偏湿，其间出现了两次长的连涝期，即 1564—1571 年和 1573—1580 年。1610 年至明末淮河流域则偏干；期间出现一次长的连旱期 1638—1643 年，明末这次连旱事件有可能是中国东部地区过去 2000 年以来最为严重的一次持续性旱灾。清朝 1650—1900 年淮河流域总体上偏湿，降水变化相对稳定，干湿变率均较小。其中 1730—1760 年、1820—1840 年和 1890—1900 年降水十分丰沛；1780—1800 年相对于湿润期有些偏干，1860—1870 年略偏干。清末（1910 年后）淮河流域转干，20 世纪 50 年代后转向湿润，但 20 世纪末起又转干。

3.2　淮河流域近 60 年气候和水资源变化特征

3.2.1　降水

1. 年降水

根据 1952—2009 年降水量统计分析，淮河流域年均降水量为 898mm，降水量的地区变幅为 600~1400mm，南大北小。淮河流域内有 6 个降水量高值区，其中大别山区最高，年降水量在 1400mm 以上，佛子岭和响洪甸水库上游达 1500mm；桐柏山和伏牛山区次之，年降水量在 1000~1200mm；沂蒙山区年降水量为 900mm。平原与河谷地带为降水低值区，淮北平原沿黄地区降水量仅为 600~700mm。淮河流域最大 24 小时雨量均值变幅为 80~140mm，呈南大北小状态；伏牛山区是最大 24 小时雨量均值大于 140mm 的高值区，局地在 150mm 以上。"75·8"暴雨中心的林庄，最大 24 小时雨量高达 1060.3mm，淮河流域西北部局地最大 24 小时雨量均值小于 80mm。淮河流域降水量的年际变化大，如最大年降水量 2003 年的 1282mm 是最小年降水量 1966 年578mm 的 2.2 倍。

根据对淮河流域 1953—2010 年降水量的分析（图 3-2），降水最多的时期为 20 世纪 50 年代，年降水量均值为 952mm，其次为 20 世纪 60 年代的 907mm，近 20 年年降水均值为 872mm，比常年均值（898mm）偏少约 2%，2001—2010 年降水量均值为916mm，比常年均值偏多约 2%。

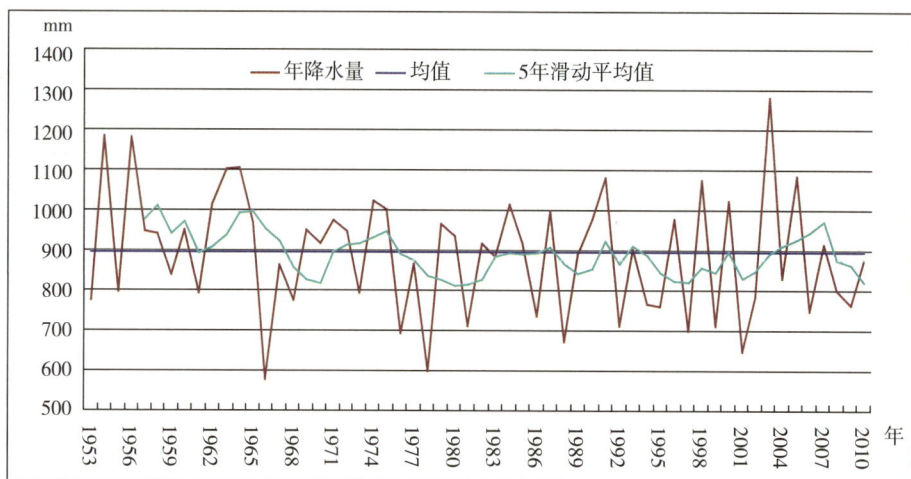

图 3-2 1953—2010 年淮河流域年降水量过程线图

1953—2010 年淮河水系年均降水量为 940mm，最大年降水量为 2003 年的1331mm，最小年降水量为 1978 年的 584mm。1953—1965 年为淮河水系降水量持续偏多时期，1966 年降水量为 585mm，为降水极小值，此后，淮河水系年降水量有所上升，至 1978 年年降水量仍处于偏少状态。20 世纪 70 年代末至 20 世纪 90 年代初淮河水系年降水量均值接近常年，1992 年以后又转为持续偏少状态，2003 年后降水量转入偏多年份（图3-3）。

1953—2010 年沂沭泗水系年降水量均值为 796mm，最大年降水量为 2003 年的1174mm，最小年降水量为 1988 年的 492mm。沂沭泗水系降水变化趋势较为明显，大致分为 3 个阶段：1953—1976 年降水量偏丰为第一阶段，1976—2002 年降水量偏枯为第二阶段，2003 年后转入降水量偏多的年代际背景为第三阶段（图 3-4）。

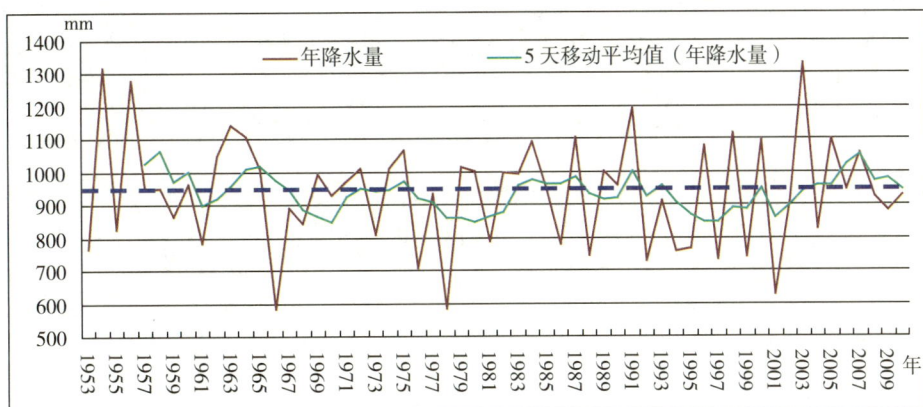

图 3-3　1953—2010 年淮河水系年降水量过程线图

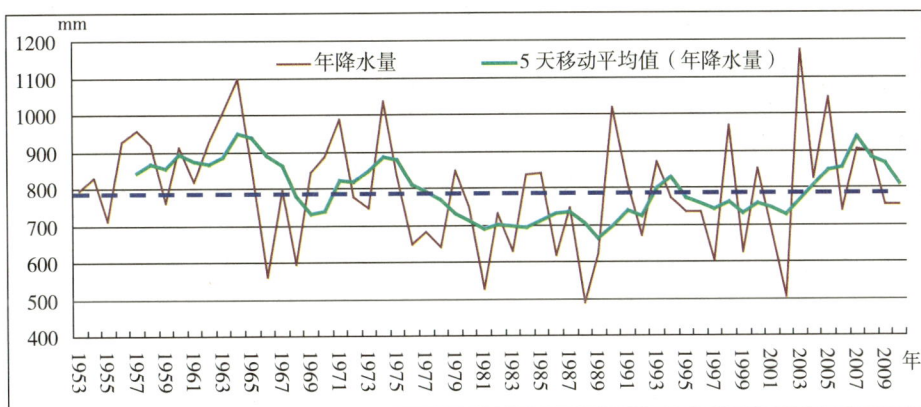

图 3-4　1953—2010 年沂沭泗水系年降水量过程线图

2. 汛期（6—9 月）降水

淮河流域汛期（6—9 月）平均降水量为 569mm，占全年降水量均值 898mm 的 63%。淮河流域汛期降水量最多的为 2003 年 842mm，最少的为 1966 年 277mm（图 3-5）。根据统计理论分析，由于降水多服从 Γ 分布，可由 Z 指数（指标略）反映淮河流域降水旱涝等级，通过 Z 指数分析 1952—2009 年淮河流域汛期降水，发现出现干旱年份 13 次（占 22%，$Z < 0.842$）、洪涝年份 13 次（占 22%，$Z > 0.842$）。旱涝年份所占比率基本接近，淮河流域汛期约每两年就有一次较严重的干旱或洪涝发生。淮河水系与沂沭泗水系旱涝年份比率与淮河流域旱涝年份的比率基本一致（表 3-1）

表 3-1　Z 指数表示淮河流域历年旱涝级别分布

区域	极涝年份/年	大涝年份/年	偏涝年份/年	偏旱年份/年	大旱年份/年	极旱年份/年
淮河流域	1954、1956、1965、2003、2007	1963、1971、1991、2000、2005	1957、1962、1982	1961、1973、1976	1959、1978、1985、1988、1992、1997、2001、2002	1966、1999

（续表）

区域	极涝年份/年	大涝年份/年	偏涝年份/年	偏旱年份/年	大旱年份/年	极旱年份/年
淮河水系	1954、1956、1965、2003、2005、2007	1963、1982、1991、2000	1962、1980	1976、1994	1959、1961、1978、1985、1988、1992、1997、2001	1966、1999
沂沭泗水系	1957、1963、1971	1956、1960、1965、1974、1990、2003、2007	1958、1970、1998、2004、2005	1985	1966、1968、1977、1981、1983、1992、1997	1988、1999、2002

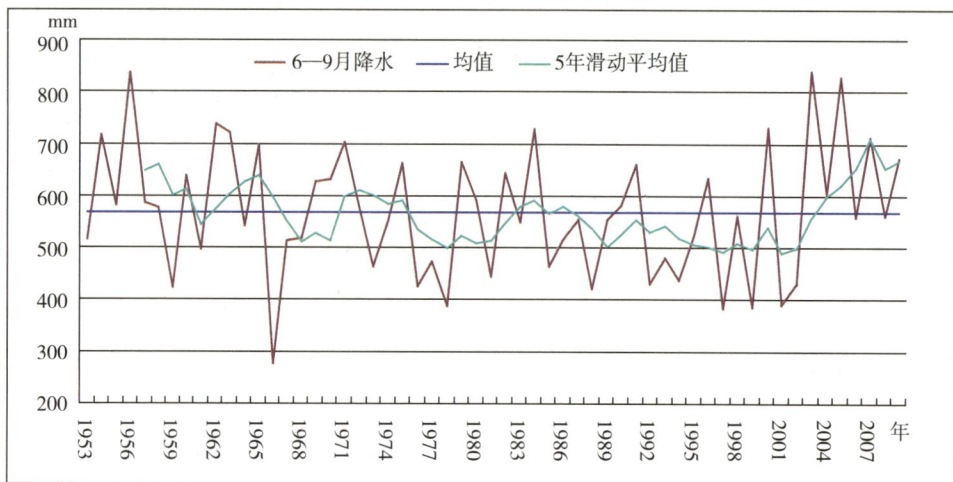

图 3-5　淮河流域历年汛期（6—9 月）降水量图

　　从降水的年代际背景分析，淮河流域 1953—1963 年和 2003—2010 年处于相对多水的年代际背景，1992—2002 处于相对少水的年代际背景，20 世纪 70 年代和 20 世纪 80 年代则处于相对平稳时期。通过波谱分析，结果显示，淮河流域汛期（6—9 月）有着准 10 年和 2 年的降水周期。

3.2.2　气温

　　根据淮河流域近 60 年的气温变化分析（图 3-6），淮河流域年平均温度为 14.5℃，呈波动上升趋势。20 世纪 60 年代至 20 世纪 80 年代淮河流域气温有一定幅度的下降，进入 20 世纪 90 年代，气温持续上升，进入 21 世纪气温增暖趋势明显，2001—2009 年的平均温度为 15.2℃，比 1950—1960 年的 14.1℃上升了 1.1℃。淮河流域年平均最低温度出现在 1956 年，为 13.3℃，次低温度为 1957 年、1969 年的 13.4℃，最高温度为 2007 年的 15.7℃。

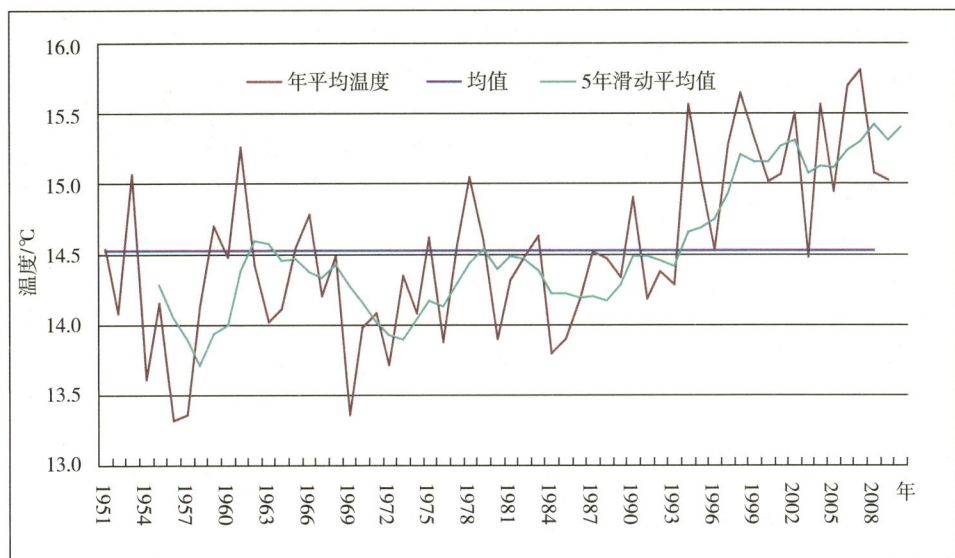

图 3-6　淮河流域历年温度变化

由表 3-2 和图 3-7 可看出，淮河流域四季平均温度有不同程度的增温趋势，但各季节增温幅度有所不同。2001—2009 年春季平均温度为 15.7℃，比 20 世纪 50 年代的 13.8℃提高了 1.9℃；夏季气温并无明显增暖趋势，夏季最高的平均温度出现在 1959 年（27.5℃）和 1967 年（27.5℃）。2001—2009 年淮河流域夏季平均温度为 26.2℃，比 20 世纪 50 年代的 26.0℃仅提高了 0.2℃。淮河流域秋季 2001—2009 年的平均温度为 16.1℃，比 20 世纪 50 年代的 15.2℃增加了 0.9℃，其增暖趋势高于夏季、低于春季。淮河流域冬季气温的增幅最为明显，2001—2009 年的冬季平均温度为 2.8℃，比 1951—1960 年的冬季平均温度 1.5℃上升了 1.3℃，上升幅度达到 87%。自 1990 年以后，淮河流域除 2004 年冬季平均温度 1.6℃比常年温度均值偏低外，其他年份的平均温度均高于常年温度均值，且冬季平均温度高于 3℃的年份均出现在 1991—2009 年，冬季平均温度最高的为 1998 年的 4.4℃，次最大值为 2006 年冬季的 4.1℃，冬季气温最低年份为 1956 年。

表 3-2　淮河流域历年春夏秋冬季气温统计　　　　　　　　　（单位：℃）

时间	1951—1960 年	1961—1970 年	1971—1980 年	1981—1990 年	1991—2000 年	2001—2009 年
春季	13.8	14.1	14.3	14.2	14.8	15.7
夏季	26	26.3	25.8	25.6	26.1	26.1
秋季	15.2	15.3	15.3	15.4	15.8	16.1
冬季	1.4	1.3	1.8	1.7	2.9	2.9
全年	14.1	14.3	14.3	14.3	14.9	15.2

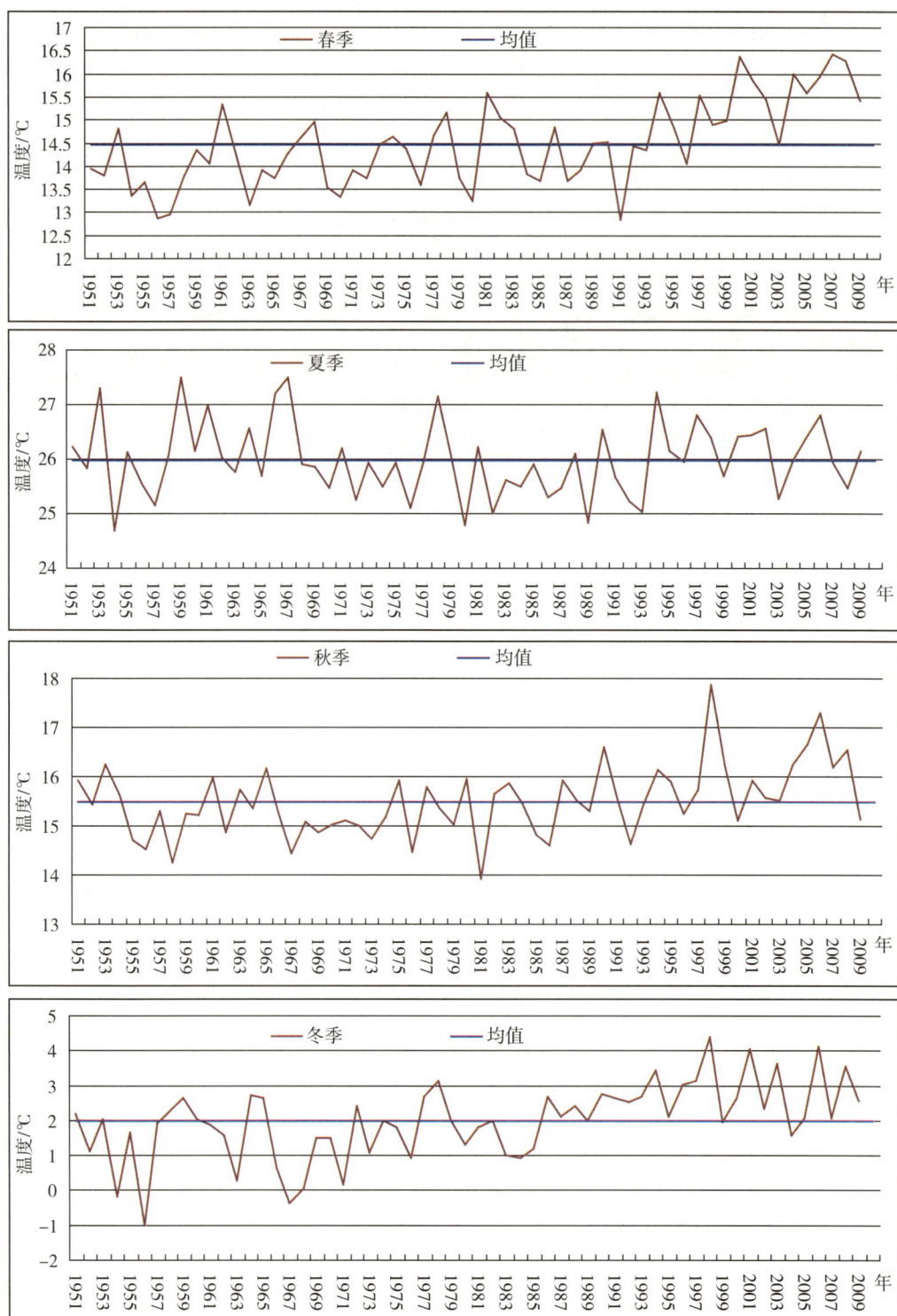

图 3-7 淮河流域春夏秋冬气温变化过程

3.2.3　地表水资源特征

地表水资源量是指河流、湖泊、冰川等地表水体中由当地降水形成的、可以逐年更新的动态水量，用天然河川径流量表示。淮河流域的水资源具有地区分布不均、年内分配集中和多年变化剧烈的特点。

1. 径流情势分析

从淮河流域各区域径流量差积曲线（图 3-8～图 3-10）分析，其总体趋势如下。

（1）淮河以南区域：20 世纪 50 年代中期到 20 世纪 60 年代初径流量趋于减少，20世纪 60 年代初到 20 世纪 60 年代中期径流量有所上升，20 世纪 60 年代中期到 20 世纪90 年代末，除 20 世纪 80 年代径流量略有增加外，径流量大体上呈减少趋势。

（2）淮河以北区域：20 世纪 50 年代到 20 世纪 70 年代径流量总体上趋于减少，其中在 20 世纪 60 年代和 20 世纪 70 年代径流量略有上升，从 20 世纪 80 年代至 20 世纪90 年代初径流量呈上升趋势，20 世纪 90 年代径流量呈减少趋势。

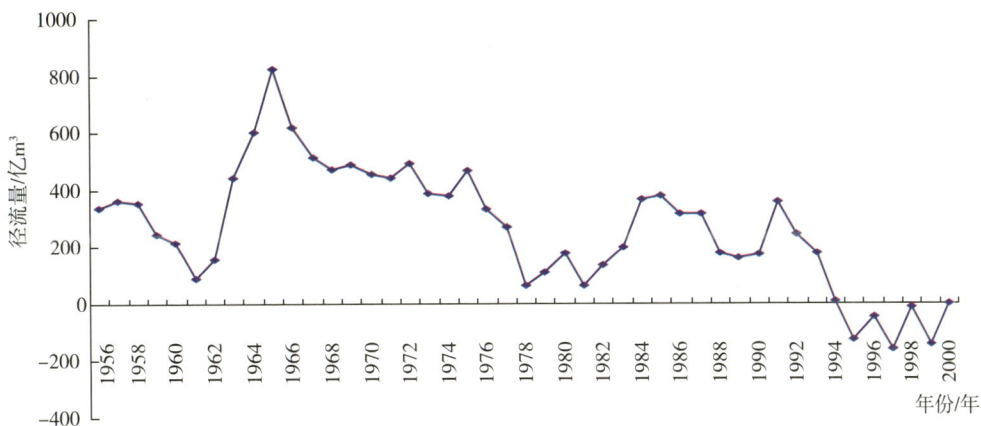

图 3-8　淮河以南区域径流量差积曲线图

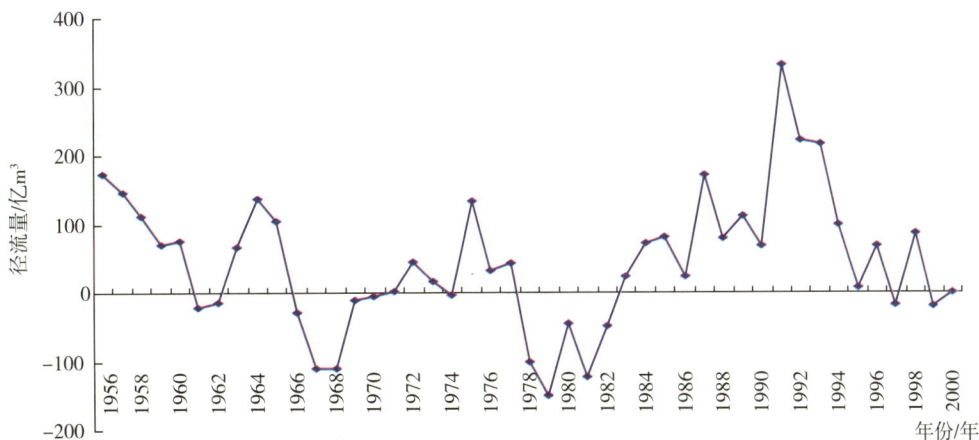

图 3-9　淮河以北区域径流量差积曲线图

（3）沂沭泗水系：20 世纪 50 年代到 20 世纪 70 年代中期径流量总体上呈上升趋势，其中 1956—1965 年径流量上升趋势较为明显，20 世纪 70 年代中期至 20 世纪 90 年代末径流量呈减少趋势，且趋势变化明显。因此 1976 年前径流量偏丰，1976 年后径流量偏枯。

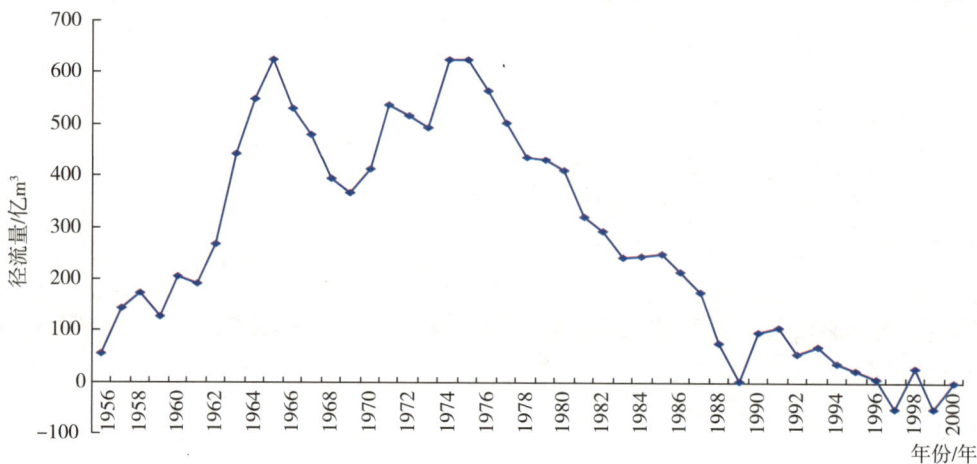

图 3-10　沂沭泗水系径流量差积曲线图

2. 水资源总量情势分析

水资源总量情势变化与地表水资源量情势变化基本一致，从淮河流域各区域水资源总量差积曲线（图 3-11～图 3-13）分析，其总体趋势如下。

（1）淮河以南区域：20 世纪 50 年代到 20 世纪 60 年代初期径流量趋于减少，20 世纪 60 年代初期至 20 世纪 60 年代中期径流量有所上升，20 世纪 60 年代中期至 20 世纪 90 年代径流量总体上呈减少趋势。

（2）淮河以北区域：20 世纪 50 年代中期到 20 世纪 70 年代末径流量跳跃不定，趋势不明显，20 世纪 80 年代初到 20 世纪 90 年代初期径流量上升，20 世纪 90 年代径流量呈减少趋势。

（3）沂沭泗水系：20 世纪 50 年代至 20 世纪 70 年代中期径流量总体上呈上升趋势，其中 1956—1965 年段上升趋势较为明显，20 世纪 70 年代中期至 20 世纪 90 年代末径流量呈减少趋势，且趋势变化明显，因此 1976 年前径流量为丰水段，1976 年后径流量为枯水段。

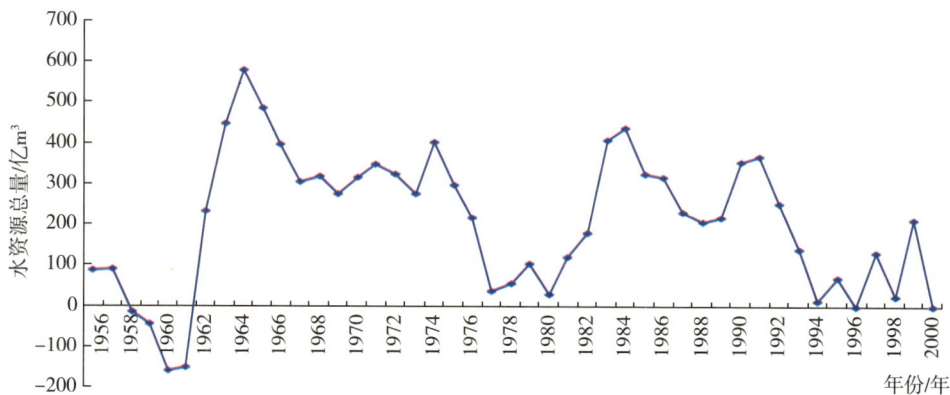

图 3-11　淮河以南区域水资源总量差积曲线图

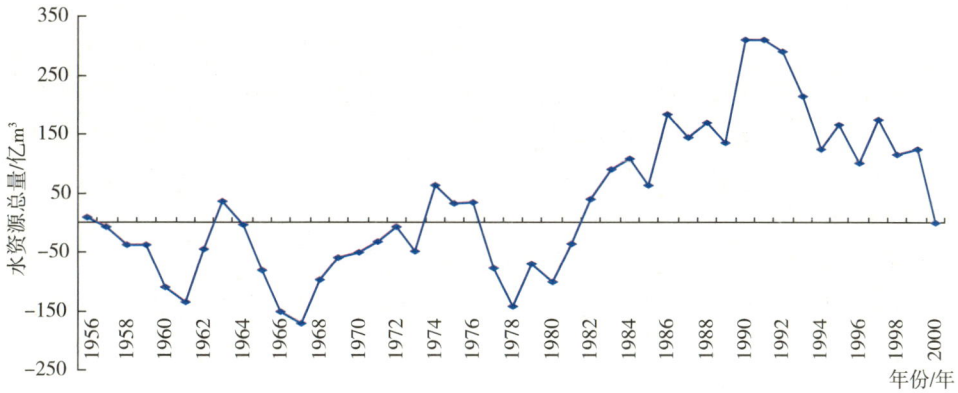

图 3-12　淮河以北区域水资源总量差积曲线图

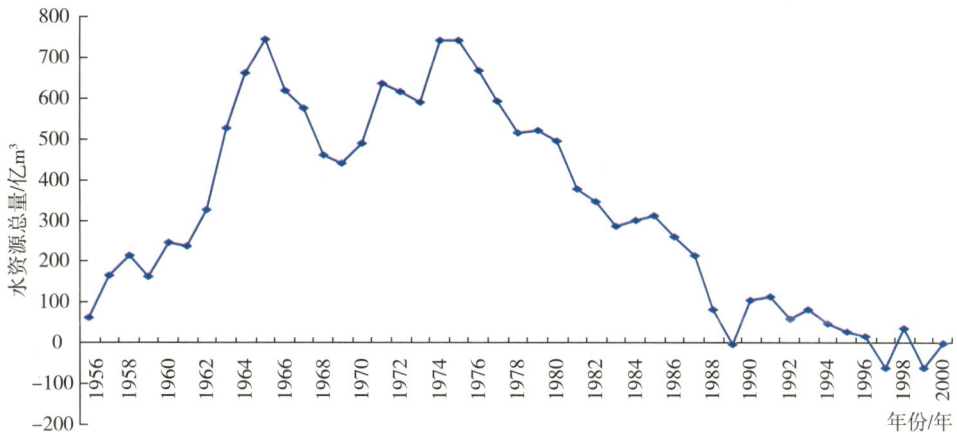

图 3-13　沂沭泗水系水资源总量差积曲线图

3. 地表水资源分布特征

（1）水资源的地区分布不均

淮河流域多年平均径流深为 230mm，其中淮河水系年径流深为 238mm，沂沭泗水系年径流深为 215mm。淮河流域年径流深的地区分布类似于降水分布，南大北小，沿淮大于内陆，同纬度山区大于平原。伏牛山、桐柏山、淮南和盱眙山丘区、南四湖湖东山区及沂沭河中上游地区年径流深大于 300mm。年径流深变幅 50～1000mm，大别山区年径流深最大，其中黄尾河高达 1054mm。广阔的平原地带为年径流深低值区，其中淮北北部和南四湖上级湖湖西平原不足 100mm，菏泽、兰考以北沿黄河地区仅 50mm，在地区分布上年径流深南北相差 20 倍。

（2）水资源的年内分配集中

淮河流域降水量年内分配不均，淮河上游和淮南地区降水多集中在 5—8 月，其他地区为 6—9 月。淮河流域多年平均连续最大 4 个月的降水量为 400～800mm，占年降水量的 55%～80%；降水集中程度自南向北递增，淮南山区约占 55%，沂沭河上游占比超过 75%。淮河流域年内四季降水量差异悬殊，夏季最多，春季多于秋季，冬季最少。最大月降水量为 150～250mm，一般出现在 6 月、7 月、8 月，其中 7 月降水量占年降水量的 75% 以上。最小降水量大多数出现在 1 月，一般为 5~75mm。

径流深的年内分配不均更甚于降水量，6—9 月的径流深占年径流深的 50%~88%，集中程度南小北大。其中，淮南各河最低，约为 53%；淮北各河一般为 70%；沂沭泗水系最高，约为 83%。年内径流深集中程度的地区分布也是南小北大，大别山区最低，约为 60%；沂沭泗水系和淮河下游平原大于 80%；其他地区为 60%~80%。最大连续 4 个月的径流深占年径流深的 55%~90%，大别山、淮南丘陵区最大连续径流深分别开始于为 4 月和 5 月；其他地区一般为 6 月和 7 月。10 月至翌年 5 月的径流深不足年径流深的 50%，其地区分布则与 6—9 月径流深分布相反，淮南各河最大，约占 47%；沂沭泗水系最小，仅占 17%。四季中径流深的分配随降水量大小而变化，季径流深占年径流深的比例，夏季最大，自南向北递增；秋季次之，也是南小北大；春季为第三，呈南大北小趋势；冬季最小，地区差别不大。径流深的极值相差很大，最大月径流深占年径流深的比例呈南小北大趋势，一般为 14%~40%；淮南、淮北、沂沭泗地区分别占 20%、29% 和 37% 左右；其出现时间在淮南与沂沭泗水系一般在 7 月，在淮北为 8 月。最小月径流深占年径流深的比例仅为 1%~5%，地区变化小；一般在 12 月以后出现。

（3）水资源的年际变化剧烈

受季风影响，淮河流域降水量年际变化剧烈。丰水年与枯水年的淮河流域平均降水量之比为 2.1。单站最大与最小年降水量之比大多数为 2~5，少数在 6 以上。最大与最小年降水量的极差大多为 600~1500mm。极差最大的为吴店站，其 1954 年降水量为 2993.8mm，1978 年仅为 808.4mm，极差高达 2185.4mm。

径流深的年际变化较降水量更甚，主要有最大与最小径流深倍比悬殊、年径流深变差系数 C_v 大和丰枯变化频繁等特点。最大、最小年径流深比值一般为 5~30，山丘区比值小，淮南各河比值最小，一般小于 10；洪汝河、涡河、涡东诸河和淮河下游平原比值最大，约为 30。淮河流域年径流深变差系数 C_v 为 0.40~1.0，呈南小北大趋势，平原大于山区；大别山区 C_v 最小，约为 0.40；北部沿黄河一带 C_v 高达 1.0。选用站的年最大、最小和多年平均径流深的比较如图 3-14 所示。

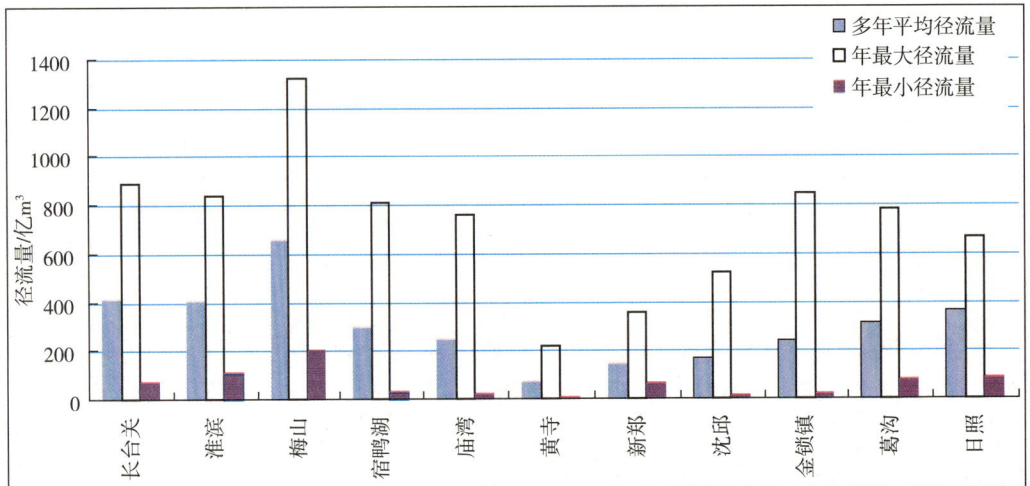

图 3-14　选用站年最大、最小和多年平均径流深比较

3.2.4 相关分析

相关分析是对现象间是否存在某种依存关系的研究，是对有依存关系的现象相关方向及相关程度的研究，也是研究随机变量之间的相关关系的一种统计方法。相关分析就是对总体中确实具有联系的标志进行分析，其主体是分析总体中具有因果关系的标志。它是描述客观事物相互间关系的密切程度并将其用适当的统计指标表示出来的过程。在一段时期内一种现象（因变量）随着另一种现象（自变量）的增加而增加，这说明两者之间为正相关关系；同样的，当因变量随着自变量的减少而减少时，两者之间为负相关关系。

相关系数用 r 表示，公式（formula）为

$$r = \frac{n\sum xy - \sum x \sum y}{\sqrt{n\sum x^2 - \left(\sum x\right)^2}\sqrt{n\sum y^2 - \left(\sum y\right)^2}}$$

相关系数的值介于 -1 与 $+1$ 之间，即 $-1 \leqslant r \leqslant +1$。其性质如下：

当 $r>0$ 时，表示两变量为正相关，当 $r<0$ 时，表示两变量为负相关。

当 $|r|=1$ 时，表示两变量为完全线性相关，即为函数关系。

当 $r=0$ 时，表示两变量间无线性相关关系。

1. 气温与地表水资源

统计分析表明，全年气温与全年降水的相关系数为 -0.32，夏季气温与夏季降水的相关系数为 -0.37，这说明气温与降水之间存在着一定的反相关关系。夏季气温与降水的反相关关系略高于全年气温与降水的反相关关系，但相关性并不显著。

2. 降水与地表水资源

淮河流域全年降水量与地表水资源量的相关系数为 0.93，相关对比如图 $3-15$ 所

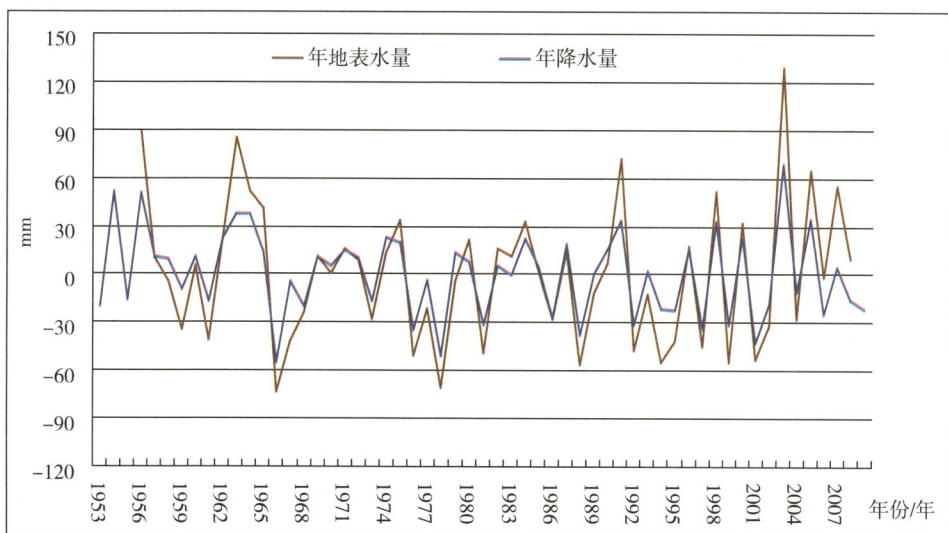

图 3-15 淮河流域 1951—2009 年地表水资源量与年降水量对比图

示。说明地表水资源量与降水量的关系密切，降水量是影响地表水资源量的重要因子。降水量多的年份，相应的地表水资源量大；降水量少的年份，则水资源量也少。而全年温度与地表水资源量的相关系数为-0.26，说明气温变化与水资源量有一定的反相关性，但相关不显著。

汛期降水量与全年降水量的相关系数为0.86，说明淮河流域汛期降水量与全年降水量有较好的正相关关系，汛期降水量的多少主要决定了全年降水量的多少。

3.2.5　EOF 分析

1. 淮河流域降水量的时空分布

对淮河流域 170 个站 50 年内各季和年降水距平百分率进行 EOF 分解。表 3-3 是前 4 个特征向量的解释方差及累计解释方差。由表 3-3 可知，除了夏季，其他季节和年降水量第一特征向量的解释方差都超过了 60%，它的权重较大，而夏季前 3 个特征向量累积解释方差也超过了 60%，收敛极快。前 3 个特征向量可以表征降水的主要空间分布特征。

表 3-3　淮河流域 1960—2009 年四季降水量和年降水量
前 4 个特征向量的解释方差（%）和累计解释方差（%）

时间		春季	夏季	秋季	冬季	年
特征向量	1	72.1	38.3	60.6	79.7	46.7
	2	6.1	16.5	10.6	6.3	13.3
	3	3.8	10.0	7.9	4.5	8.6
	4	3.1	4.1	2.5	2.1	3.7
累积解释方差		85.1	68.9	81.6	92.6	72.3

淮河流域各季和年降水量的前 3 个特征向量分布特征基本一致（图 3-16、图 3-17）。以夏季为例，第一特征向量的特征值在全流域均为正值，且呈现纬向分布特征，大值区位于淮河流域上游和干流中部地区，这说明全区夏季降水量变化趋势是一致的（称为全区一致型），即全区多雨或全区少雨。第二特征向量（图略）的特征值为北负南正，零线横贯淮河流域中部，这表明淮河流域夏季降水量为南北相反的空间分布［称为北多（少）南少（多）型］，具体表现为北部少雨、南部多雨或北部多雨、南部少雨；同时可以看出南部的大值区位于干流和下游以南地区，说明该地区容易出现涝或旱情形。第三特征向量的特征值为东正西负，表明淮河流域夏季降水为东西相反的空间分布［称为东多（少）西少（多）型］，即东部多雨、西部少雨或东部少雨、西部多雨。需要注意的是，虽然淮河流域冬季降水量前 3 个特征向量的分布与其他季节降水量差不多，但是第一特征向量的特征值在全流域均为负值，与其他季节相反。

淮河流域夏季降水量前 3 个特征向量所对应的时间系数序列。第一特征向量所对应的时间系数序列在 1960—2009 年呈上升的趋势，因为该向量特征值在全流域均为正值，所以说明 1960—2009 年全流域夏季降水量呈上升的趋势，且具有明显的年际变化。

（a）第一特征向量

（b）第二特征向量

（c）第三特征向量

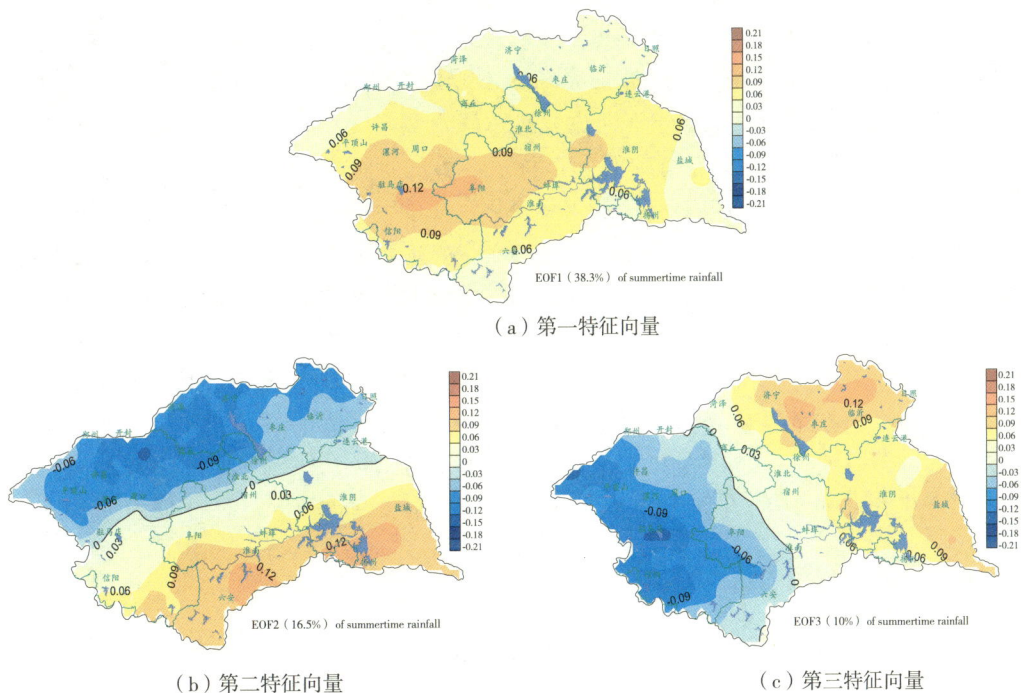

图 3-16　淮河流域夏季降水量的前 3 个特征向量

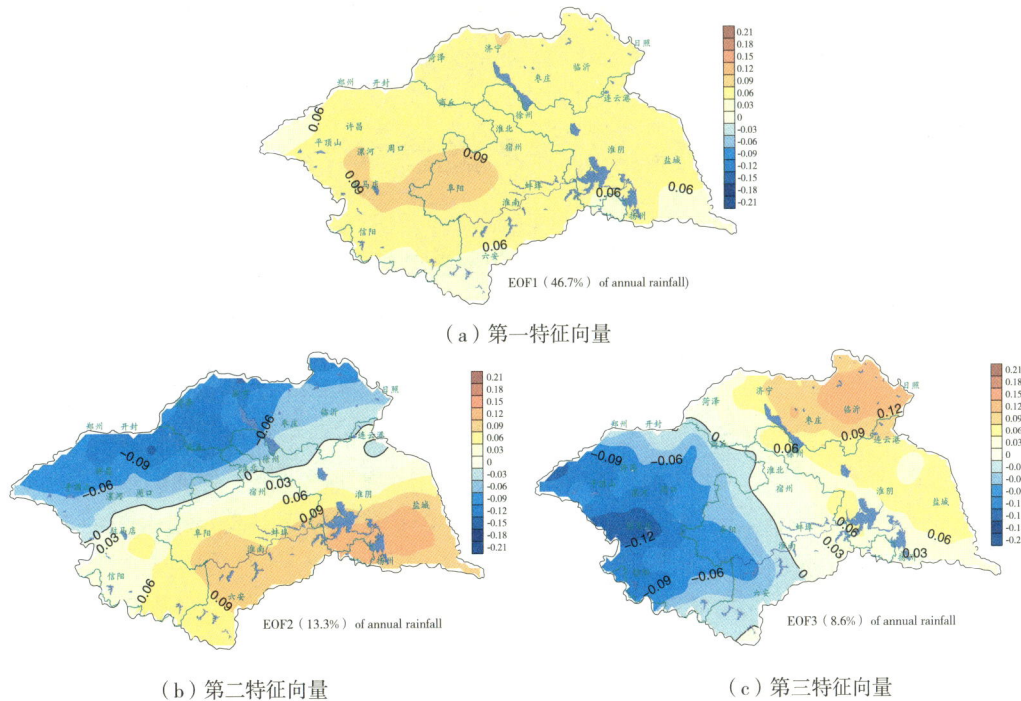

（a）第一特征向量

（b）第二特征向量

（c）第三特征向量

图 3-17　淮河流域年降水量的前 3 个特征向量

2000 年以来淮河流域降水处于偏多的时期，出现 2000 年、2003 年、2005 年和 2007 年淮河流域大水，基本上隔年出现一次大水，这是 1960 年以来所独有的现象。第二特征向量对应的时间系数序列在 1960—2009 年没有明显的变化趋势，且具有明显的年际变化，如 1968 年和 1991 年淮河流域夏季降水量呈北少南多的分布特征，而 1994 和 2004 年夏季降水量呈北多南少的分布特征。第三特征向量对应的时间系数序列在 1960—2009 年略有下降，具有明显的年际变化，如 1974 年淮河流域夏季降水量出现东多西少的分布，而 1968 年呈东少西多的分布。从 3 个特征向量的时间系数序列来看，第一特征向量的时间系数年际变化幅度最大，第三特征向量的变化幅度最小，这跟各自特征向量的解释方差有关。

冬季降水第一特征向量对应的时间系数序列在 1960—2009 年呈下降的趋势，因为该向量的特征值在全流域均为负值，这表明冬季降水在 1960—2009 年呈上升的趋势，具有明显的年际变化，2000 年以来淮河流域冬季降水量处于偏多的时期；同时还有明显的年际变化，如 1988 年淮河流域降水量异常偏少，而次年 1989 年降水量则异常偏多。

2. 淮河流域气温的时空分布

对淮河流域 170 个站 1960—2009 年各季和年平均气温标准化变量进行 EOF 分解。表 3-4 是前 4 个特征向量的解释方差及累计解释方差。由表 3-4 可知，各季和年平均气温第一特征向量的解释方差都超过了 79%，收敛极快，第一特征向量可以表征气温的主要空间分布特征。因此下面仅分析各季和年平均气温的第一特征向量及对应的时间系数系列。

表 3-4　淮河流域 1960—2009 年 50 年四季和年平均气温标准化变量
前 4 个特征向量的解释方差（%）和累计解释方差（%）

时间		春季	夏季	秋季	冬季	年
特征向量	1	87.4	79.8	84.4	89.0	86.2
	2	4.2	7.6	6.1	5.1	4.4
	3	2.5	4.2	2.0	1.4	1.9
	4	1.0	1.5	1.5	0.8	1.4
累积解释方差		95.1	93.2	94.0	96.3	93.8

图 3-18 是淮河流域各季和年平均气温标准化变量的第一个特征向量特征值的空间分布。由图 3-18 可知，无论是年平均气温还是四季平均气温，第一特征向量在全流域表现出一致的分布特征，这说明全区年平均气温和四季平均气温变化趋势是一致的，即全区气温一致偏高或偏低。值得一提的是，年平均气温和夏季平均气温的第一特征向量的特征值在全流域均为正值，而其他 3 个季节平均气温为负值，这是因为年平均气温中夏季平均气温占的比重最大。

年平均气温对应的第一特征向量特征值在全区为正值，说明 1960—2009 年淮河流域年平均气温呈明显的上升趋势，且在 1994 年有个明显的突变。在此之前气温以偏低为主，在此之后气温上升明显，目前处于偏暖的气候背景。1960—2009 年气温偏高最

（a）年平均

（b）春季平均

（c）夏季平均

（d）秋季平均

（e）冬季平均

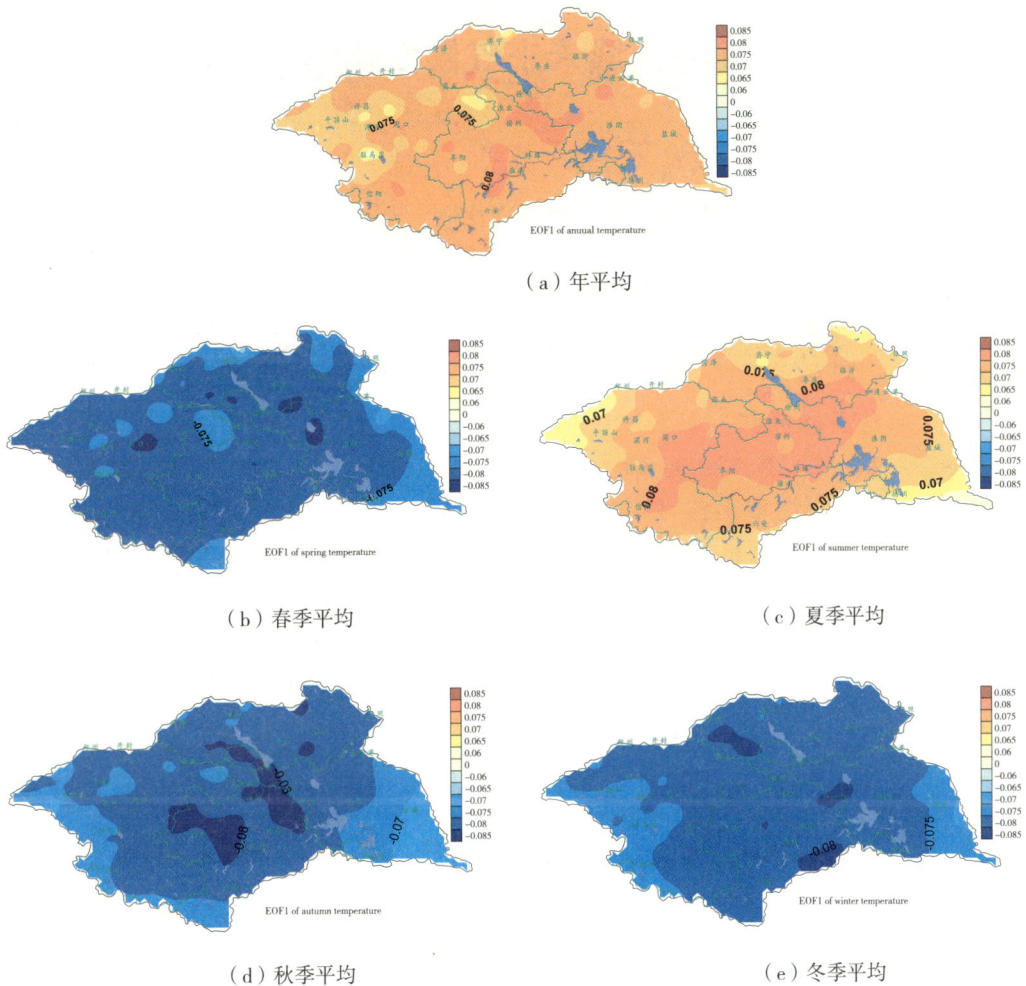

图 3-18　淮河流域各季和年平均气温的第一个特征向量

明显的 4 个年份均出现在 1994 年后。春季平均气温所对应的时间系数系列在 1960—2009 年呈明显的下降趋势，该向量特征值为负值，表明 1960—2009 年淮河流域春季平均气温呈明显的上升趋势。与年平均气温相似，1994 年后春季平均气温上升明显，目前也处于偏暖的气候背景，1960—2009 年春季气温偏高最明显的 6 个年份均出现在 1994 年之后。虽然夏季平均气温对应的时间系数系列在 1960—2009 年没有明显的变化，但具有明显的年际变化，夏季平均气温在 20 世纪 60 年代以偏高为主，而在 20 世纪 70 年代至 20 世纪 80 年代以偏低为主，在 1994—2002 年又以偏高为主。1960—2009 年秋季平均气温呈上升的趋势，且年际变化明显，在 1994 年后偏高明显，特别是 1998 年，是这 50 年中最高的一年。1960—2009 年冬季平均气温呈明显的上升趋势，1987 年后偏高明显，目前处于偏高的气候背景，这 50 年中冬季气温偏高最明显的年份均出现在 1987 年之后。由上可知，除了夏季，春季、秋季和冬季气温都有上升的趋势，其中春季和冬季气温上升尤为明显。

3.3 淮河流域未来气候变化模式预估

本次研究所采用的气候模式预测产品为中科院大气物理研究所的 IAP/LASG FGOALS 模式和美国国家大气研究中心的 NCAR - CCSM3.0 模式。该模式产品也可用于分析 IPCC 第四次评价报告中的气候模式数据。气候模式产品采用有规则的网格输出方式，以月为时间单元。

3.3.1 IAP/LASG FGOALS 模式对淮河流域未来气候变化的预估

试验所使用的区域气候模式为国际理论物理中心（International Center for Theoretical Physics，ICTP）发展的 RegCM3。该模式被广泛应用于东亚区域的气候模拟和预估研究。在模拟中区域模式的水平分辨率取为均匀 50km，模拟范围取为 CORDEX（Coordinated Regional Climate Downscaling Experiment，协调降尺度实验）国际计划设计的东亚区域，其覆盖了整个东亚和东南亚地区。模式垂直方向分 18 层，模式层顶高度为 100hPa。本书用到的是 IAP/LASG FGOALS 模式的 RCP8.5 气候变化情景。

表 3 - 5 CMIP5（Coupled Model Intercomparison Project Phase 5，气候耦合模型相互比较项目第五阶段实验）未来气候变化预估试验的典型浓度路径的类型

试验名称	辐射强迫	浓度	路径形态
RCP8.5	在 2100 年 $>8.5W/m^2$	在 2100 年 $>$—1370 CO_2 当量	逐渐上升
RCP6.0	在 2100 年后稳定在 $\sim6.0W/m^2$	~850 CO_2 当量（2100 年后的稳定水平）	稳定，非超限
RCP4.5	在 2100 年后稳定在 $\sim4.5W/m^2$	~650 CO_2 当量（2100 年后的稳定水平）	稳定，非超限
RCP2.6	在 21 世纪中期达到 $3.1W/m^2$ 后，到 2100 年减少至 $\sim2.6W/m^2$，并继续下降	2100 年为 ~490 CO_2 当量，随后继续下降	达到峰值后下降

区域模式侧边界采用指数松弛边界方案，每 6 小时更新一次，缓冲区为 15 个格点。下边界 SST 场取自全球海气耦合模式 FGOALS - g2 模拟的月平均 SST 场，并线性插值到日分辨率。区域模式选取的积分时段分别为当代 1980—2005 年和未来 2015—2045 年。

1. RegCM3 当代（1980—2005 年）气候模拟检验

图 3 - 19 给出观测和区域模式模拟的 1981—2005 年平均淮河流域降水量，模式对降水量年循环特征及其空间分布的模拟有一定技巧，能基本再现降水量由南向北减少

的分布类型。但模式模拟的降水量系统偏少，年平均偏少5成，偏少最大值在冬季。

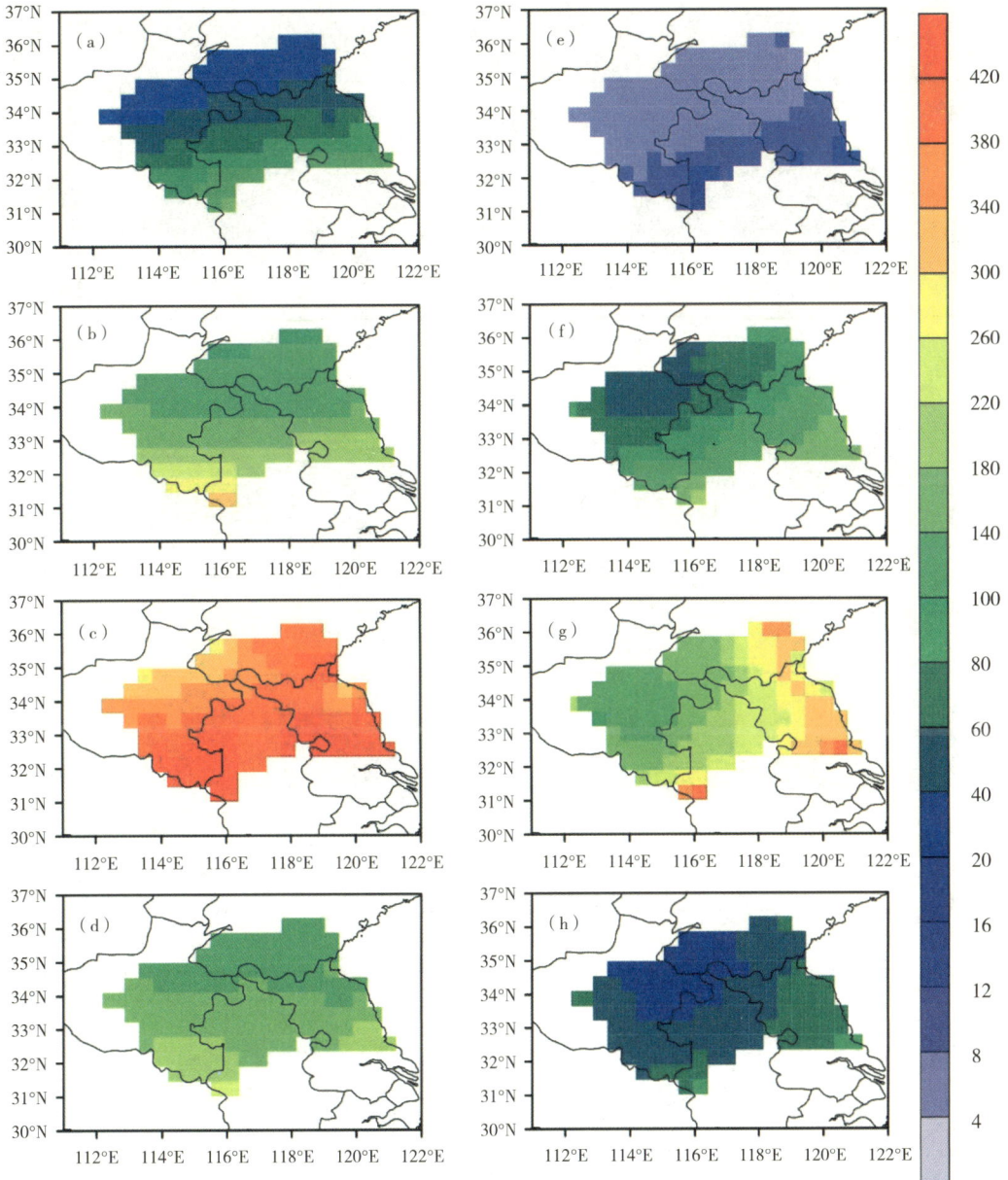

图3-19　观测（a～d）和区域模式历史模拟（e～h）的
1981—2005年淮河流域平均降水量（单位：mm）

图3-20和图3-21分别给出观测和模拟的淮河流域降水频率和降水强度分布。降水频率的年循环和空间分布与降水量更为一致。模式模拟的降水量偏少均对应有降水频率偏少。模式能基本再现观测中淮河流域降水强度的空间分布，对冬夏两季模拟的降水强度偏弱，特别是夏季，降水强度平均偏弱约20%。

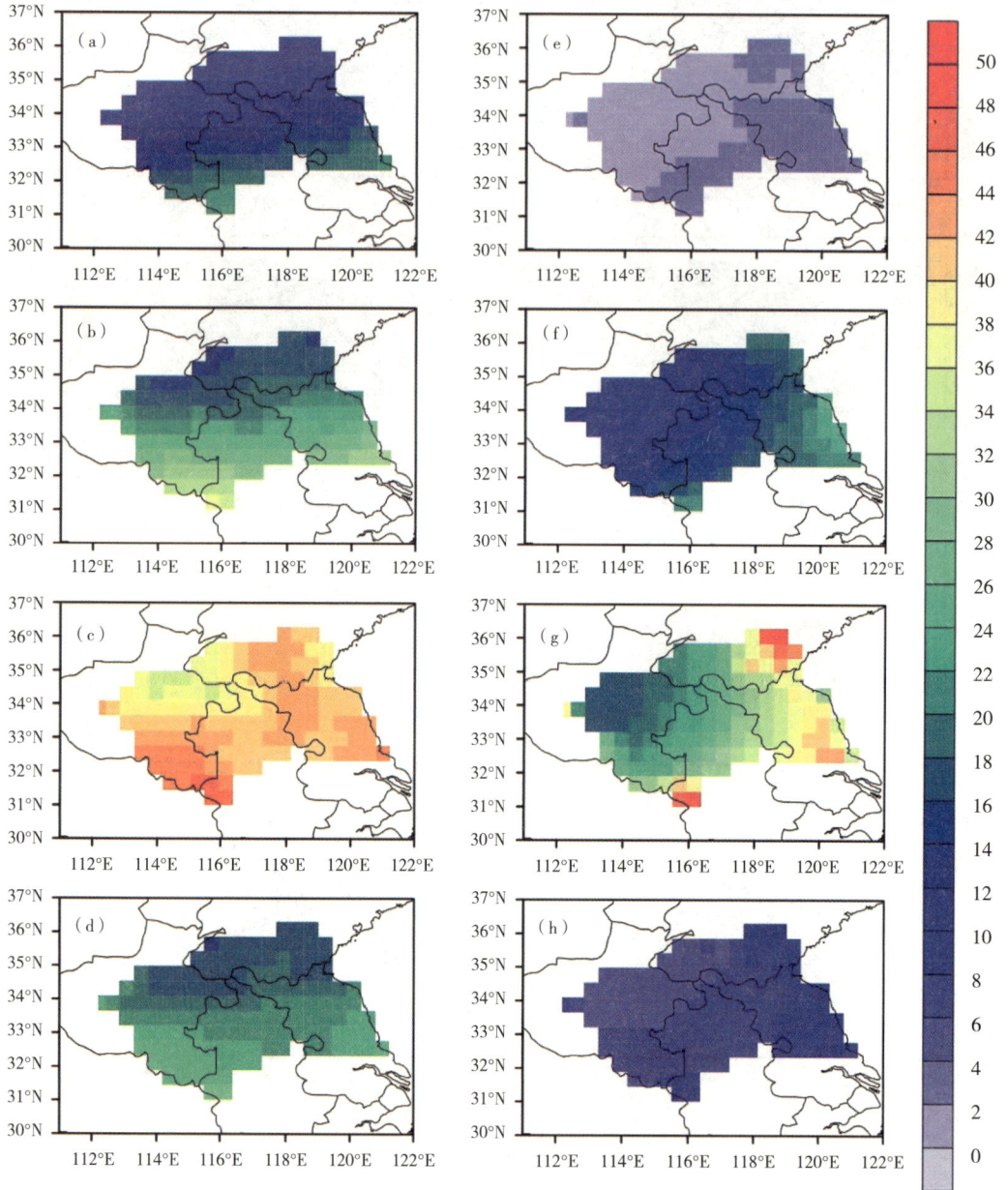

图 3-20 观测（a～d）和区域模式历史模拟（e～h）的
1981—2005 年淮河流域平均降水频率（单位：d）

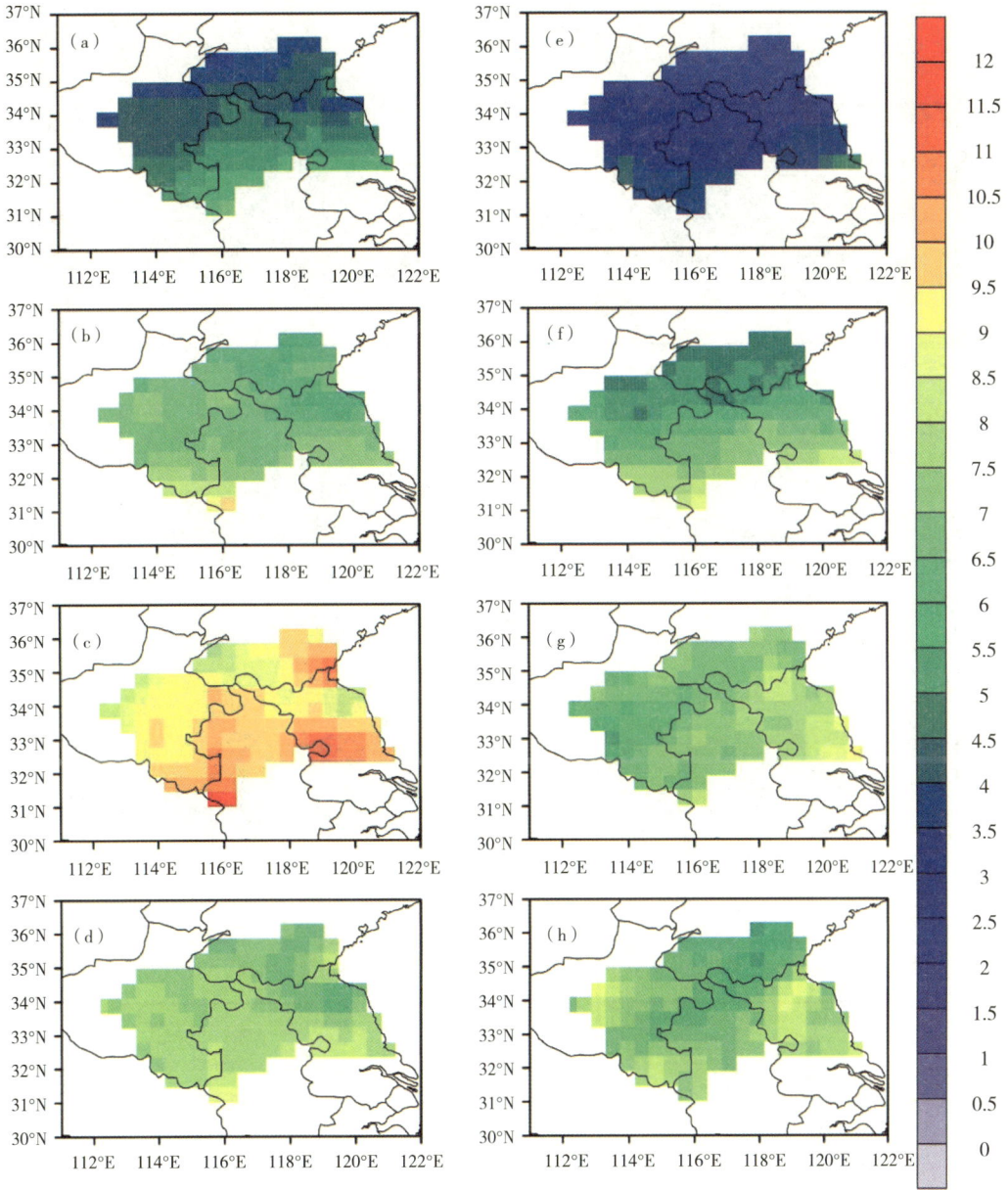

图 3 - 21　观测（a～d）和区域模式历史模拟（e～h）的
1981—2005 年淮河流域平均降水强度（单位：mm/d）

　　图 3 - 22 和图 3 - 23 分别给出了观测和模拟的淮河流域极端降水量占总降水量的百分比和极端降水频率空间分布。在观测中，淮河流域极端降水量占总降水量的比例在冬季最大，平均为 59％；在夏季最小，平均为 37％。模式模拟的极端降水空间分布与观测存在一定差别，模拟的极端降水量占总降水量的比例在秋季最大，平均为 72％，在夏季最小，平均为 48％。

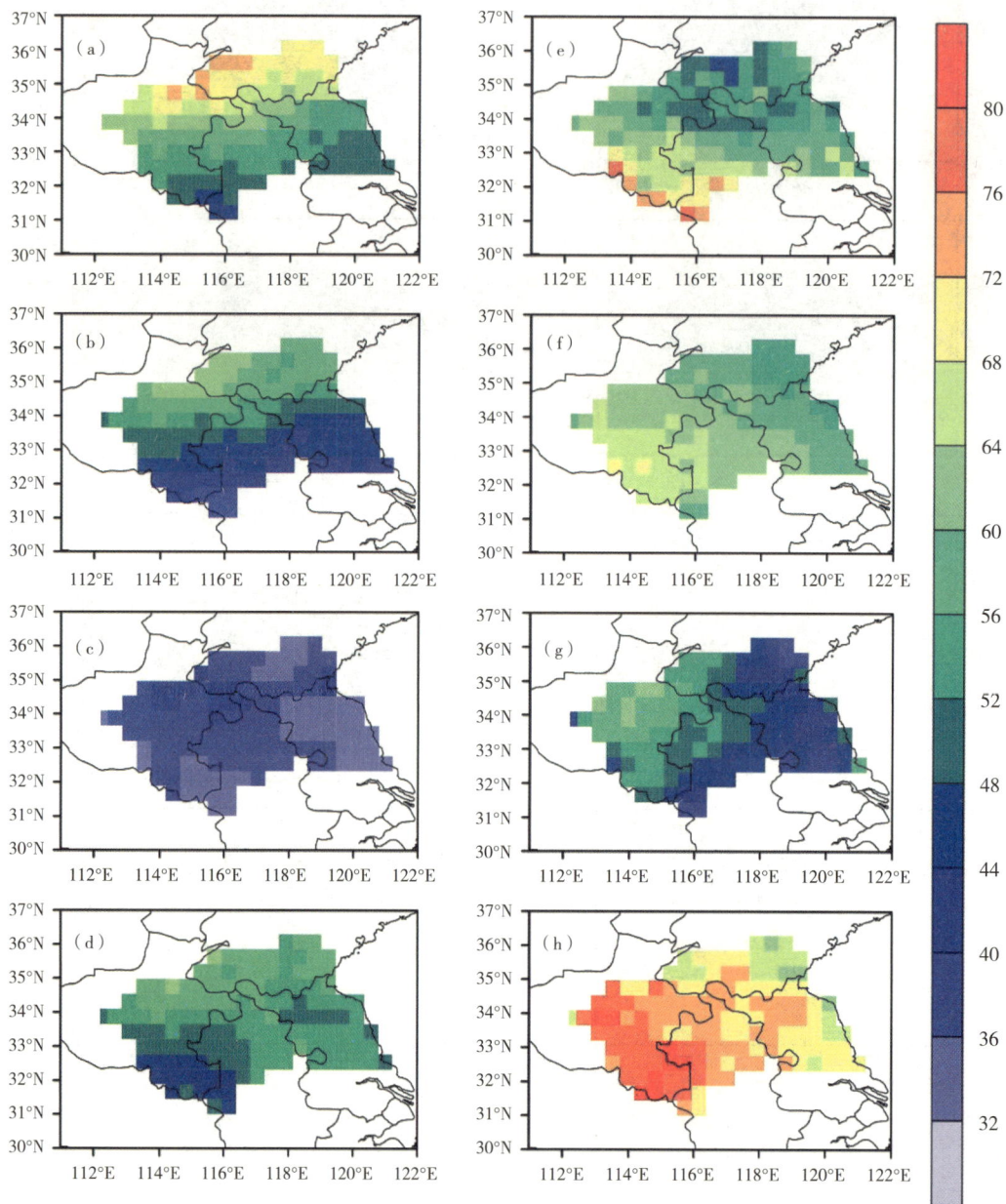

图 3-22　观测（a～d）和区域模式历史模拟（e～h）的
1981—2005 年淮河流域平均极端降水量占总降水量的百分比（单位：%）

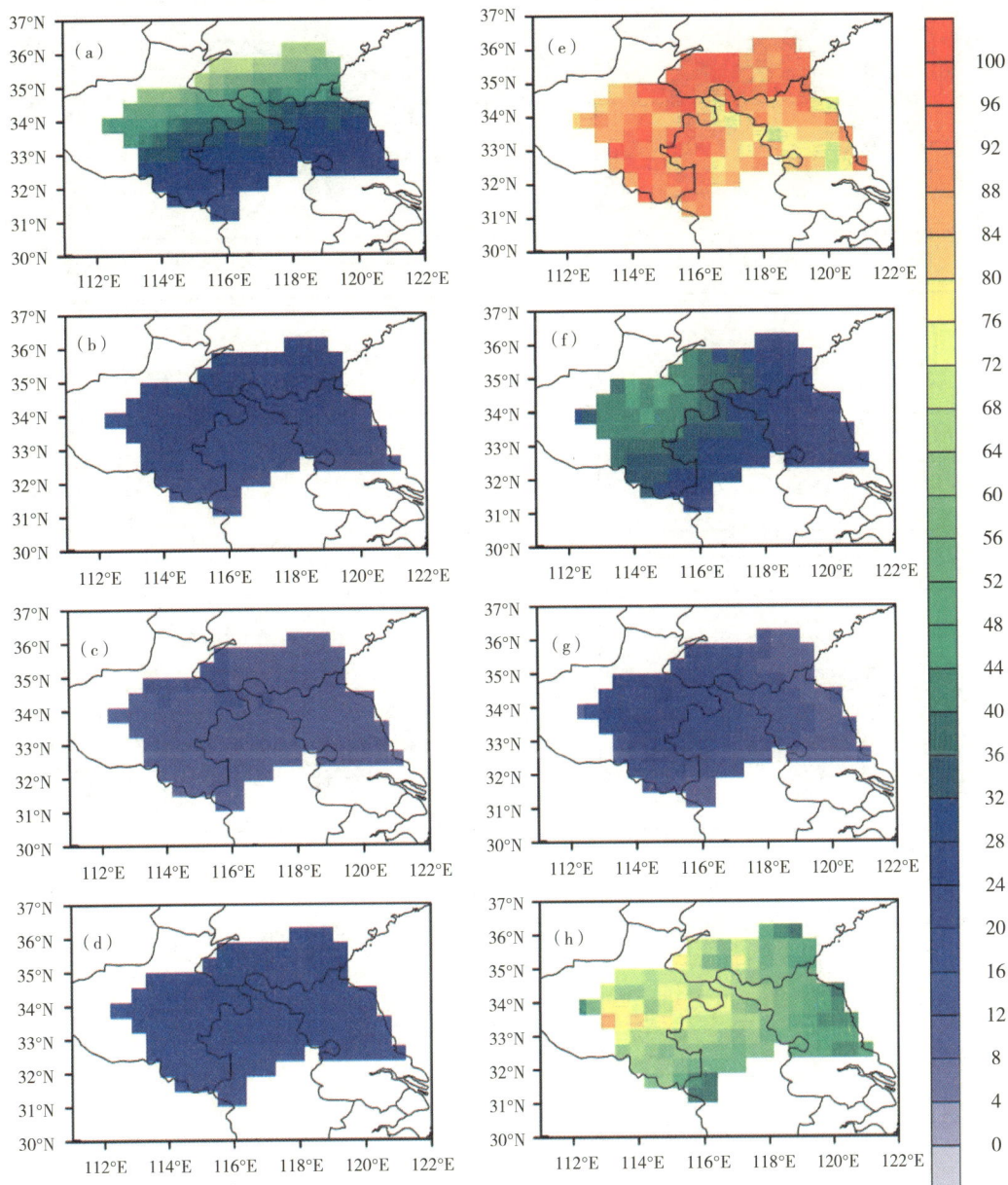

图 3-23　观测（a～d）和区域模式历史模拟（e～h）的
1981—2005 年淮河流域平均极端降水天数占总降水天数的百分比（单位：%）

　　在观测中，淮河流域极端降水频率分布较为均匀。模式在一定程度上再现了该特征，但模拟的极端降水频率偏多，在秋季偏多最为明显，平均偏多超过 1.5 倍。

　　图 3-24 给出观测和模拟的淮河流域地表日平均气温空间分布。模式能基本再现观测中地表气温的季节循环和空间分布特征，但模拟的地表气温存在明显的冷偏差，偏差最大在冬春季。

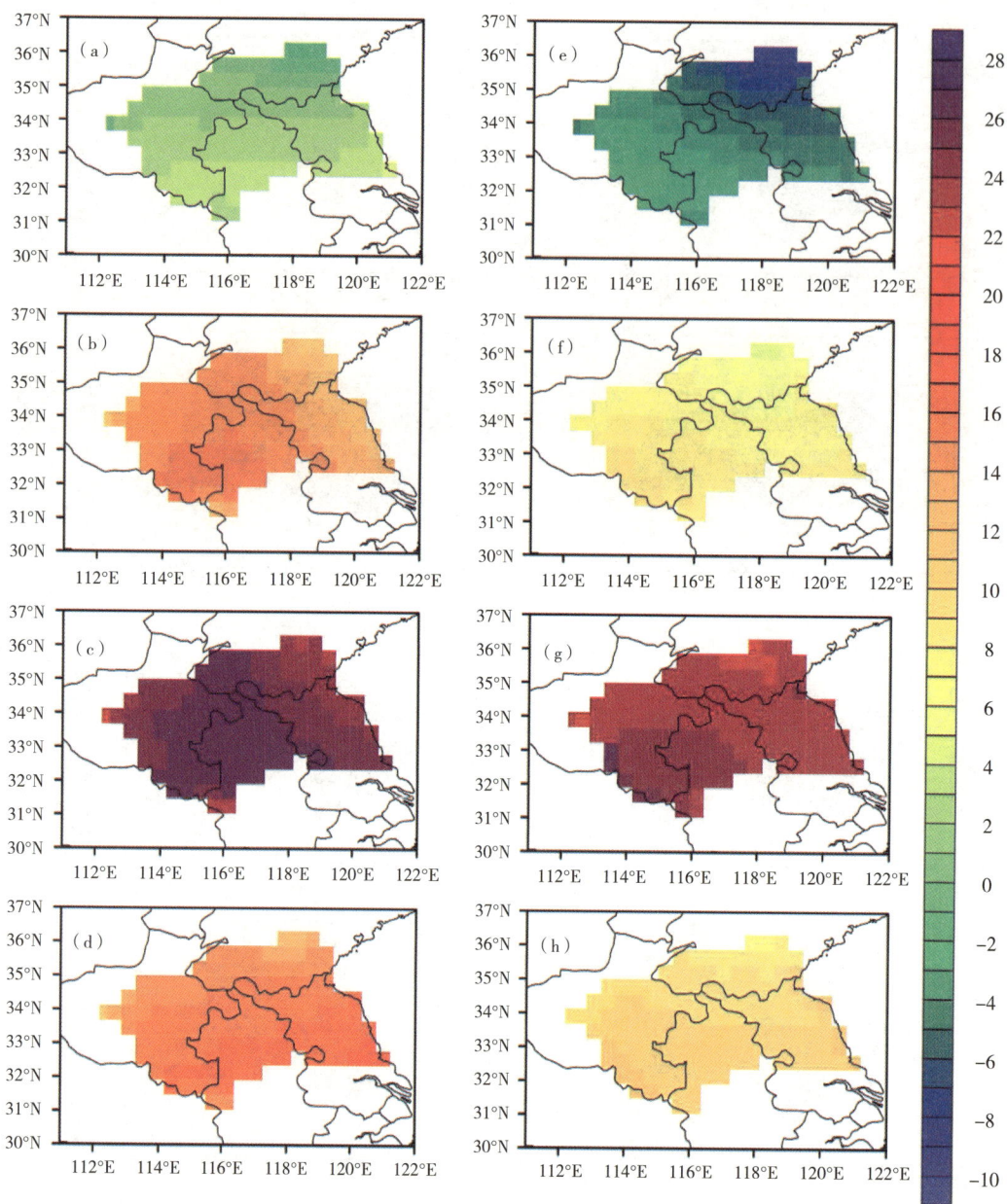

图 3-24 观测（a～d）和区域模式历史模拟（e～h）的
1981—2005 年淮河流域平均地表气温（单位：℃）

模式对淮河流域历史气候的模拟存在一定的系统偏差，因此在考察气候变化情景下该区域的气候变化信息时，应关注模式的预估结果与模式模拟的历史气候的差异，而不是直接与观测比较，这样可以滤去模式模拟系统偏差的影响。这是考察气候情景预估下气候变化信息的常用方法。

2. 模式预估的 RCP8.5 情景下淮河流域未来（2016—2045 年）变化

（1）降水

图 3-25 给出区域模式预估的 RCP8.5 情景下 2016—2045 年淮河流域平均降水量变化百分率。从图 3-25 中可以看到，在春季、秋季、冬季，预估的淮河流域平均降水量都有明显减少，以秋季尤为明显，全流域降水量减少在 20％以上，平均减少了 36％。在夏季淮河流域北部地区，预估的平均降水量增加 10％以上，在山东西南部地区平均降水量增加最为显著。

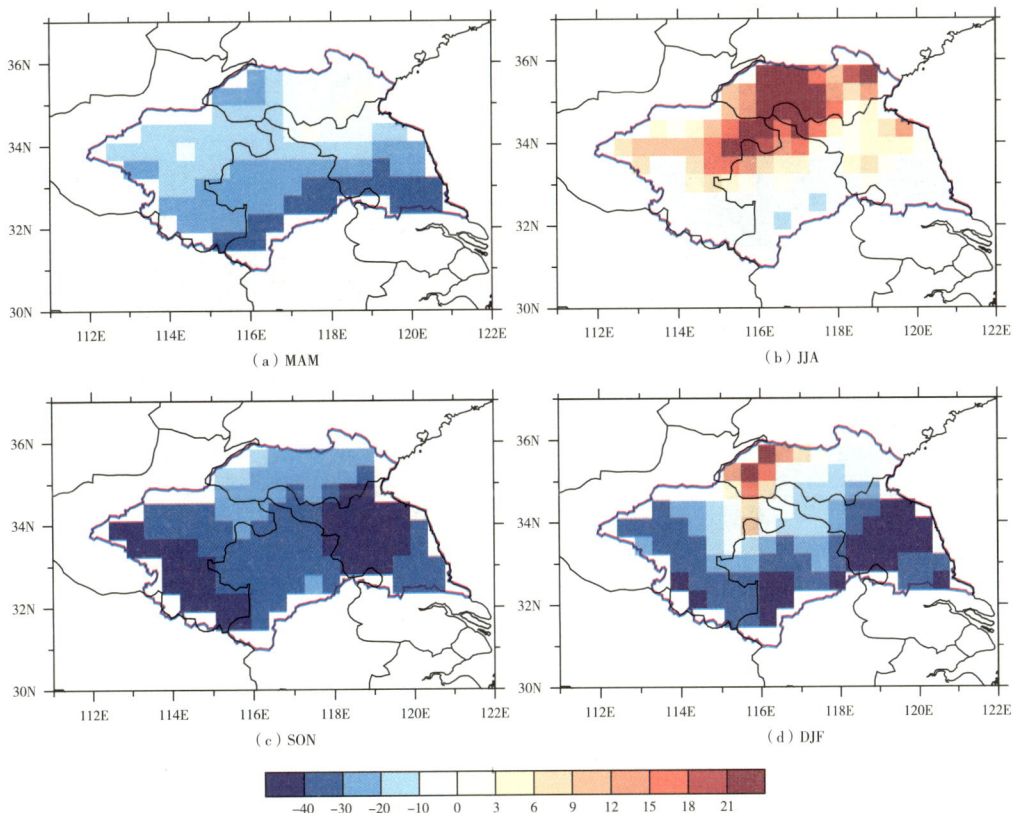

（a）MAM　　（b）JJA　　（c）SON　　（d）DJF

图 3-25　区域模式预估的 RCP8.5 情景下 2016—2045 年
淮河流域平均降水量变化百分率（单位：％）

与降水量减少的幅度相比，降水强度减少的幅度较弱。在一些降水量减少的区域，伴随着降水强度的增加。在夏季，淮河流域多数区域预估的降水强度增加 10％～20％，全流域平均增加 10％。降水量变化与降水频率的变化更为一致，降水量增加（减少）的区域对应有降水频率的增加（减少），但降水频率变化的幅度更弱。因此，在多数区域，降水量的减少（增加）是降水强度和降水频率减少（增加）的共同结果。

（2）地表气温

图 3-26 给出预估的 RCP8.5 情景下 2016—2045 年淮河流域平均地表日平均气温变化。如图 3-26 所示，预估淮河流域地表气温变化较之评估淮河流域降水变化，在水平分布上更为均匀。预估的地表气温在各季节都表现为增加，春季增暖最弱，冬季增

暖最大，强度在 1.6℃左右，且淮北地区增暖比淮南地区大。淮河流域地表日平均气温增暖在春季、夏季、秋季、冬季分别为 0.73℃、1.26℃、0.92℃、1.66℃。

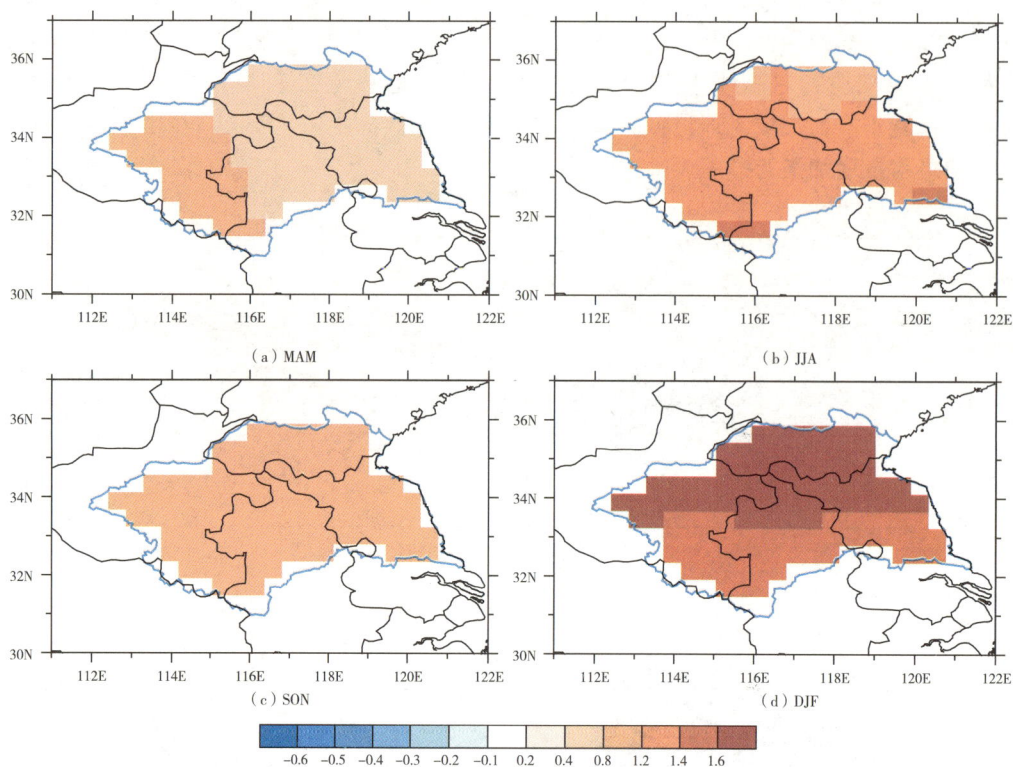

图 3-26　区域模式预估的 RCP8.5 情景下 2016—2045 年
淮河流域平均地表气温变化（单位：℃）

预估的淮河流域地表日最低气温和日最高气温变化，无论是空间型还是增暖强度，都与地表日平均气温变化一致。淮河流域地表日平均最低气温（日最高气温）增暖在春季、夏季、秋季、冬季分别为 0.55℃（0.83℃）、1.33℃（1.26℃）、0.87℃（0.99℃）、1.80℃（1.71℃）。

3.3.2　NCAR-CCSM3.0 气候模式对淮河流域的未来气候变化预估

NCAR-CCSM3.0 是美国国家大气研究中心研发的通用气候系统模式（Community Climate System Model，CCSM）第 3 版（Kiehl and Gent，2004）。大气部分采用通用大气模式（Community Atmosphere Model，CAM）第 3 版 CAM3。海洋模式为并行海洋模式（Parallel Ocean Program，POP）1.4.3 版 POP1.4.3。海冰模式为通用海冰模式（Community Sea Ice Model，CSIM）第 5 版 CSIM5。陆面模式使用通用陆面模式（Community Land Model，CLM）第 3 版 CLM3。

1. 排放情景简介

对未来全球和区域气候变化的预估是在一系列驱动因子（包括人口增长率、经济发展速度、技术进步水平、环境条件、全球化情况和公平原则等）的假设结合下，先在计算出的未来温室气体和硫化物气溶胶排放情景基础上进行大气浓度计算，得到相应的太阳辐射数值，再将其输入气候模式计算相应的气候变化量。因此，每个气候模式都应在不同情景条件下对未来气候进行模拟。为预估未来全球和区域的气候变化，IPCC 于 2000 年出版的排放情景特别报告（The Special Report on Emission Scenario, SRES）中提出第二套关于未来温室气体和硫化物气溶胶等的排放情景（IPCC，2000）。SRES 排放情景由 4 种不同的情景组成，包含 6 组共 40 个温室气体排放参考情景，其中 A1 和 A2 强调经济发展，但在经济和社会发展程度上有所不同；B1 和 B2 强调可持续发展，但在经济和社会发展程度上同样存在不同。考虑淮河流域最可能出现的社会发展状况，本次研究选取以下 3 种情景对未来气候变化进行分析.

（1）高经济发展情景（A1）。经济高速发展，全球人口在 21 世纪中叶达到峰值，之后下降；发展中国家的经济得到快速发展，为高排放情景。在这种情景下，该情景又设立了 3 组子情景：化石燃料情景（A1F1）；技术发展情景（A1T）；能源种类平衡发展情景（A1B）。

（2）区域资源情景（A2）。A2 情景是一个十分不均衡的世界，保持明显的地方与自主特点，经济发展主要是地区性的，全球化不明显；经济发展主要依赖国内或区域资源，人口持续增长，区域化的资源利用导致能源供应依赖于能源资源的分布。

（3）全球可持续发展情景（B1）。该情景仍然是一个高经济发展情景。其主要特点是：如果世界各国对环境保护形成共识，走向可持续发展道路，则到 2100 年发展中国家人均 GDP 约为发达国家的一半。该情景人口的发展与高经济发展情景一样。这种情景意味着未来温室气体和硫化物气溶胶等排放量较低。

本次研究在对未来气候模式预估结果的分析中使用了 IPCC 提供的 A1B、A2 和 B1 3 个情景下的气候模式对降水和气温的模拟结果。

2. 气候模式预估数据处理

NCAR - CCSM3.0 气候模式时间尺度为月时间单元，网格距约 1.5×1.5。因此，需要计算淮河流域区域平均温度和降水量，具体采取的步骤为：根据格点在淮河流域的位置，确定气候模式覆盖淮河流域不同区域的有效网格点，并提取相应的有效格点的月值，并按季、年时间尺度统计各格点季、年值；利用算术平均法统计基于模式的淮河流域的各季、年平均值。

3. 降水预估

（1）A2（高排放）情景下

在 A2（高排放）情景下，基于气候模式预估的淮河流域 2001—2100 年的年和夏季（6—8 月）降水量如图 3 - 27 和图 3 - 28 所示。

从图 3 - 27 模式预估淮河流域年降水量的 5 年滑动平均值可以看出，2001—2060 年淮河流域降水量无明显的增加或减少趋势，预估年降水量值为 1105mm；2060—2100 年，模式预估淮河流域年降水量均值为 1290mm，对比 2001—2060 年年降水量有较明显的增加趋势，增加了约 20%。

模式预估淮河流域夏季降水量（图 3 - 28）与年降水量的趋势基本一致，2001—2030 年的降水量相对平稳，2030 年后降水距平变化率增大，降水量转向偏多趋势。

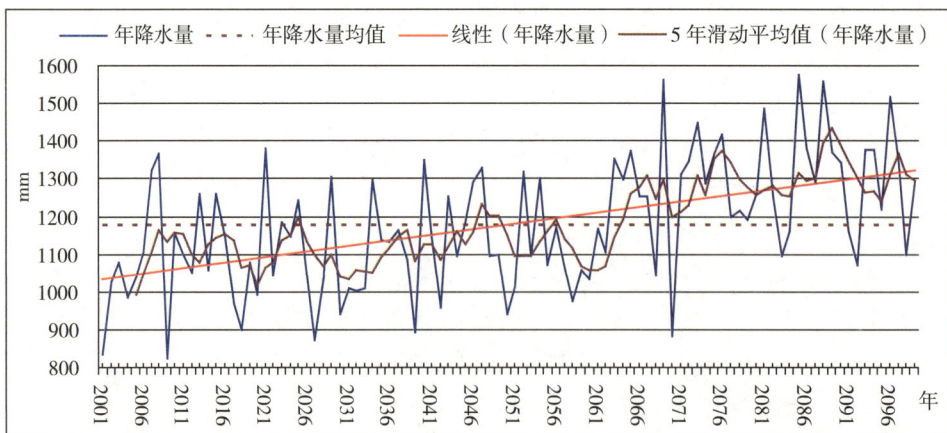

图 3-27　模式预估 A2 情景下淮河流域 2000—2100 年降水量

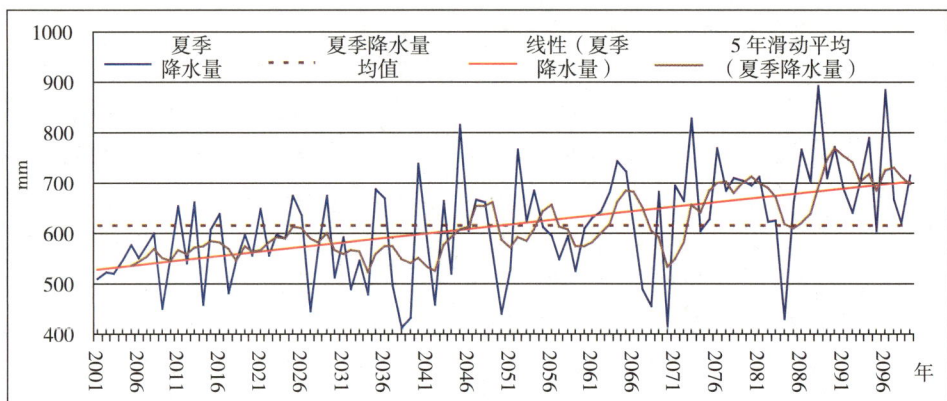

图 3-28　模式预估 A2 情景下淮河流域 2000—2100 年夏季（6—8 月）降水量

（2）A1B（中等排放）情景下

在 A1B（中等排放）情景下，基于气候模式预估的淮河流域在 2001—2100 年的年降水量变化及其 5 年滑动平均过程如图 3-29 所示。

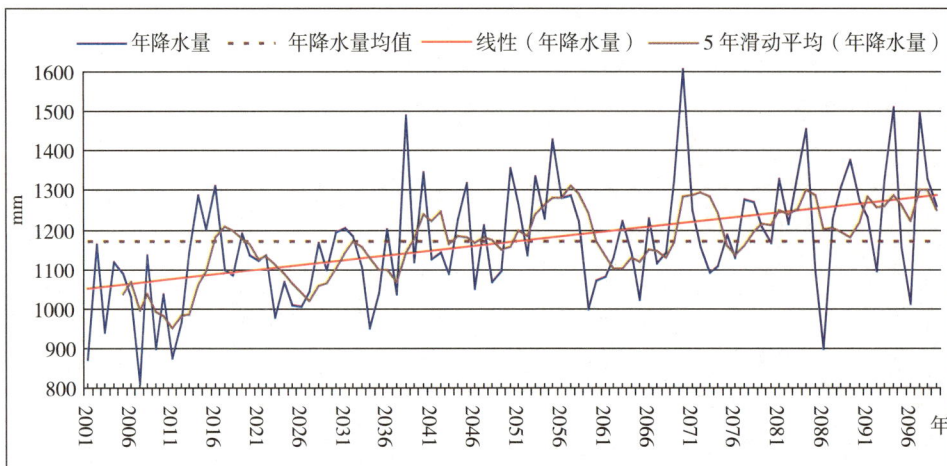

图 3-29　模式预估 A1B 情景下淮河流域 2000—2100 年降水量

从图 3-29 可见，淮河流域降雨在未来 100 年里呈波动增加趋势，降水量增加的幅度小于 A2 情景的预估降水量增加幅度，2001—2013 年呈降水相对低值区，在 2036—2055 年期间，淮河流域降水有一段降水偏多期。模式预估淮河流域夏季降水量在未来 100 年里略有增加，无明显偏多趋势（图 3-30）。

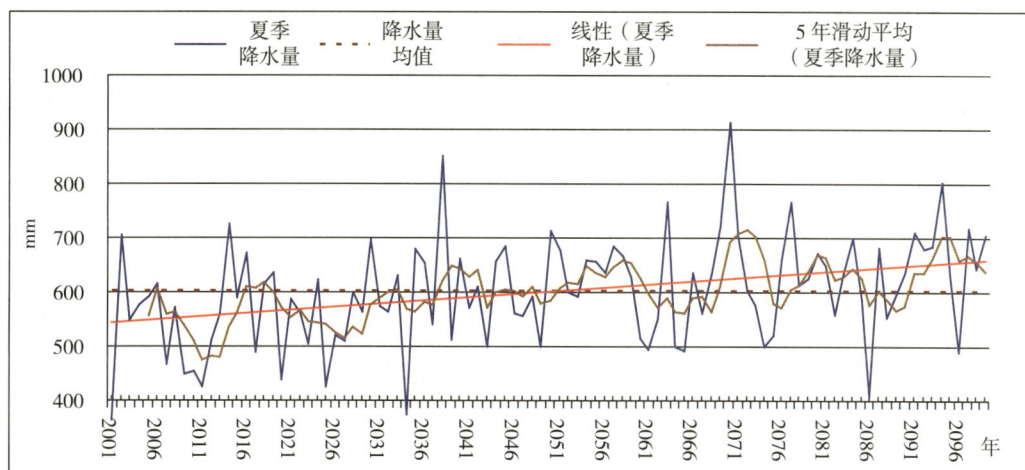

图 3-30　模式预估 A1B 情景下淮河流域 2000—2100 年夏季（6—8 月）降水量　(3) B1（低排放）情景下

在 B1（低排放）情景下，基于气候模式预估的淮河流域在 2001—2100 年的年降水量变化及其 5 年滑动平均过程如图 3-31 所示，淮河流域未来 100 年的降水量无明显的增加或减少趋势。模式预估淮河流域夏季降水量则有逐步偏多趋势（图 3-32）。

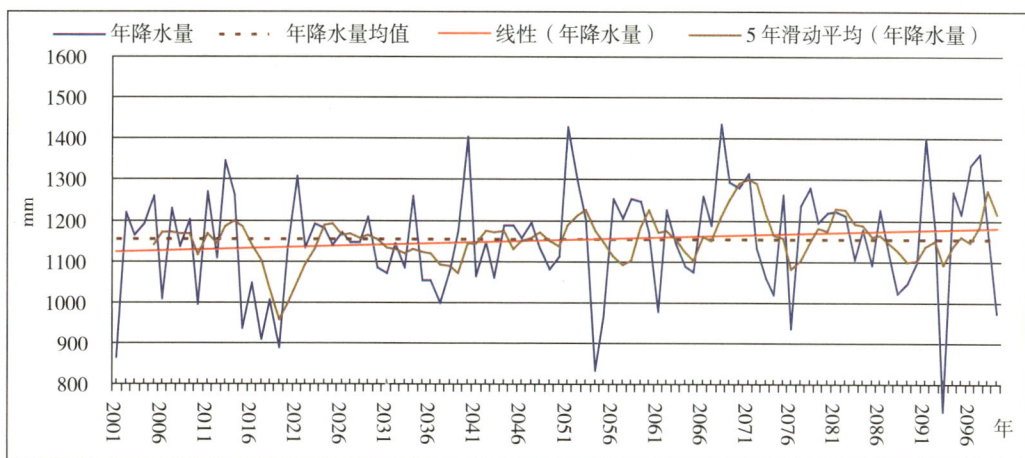

图 3-31　模式预估 B1 情景下淮河流域 2000—2100 年降水量

4. 气温变化

淮河流域年平均气温在不同的排放情景下，均表现出升高的特征，只是在不同排放情景下、在未来不同年代的上升幅度有所区别，以 A2 排放情景下气温升幅最为显著。

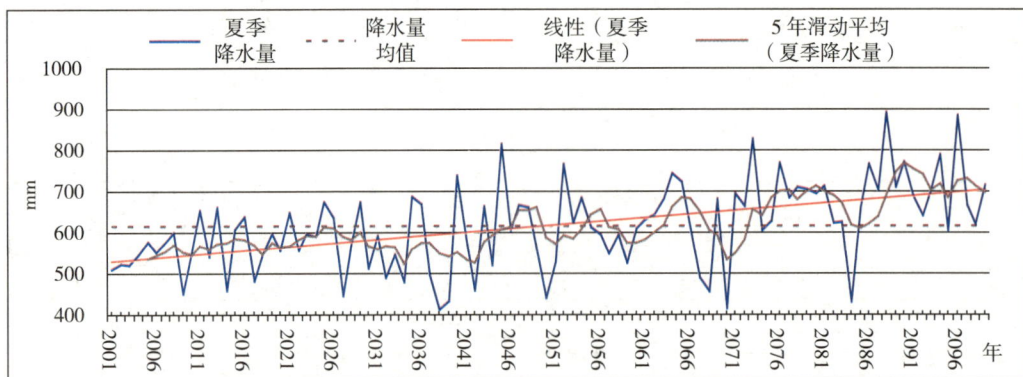

图 3-32　模式预估 B1 情景下淮河流域 2000—2100 年夏季（6—8 月）降水量

（1）A2（高排放）情景下

在 A2 情景下，淮河流域未来 100 年的年平均气温变化如图 3-33 所示。从图 3-33 可知，基于气候模式预估的未来 100 年的淮河流域年平均气温呈明显的上升趋势，且大多时段内气温上升趋势显著。2080—2100 年淮河流域的年均气温为 16.98℃，比 2001—2020 年的 13.54℃上升了 3.5℃。上升速率为 0.35℃/10 年。

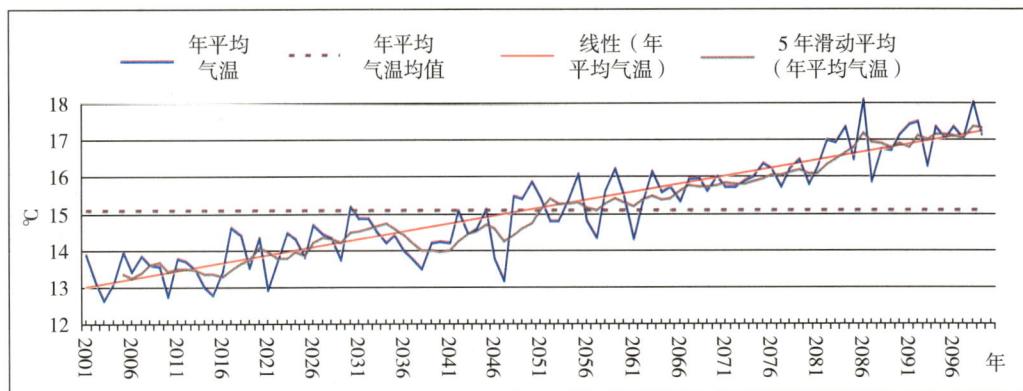

图 3-33　模式预估 A2 情景下淮河流域 2000—2100 年气温变化

（2）A1B（中等排放）情景下

在 A1B 情景下，淮河流域未来 100 年的年平均气温变化如图 3-34 所示。从图 3-34 可知，基于气候模式预估的未来 100 年的淮河流域年平均气温呈上升趋势，上升速率为 0.2℃/10 年，其年平均气温上升趋势比 A2 情景弱。

（3）B1（低排放）情景下

在 B1 情景下，淮河流域及其各区域在未来 100 年的年平均气温变化、5 年滑动平均过程图如图 3-35 所示。从图 3-35 可知，基于气候模式预估的未来 100 年的淮河流域年平均气温略有上升，相比 A2 和 A1B 情景，在 B1 情景下，淮河流域气温倾向率明显偏小，远没有其在 A2、A1B 情景下气温增加的幅度大，其上升速率为 0.1℃/10 年。

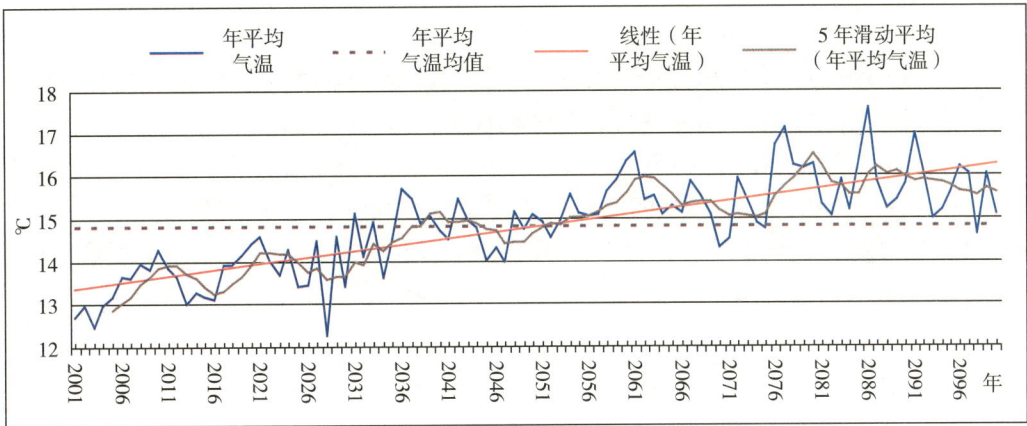

图 3 - 34　模式预估 A2 情景下淮河流域 2000—2100 年气温变化

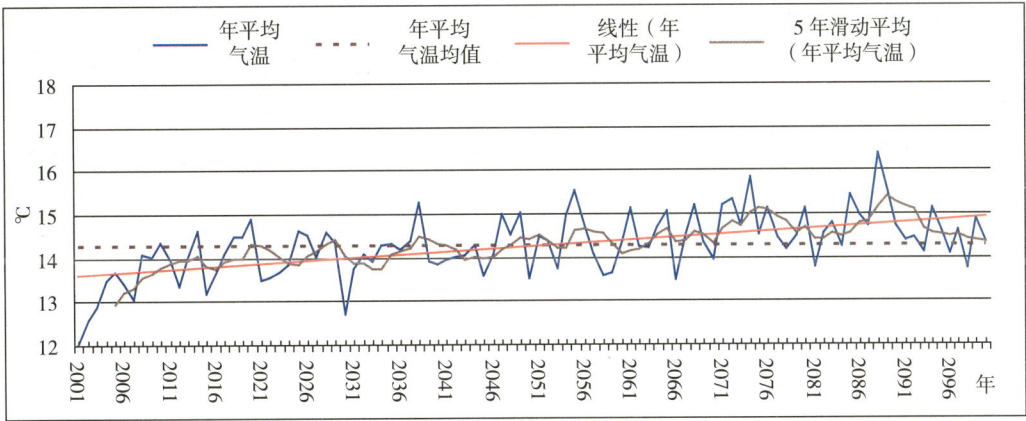

图 3 - 35　模式预估 B1 情景下淮河流域 2000—2100 年温度

3.4　淮河流域不同情境气候-水资源变化模拟

目前对气候变化及其影响的预估，主要依据多年平均的年、季水文变量，因此研究中采用月模型来计算水文水资源对气候变化的影响。下面以新安江月水文模型为基础，进行逐月淮河流域水文过程的模拟。

3.4.1　新安江月水文模型

新安江月水文模型是物理概念清晰、结构简洁合理、应用较广、效果较好的一种流域水文模型。该模型结构基本定型，其参数调试有一套成熟的标准，对参数地区规律已有初步试探。淮河流域地处湿润、半湿润带，符合新安江月水文模型的使用条件。

新安江水文模型原用于模拟逐时和逐日的水文过程，在以月为时段长的情况下，模型结构将比描述逐时和逐日过程时更为概化。参数将受到均化的影响主要表现在以下几点。

1）对因空尺度增大而引起的雨强均化，需要加大产流不均匀性系数来进行补偿。

2）对产流过程的均化需要减小自由水蓄水容量来进行补偿。

3）自由水排泄历时小于月时段，概化了自由水排泄结构。

4）以月为时段，地表和壤中径流区别不明显，概化了水源分配结构。

由于上述特点，对于新安江月水文模型的结构可在原框架上做两个方面的概化：水源划分和河网汇流。

1. 水源划分

新安江月水文模型将流域径流划分为汇流特性的不同成分，通常将水源划分为 3 种：地表径流、壤中流和地下径流。3 种水源的差别在于，汇流路径不同，带来的速度不同，进入河网前的滞时不同。地表径流的滞时一般以分钟或小时计，壤中流的滞时以日计，地下径流则以月计。新安江月水文模型的时间步长为时或日时，可以区分出 3 种水源的差别，但在以月为时段长的情况下，难以分辨地表径流和壤中流，因此新安江月水文模型中用自由水蓄水库调蓄，只划分快速和慢速两种径流成分。自由水蓄水容量为 S_m，上一时段产生的总径流，首先进入自由水蓄水库，当蓄水量超过库容时，超出部分即为快速径流。库中水量则向地下水排泄，形成慢速径流。自由水蓄水容量也考虑空间分布的不均匀性，用类似张力水容量分布曲线的方式进行表达。

2. 汇流计算

一般流域的河网最大长度 L 可用下式估计。

$$L = A \cdot n$$

式中：A 为流域面积；n 为指数。

一般较大流域的 n 为 0.5，较小流域的 n 为 0.6。如果流域面积仅为几千平方千米，则河道汇流时间不足一天。因此，采用时间步长为月的模型时，不须考虑河网汇流过程，在日模型结构中可以精简河网汇流部分。月模型在汇流计算中，认为快速径流在本时段（当月）全部流出。慢速径流通过一个线性水库调蓄，调蓄性能用其流量消退系数 C_g 表达。新安江月水文模型的结构如图 3-36 所示。

该模型主要由两个蓄水体构成，即张力水蓄水体和自由水蓄水体。前者控制产流，即控制流域对降水量的分配，决定降水是形成径流还是消耗于蒸发；后者控制汇流，即控制流域对径流的时程分配，决定径流是形成快速还是慢速响应。

与日模型和逐时模型相比，新安江月水文模型的敏感参数大为减少，且参数进一步受到时间均化的影响，主要表现在：雨强均化引起产流减少，需要加大产流不均匀性系数来进行补偿，表现为 B 值的增大；产流过程的均化，引起径流快速响应部分的减少，需要减少自由水蓄水容量来进行调整，表现为 S_m 的减少。该模型中敏感参数可分为两个层次：

（1）蒸发和产流参数：K 和 W_m。K 为蒸发皿实测蒸发与流域蒸散发能力间的折算系数；W_m 为流域张力水蓄水容量。

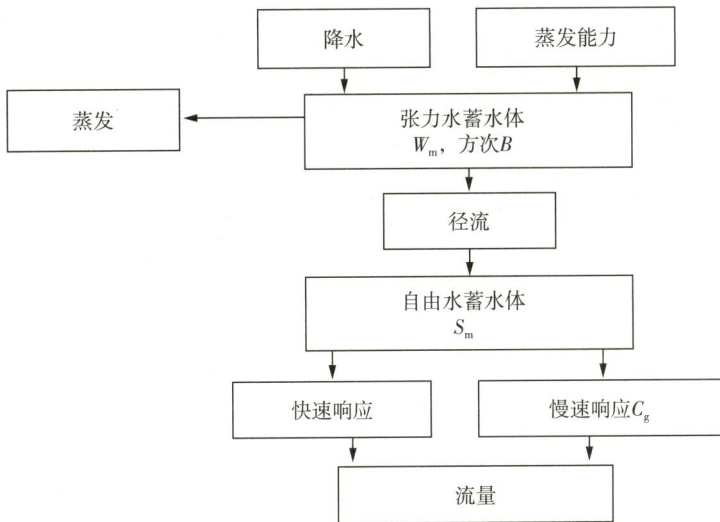

图 3 - 36　新安江月水文模型结构

（2）分水源和汇流参数：S_m 和 C_g。S_m 为自由水蓄水容量；C_g 为地下水消退系数。

3. 蒸发能力的处理

蒸发这一要素是联系陆面过程和大气过程的纽带，是陆面过程对大气过程起反馈作用的途径，也是陆面过程与大气过程耦合的途径之一。因此，研究蒸发模型对研究耦合于气候模型的网格水文模型具有十分重要的意义。

流域蒸发能力 E_m 是无法被实测的。在尚未建立本地区直接由气象因素确定蒸发能力的计算模型之前，依靠蒸发皿实测值进行折算是解决问题的一种方法，这也是新安江水文模型传统的计算方法。

在研究未来气候变化对水资源的影响时，不可能有未来实测的蒸发皿资料，因此以新安江水文模型为基础建立与气候模型耦合的水文模式，必须建立一种不依赖于蒸发皿实测资料的蒸发能力计算方法。建立的蒸发能力计算方法必须是依据可获得的预测值来进行计算的。在气候模型中，模型计算中可输出的影响蒸发的气象因子有温度、湿度、辐射、风速等要素。依据全部或部分要素建立蒸发能力计算模型是一种可行的途径。

计算蒸发能力的气候学模型有很多种，通常可分为经验的、半经验的和物理的；从模型考虑的因素可分为能量平衡法、水气输送法、涡动相关法、梯度扩散法、土壤植物大气输送法等。经验公式一般缺乏物理基础，但较易应用；物理模型由于其结构的严谨性，对资料要求较高，通常只应用于较小的实验区。因此本书寻求一种既能满足计算精度要求，又较为简单的蒸发能力计算公式，即建立一种计算蒸发能力的经验公式来满足预测未来变化的需要。

影响蒸发能力的主要因素在于供给蒸发的能量。蒸发能量的来源是太阳辐射，因此计算蒸发能力的经验公式应把温度要素作为首选因子。

在新安江月水文模型的研究中，应用了一个以温度为基础的蒸发能力计算经验公式：

$$E_w = A \cdot T + B$$

式中：E_w 为蒸发能力；T 为温度；A 和 B 为系数。

淮河流域月蒸发量与月平均温度的统计关系如图 3-37 所示。

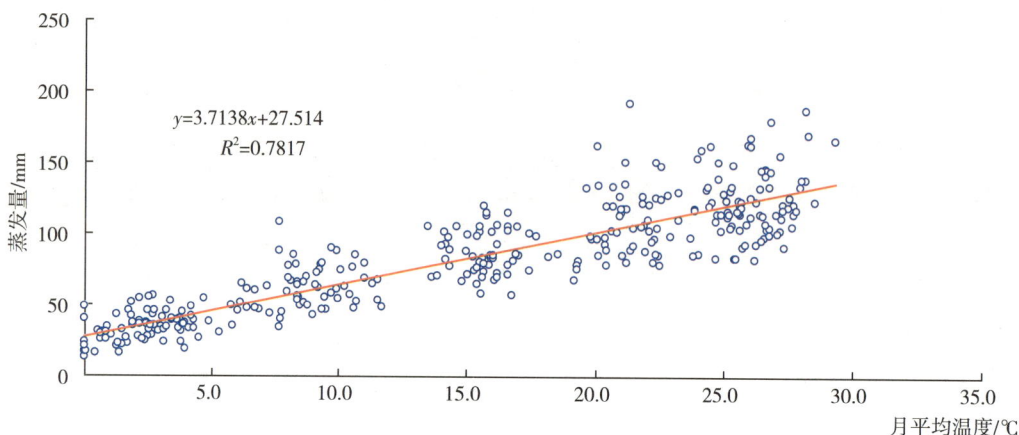

$$y = 3.7138x + 27.514$$
$$R^2 = 0.7817$$

图 3-37　淮河流域月平均蒸发量与月平均温度统计关系图

3.4.2　新安江月水文模型率定及验证

利用开发的新安江月水文模型（图 3-38～图 3-41）对淮河流域 7 个试验区域进行模型的率定和验证。模型率定期为 1980—2000 年，模型验证期为 2001—2010 年。模型输入的是研究区实测降水量和气温逐月数据，模型输出的为逐月平均径流量。

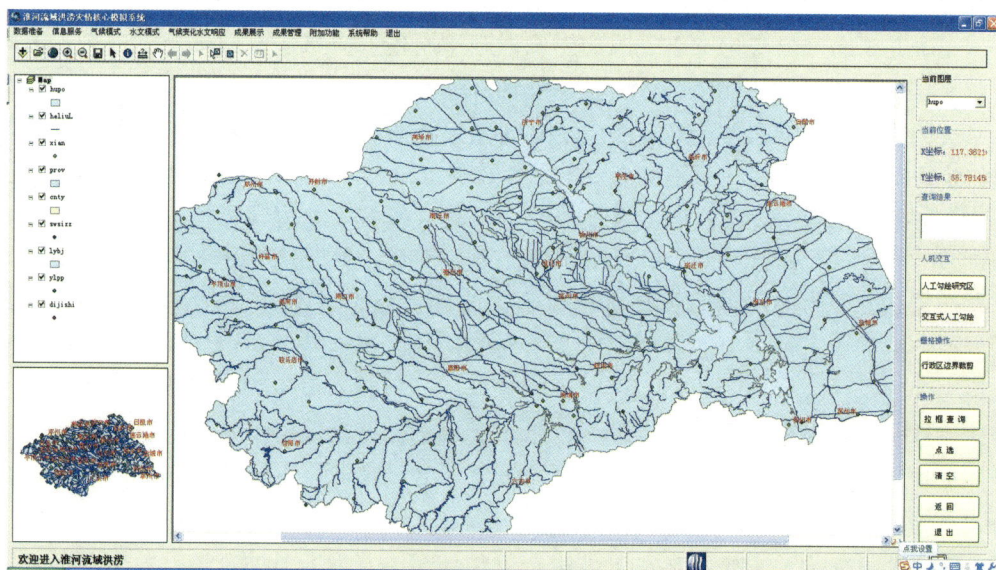

图 3-38　气候变化水文响应分析模型系统

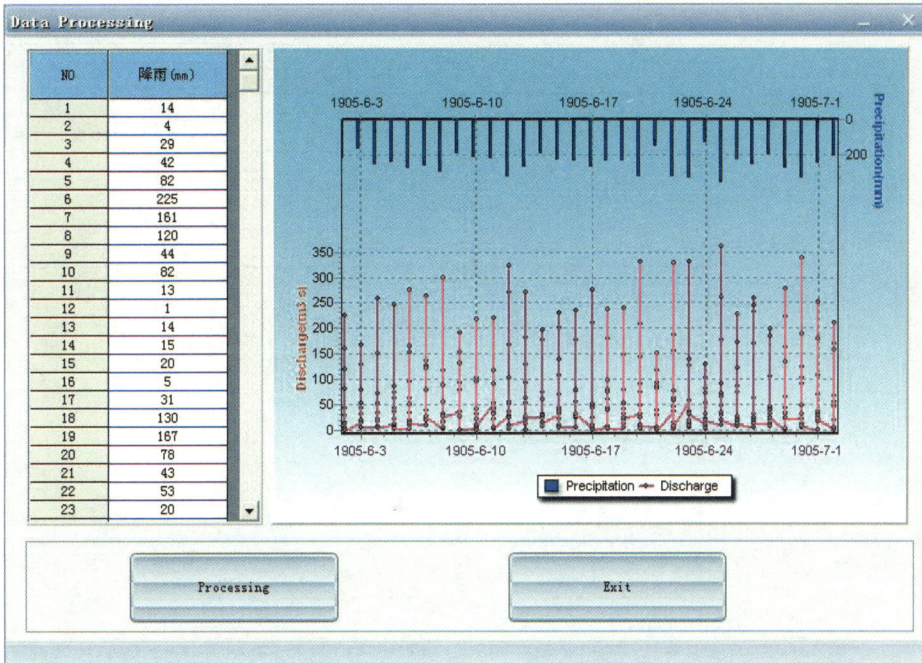

图 3-39 数据处理

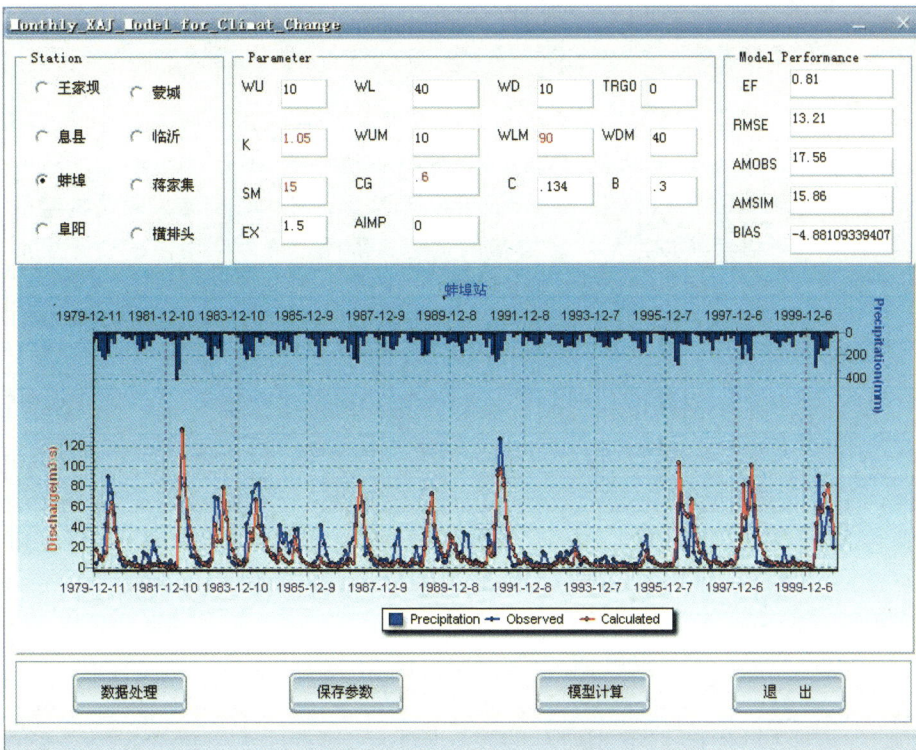

图 3-40 新安江月水文模型

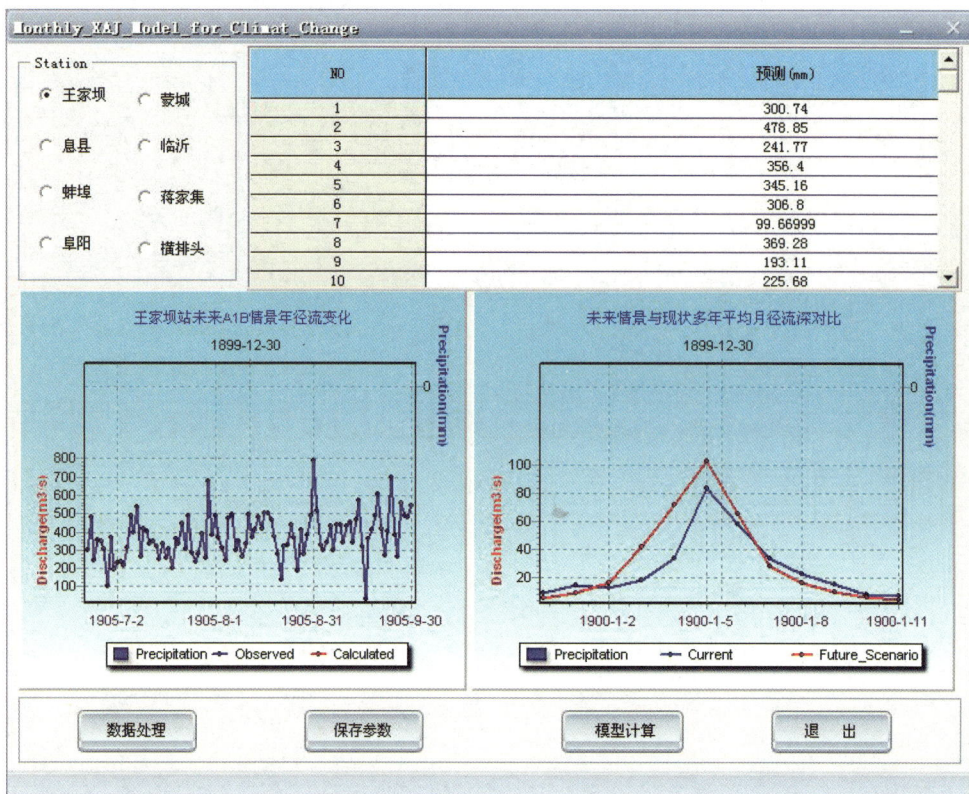

图 3-41　气候变化水文响应

　　选用径流相对误差和确定性系数两个误差指标来评价模型的性能。各分区的主要参数值及误差统计见表 3-6 所列。代表站（王家坝和蚌埠）模型率定和验证期的实测值与计算值对比图如图 3-42~图 3-45 所示。模型率定和验证的结果表明构建的新安江月水文模型能够较好模拟月平均径流量的过程，因此，可以利用该模型开展淮河流域未来气候变化对径流量影响的评估研究。

表 3-6　淮河流域月水文模型参数汇总表

流域名称	K	W_m	S_m	C_g	效率系数	相对误差/%
息县	0.6	150	20	0.55	0.8	3.05
王家坝	0.7	140	20	0.6	0.82	6.50
蒋家集	0.75	140	20	0.4	0.78	-1.11
阜阳	1.15	110	20	0.65	0.75	12
蒙城	0.64	160	30	0.4	0.72	14
蚌埠	1.05	140	15	0.6	0.81	-4.80
临沂	1.05	120	20	0.66	0.78	1.11

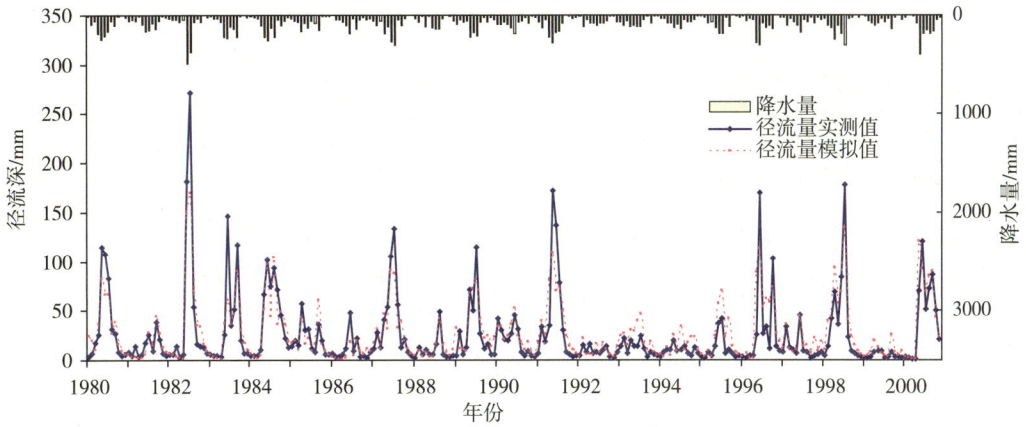

图 3-42　王家坝站月平均径流量实测值与模拟值对比曲线（率定期 1980—2000 年）

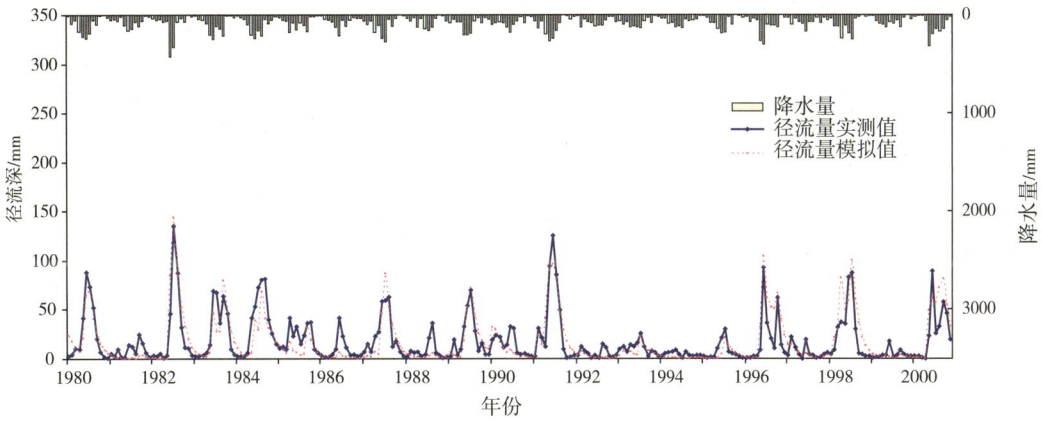

图 3-43　蚌埠站月平均径流量实测值与模拟值对比曲线（率定期 1980—2000 年）

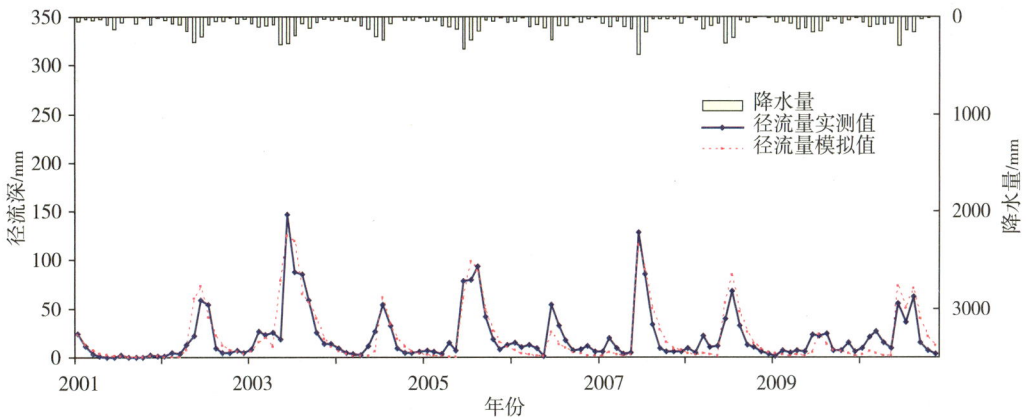

图 3-44　王家坝站月平均径流量实测值与模拟值对比曲线（验证期 2001—2010 年）

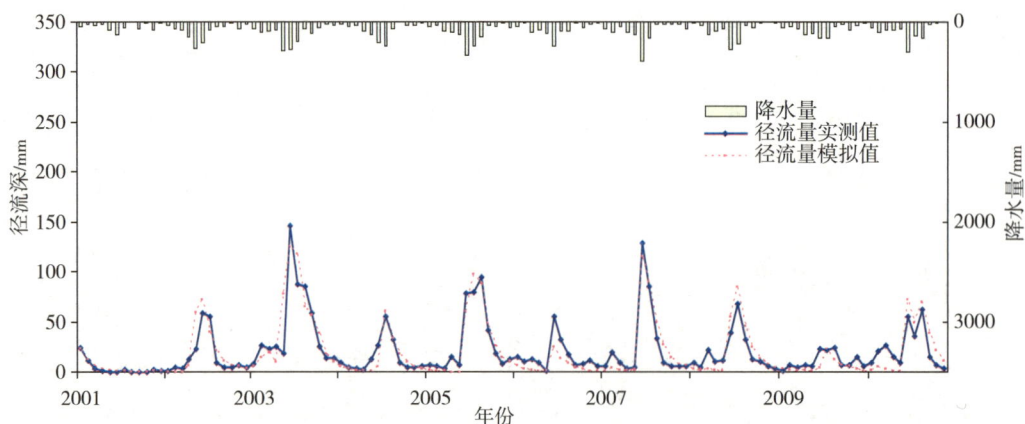

图 3-45　蚌埠站月平均径流量实测值与模拟值对比曲线（验证期 2001—2010 年）

3.4.3　未来气候变化对水资源影响的预估

1. A2（高排放）情景下

在 A2 情景下，淮河流域未来 100 年的年平均径流深变化如图 3-46 所示。从图 3-46 可知，基于气候模式预估的未来 100 年的淮河流域年平均径流深呈不明显的上升趋势，且在大多时段内年平均径流深上升趋势达不到显著变化的程度。2080—2100 年淮河流域的年平均径流深为 250mm，比 2001—2020 年的 178mm 增加了 72mm。上升速率为 7mm/10 年。

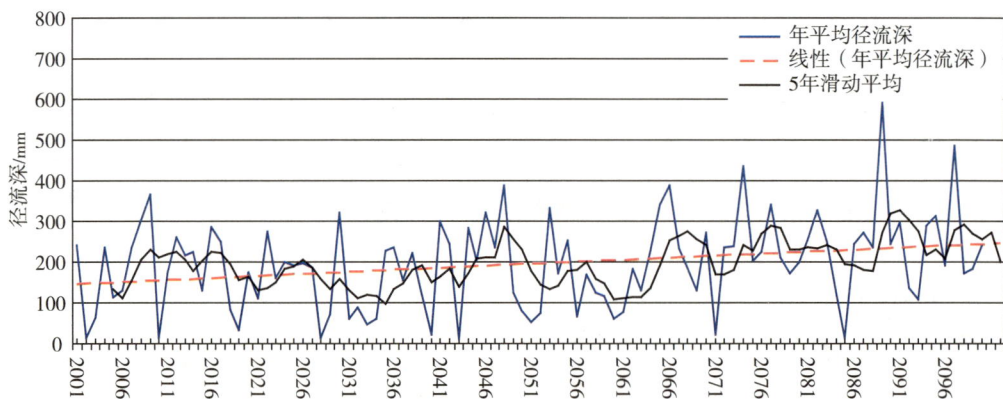

图 3-46　模式预估 A2 情景下淮河流域 2000—2100 年平均径流深

2. A1B（中等排放）情景下

在 A1B 情景下，淮河流域未来 100 年的年平均径流深变化如图 3-47 所示。从图 3-47 可知，基于气候模式预估的未来 100 年淮河流域年平均径流深呈不明显的上升趋势，且大多时段内年平均径流深上升趋势达不到显著变化的程度。2080—2100 年淮河流域的年平均径流深为 230mm，比 2001—2020 年的 160mm 增加了 70mm。上升速率为 11mm/10 年。

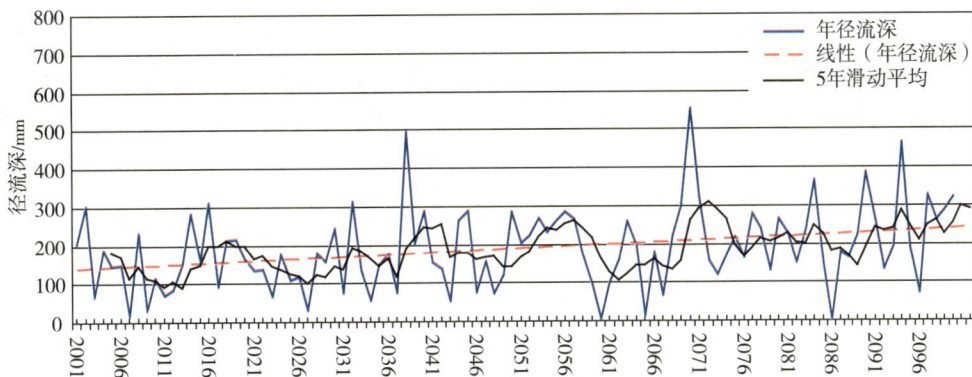

图 3-47　模式预估 A2 情景下淮河流域 2000—2100 年平均径流深

3. B1（低排放）情景下

在 B1 情景下，淮河流域未来 100 年的年平均径流深变化如图 3-48 所示。从图 3-48 可知，基于气候模式预估的未来 100 年的淮河流域年平均径流深呈不明显的上升趋势，且大多时段内年平均径流深上升趋势达不到显著变化的程度。2080—2100 年淮河流域的年平均径流深为 183mm，比 2001—2020 年的 167mm 增加了 16mm。上升速率为 2mm/10 年，远没有其在 A2、A1B 情景下变化的幅度大。

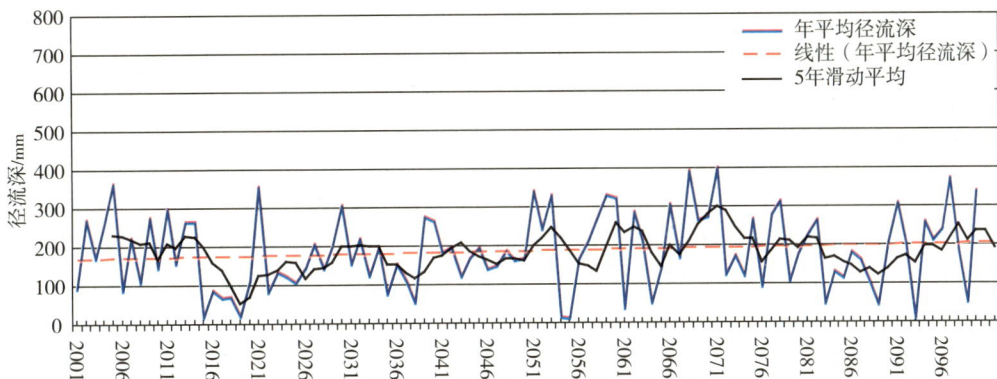

图 3-48　模式预估 B1 情景下淮河流域 2000—2100 年平均径流深

3.5　小　结

1. 淮河流域近 2000 年（气温、降水）气候变化特征

淮河流域过去 2000 年经历了 7 个阶段的冷暖变化。秦至东汉后期，气候相对温暖；东汉末—三国—两晋—南朝梁时期，气候总体寒冷；南朝陈至中唐这一时期，气候总体上为持续温暖态势；唐后期至五代前期，气候总体寒冷；五代后期、两宋至元朝中期，气候相对温暖；元朝后期、明、清及民国初期，气候相对寒冷；1921 年至今，

气候温暖，且在波动中逐渐增暖，该阶段正处于时长为 200～250 年的重现暖周期中。1981 年以来的增暖幅度已接近过去 2000 年中温暖时期升温的最高水平。

淮河流域地处东亚季风区，干湿波动频繁。淮河流域在西晋时偏湿，在东晋时偏干，在南北朝初转湿，在南北朝中后期持续转干；在隋唐时期偏湿；在五代至北宋初总体湿润；在北宋前期至南宋中后期于波动中逐渐趋干；在南宋后期至元末总体偏湿；在明初 1400—1420 年偏湿，在 1430 年前后转干，在 1550—1600 年偏湿，在 1610 年至明末偏干；在清代 1650—1900 年总体上偏湿，降水变化相对稳定，干、湿变率较小；从清末（1910 年后）起转干，于 20 世纪 50 年代后转向湿润。

2. 淮河流域 1951—2010 年气候（降水、气温、水资源）变化特征

淮河流域年平均降水量 898mm，在地区分布上，南部多北部少、山区多平原少、沿海多内地少。总体上，淮河流域在 1957—1979 年降水量减少；在 20 世纪 70 年代末到 20 世纪 90 年代初为持续多雨，在 1990 年以后又持续减少，在 2000 年后转入降水量偏多期。

淮河流域汛期（6—9 月）降水量为 569mm，占全年降水均值（898mm）的 63%。淮河流域 1953—1963 年和 2003—2009 年处于相对多水的年代际背景，1992—2002 年处于相对少水的年代际背景，20 世纪 70 年代至 20 世纪 80 年代则处于相对平稳时期。淮河流域汛期降水有着准 10 年和 2 年的降水周期，每两年就有一次较严重的干旱或洪涝发生。

淮河流域年平均气温为 14.5℃，呈波动上升趋势，20 世纪 60 年代至 20 世纪 80 年代，气温有一定幅度的下降，进入 20 世纪 90 年代，气温持续上升，2001—2010 年气温增暖趋势明显。淮河流域夏季气温并无明显增暖趋势，秋季气温的增暖趋势高于夏季、低于春季，冬季气温的增暖趋势最为明显。

淮河流域地表水资源地区分布不均，多年平均径流深为 230mm，其中淮河水系 238mm，沂沭泗水系 215mm。6—9 月的径流量占年径流量的 50%～88%，集中程度为南小北大。径流的年际变化剧烈，主要有最大与最小径流量倍比悬殊、年径流变差系数 C_v 大和丰枯变化频繁等特点。

淮河流域年降水量与地表水资源量的相关系数为 0.93，说明地表水资源量与降水量的关系密切，且降水量是影响地表水资源量的重要因子。气温变化与水资源量有一定的反相关性，但相关性不显著。年平均气温与年平均降水量的相关系数说明气温与降水量存在着一定的反相关关系。

3. 模式预估淮河流域未来降水、气温变化特征

IAP/LASG FGOALS 模式预估 RCP8.5 情景下 2016—2045 年淮河流域春、秋和冬 3 季平均降水量明显减少，以秋季最为明显。模式预估淮河流域北部地区在夏季平均降水量增加 10% 以上，预估夏季多数区域的降水强度增加 10%—20%，全流域平均降水量增加 10%。

模式预估 2016—2045 年淮河流域地表日平均气温在各季节都表现为增加，春季增暖最少，冬季增暖最多，强度在 1.6℃ 左右，且淮北地区增暖比淮南地区多，春、夏、秋、冬季增加温度分别为 0.73℃、1.26℃、0.92℃、1.66℃。

NCAR-CCSM3.3 气候模式预估淮河流域 A2（高排放）情景下 2010—2030 年降水量相对平稳，在 2050 年后，降水量明显偏多，气温呈明显的上升趋势，上升速率达 0.35℃/10 年；A1B（中等排放）情景下，预估淮河流域降水量在未来 100 年里成波动增加趋势，降水量增加的幅度小于 A2 情景下的预估降水量，预估淮河流域年平均气温呈上升趋势，上升速率为 0.2℃/10 年；年平均气温上升趋势比 A2 情景下的气温上升趋势弱。B1（低排放）情景下，模式预估未来 100 年的淮河流域年平均降水量无明显的增加或减少趋势，夏季降水量则有逐步偏多趋势。淮河流域气温倾向率明显偏小，其上升速率为 0.1℃/10 年，比 A2、A1B 情景下气温增加的幅度小。

NCAR-CCSM3.3 气候模式预估 2001—2100 年淮河流域年平均径流深呈现不显著上升趋势，其中在 A2、A1B、和 B1 情景下年平均径流深增加速率分别为 7mm/10 年、11mm/10 年和 2mm/10 年。

第4章

淮河流域经济社会与水资源协调发展评估

水资源具有必需性、不可替代性和稀缺性，这3个特征决定了作为水资源重要贮存库的大河流域是水资源保护和开发利用的重要着眼点。然而，流域是一个社会-经济-自然复合系统，就水论水的研究并不能满足流域可持续发展的需要。因此，只有将对水资源的研究与对社会、经济、环境及其他资源的研究融为一体，从"一体化"角度出发，才能实现水资源的永续利用，进而促进流域的可持续发展。

淮河流域人均水资源占有量远低于全国平均水平，而经济仍处于快速增长阶段，因此水资源供需矛盾日益尖锐。淮河流域水资源长期存在"水多""水少""水脏"的矛盾，严重制约着该流域经济社会的健康发展。

为了细致探讨水资源与经济协调发展的影响因素，我们利用分解模型，分析了淮河流域各城市用水量的影响因素、用水强度，并以沂沭泗水系3个重点城市为案例，研究用水量和用水强度较大的污染密集型工业对水资源的影响。在此基础上，构建了经济社会与水资源协调发展的理论基础与评价标准，以客观评价淮河流域当前经济社会发展与水资源之间的协调程度，进而识别淮河流域城市制约二者协调发展的关键因素，为淮河流域经济社会活动的调整和改善提供依据。

4.1 水资源利用情况与发展阶段

4.1.1 水资源利用的特征分析

1. 各省、市经济发展水平与水资源利用趋势大体一致

2000—2010年淮河流域人均用水量在大体稳定中略有上升，从284m³逐步上升到342m³左右。与同期全国人均用水量在450m³相比，淮河流域人均用水量明显低于全国平均水平。但是淮河流域5省份之间人均用水量差距较大：江苏省人均用水量明显高于其他4个省份，在2010年达到687m³；山东省人均用水量较低，位于5省中的第四位，并且近年来呈现缓慢下降趋势；河南省人均用水量在5省中最低，处于200m³以下。

2000—2010年，淮河流域单位GDP平均用水量呈现显著的下降趋势。淮河流域在

2000 年的单位 GDP 用水量为 546m³，到 2010 年单位 GDP 用水量降为 151m³。当年全国单位 GDP 平均用水量为 150m³。与之相应，淮河流域 5 省的单位 GDP 用水量也均呈下降趋势，这表明经济发展对于水资源的压力正在逐渐减小。原因在于各省份在水资源高效利用方面取得了显著成效。

近年来，淮河流域各省单位 GDP 用水量减少趋势与全国基本一致。其中，安徽、江苏两省的单位 GDP 用水量较高，而河南与山东两省较低，主要原因是安徽和江苏第一产业的单位 GDP 用水量相对较高。2010 年江苏和安徽第一产业的单位 GDP 用水量分别高达 2018.0m³ 和 1114.7m³，而河南和山东分别仅为 544.9m³ 和 803.1m³。另外，安徽第二产业和第三产业的单位 GDP 用水量分别为 206.9m³ 和 141.9m³，明显高于其他几个省份，表明安徽省的第二产业和第三产业发展对于水资源的消耗量大于其他省份，水资源利用效率欠佳。从整体来看，淮河流域第一产业的单位 GDP 用水量最大，其次是第三产业，最后是第二产业。

2. 淮河流域各市经济发展水平与水资源利用水平差距较大

淮河流域地跨湖北、河南、安徽、江苏、山东五省的 40 市、181 个县。不同城市的经济发展水平不同，对水资源的利用水平也相差较大。选用人均 GDP 指标来表征各城市的经济发展水平，选择人均用水量、单位 GDP 用水量和人均生活用水量这 3 个指标来反映各城市的水资源利用情况。2010 年，淮河流域各市经济发展水平与水资源利用水平概括见表 4-1 所列。

表 4-1　淮河流域各市经济发展水平与水资源利用水平

项目	人均 GDP/ (万元/人)	人均用水量/ [m³/(年·人)]	单位 GDP 用水量/ (m³/万元)	人均生活用水量/ [l/(d·人)]
最大值	5.31（郑州）	1076.0（泰州）	490.4（六安）	124.5（淮南）
最小值	0.92（阜阳）	147.1（周口）	40.5（淄博）	49.7（漯河）
淮河流域平均值	2.26	345.9	152.2	83.6
中位数	2.35（商丘）	256.6（泰安）	168.8（宿州）	89.7（阜阳）
变异系数	0.425	0.663	0.598	0.255

资料来源：淮河流域各省水资源公报。

注：以上数据均仅计算各城市在淮河流域部分。

2010 年，从经济发展水平来看，淮河流域人均 GDP 最高的城市是郑州，达到了 5.31 万元，而人均 GDP 最低的城市是阜阳，仅为 0.92 万元；从水资源利用情况来看，人均用水量最大的城市是泰州，达到了 1076m³，比人均用水量最小的城市多数倍。

变异系数是反映数据离散程度的绝对值，其数据大小不仅受变量值离散程度的影响，还受变量值平均水平大小的影响。变异系数可以消除因单位和平均数的不同而对于两个或多个资料变异程度比较时的影响。

$$变异系数＝标准偏差/平均值×100\%$$

淮河流域各城市单位 GDP 用水量的差距和变异系数的差异，表明淮河流域各城市的水资源利用水平存在很大差异。其中，单位 GDP 用水量最大的城市是六安，为 $490.4m^3$，单位 GDP 用水量最小的城市是淄博，仅为 $40.5m^3$；人均生活用水量最大的城市是淮南，为 $124.5L/d$，人均生活用水量最小的城市是漯河，为 $49.7L/d$，变异系数是 0.255，值较小，表明淮河流域各城市人均生活用水量差距不大。这或可表明淮河流域各城市生活水准和生活方式差异不大。但综合以上指标，可以发现淮河流域各市经济发展水平与水资源利用水平差距仍然较大。

3. 各省、市的经济发展水平与水资源利用状况的关系

选取人均 GDP 指标来表征经济发展水平，选取单位 GDP 用水量和人均用水量来表征水资源利用水平。利用 2010 年淮河流域各省、市的相关数据，分别建立了人均 GDP 与单位 GDP 用水量的关系、人均 GDP 与人均用水量的关系，如图 4-1、图 4-2 所示。

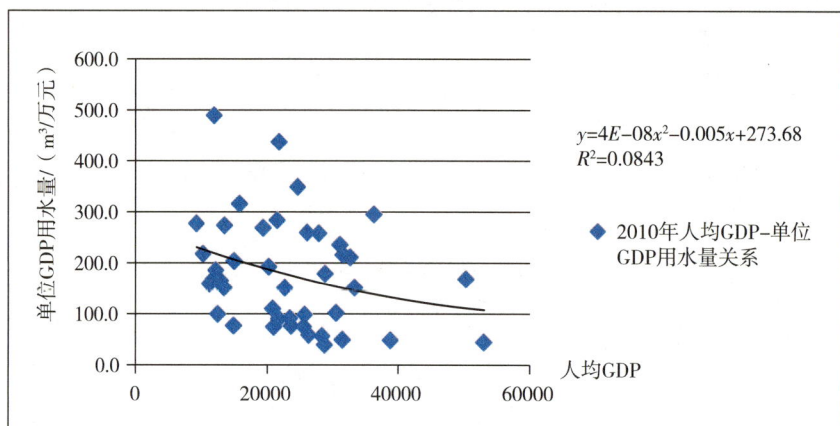

图 4-1　2010 年淮河流域人均 GDP -单位 GDP 用水量关系

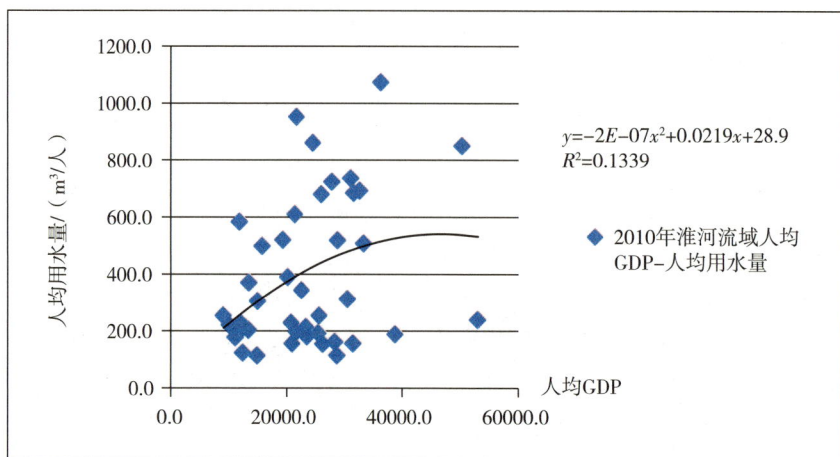

图 4-2　2010 年淮河流域人均 GDP -人均用水量关系

总体来看，淮河流域各省、市经济发展水平与水资源利用效率之间呈现出相关趋势，即经济发展水平越高，单位 GDP 用水量越低，人均用水量越高；随着经济水平的增长，单位 GDP 用水量下降速度放缓，人均用水量上升速度也放缓。从 2010 年淮河流域人均 GDP 与单位 GDP 用水量关系图中可以看出，其函数表达式为

$$y=4E-08\,x^2-0.005x+273.68，R^2=0.0843 \tag{4-1}$$

式中：二次项系数为正数，这是一个开口向上的抛物线，人均 GDP 与单位 GDP 用水量的曲线关系位于该抛物线的左半支，即随着人均 GDP 的提高，单位 GDP 用水量下降，并且下降速度逐渐放缓。这是因为随着经济的发展，技术逐渐进步，产业结构逐渐优化，水资源利用效率逐渐提高，所以单位 GDP 用水量呈现下降趋势。

从 2010 年淮河流域人均 GDP－人均用水量关系图中可以看出，其函数关系表达式为

$$y=2E-07\,x^2+0.0219x+28.9，R^2=0.1339 \tag{4-2}$$

式中：二次项系数为负数，这是一个开头向下的抛物线，人均 GDP 与人均用水量的曲线关系位于该抛物线的左半支，即随着人均 GDP 的提高，人均用水量上升，并且上升速度逐渐放缓，这是因为经济发展依赖对水资源的利用，所以随着经济水平的提高，对于水资源的需求量也在增加；当经济水平提高到一定程度时，对水资源的消耗量也逐渐趋于稳定。但从曲线的拟合程度来看，两个曲线的 R^2 均较小，表明人均 GDP 与单位 GDP 用水量的关系、人均 GDP 与人均用水量的关系均不明显，这是由于各省、市水资源的利用情况受各地实际情况影响较大。

4.1.2　不同地区发展阶段识别

淮河流域不同省市的经济发展水平不同，因此其水资源利用情况也存在差异。通过识别不同地区的经济和用水情况，可以确定其发展阶段，进而有针对性地评估其水资源与社会发展协调的程度。

1. 城市经济发展与用水量的 4 个阶段

随着经济的发展，用水量也会发生变化。不同的经济发展阶段，对应着不同的用水量。我们将经济发展与用水量划分为 4 个阶段。

第一阶段：经济发展水平低，用水量少。这一阶段的生产力水平不高，人类改造利用自然受到限制，使农业和工业的相关产业较少，所以用水量较少。

第二阶段：经济开始发展，但水平仍然较低，用水量上升。在这一阶段随着生产力水平的提高，农业和工业等开始发展。因为经济才刚刚起步，所以此阶段经济水平虽然比第一阶段有所提高，但水平仍然较低。农业的发展需要消耗大量的水资源，工业用水量也在增加，因此总用水量上升。这个阶段的经济增长在一定程度上依赖于水资源的消耗，是不可持续的。

第三阶段：经济持续发展，达到较高水平，用水量增幅减慢。在第二阶段的基础上，经济进一步发展，达到较高水平。由于经济的发展和技术的进步，农业灌溉方式得到了

改善，工业机械设备得到了改进，水资源利用效率提高，总用水量增幅开始减缓。

第四阶段：经济持续发展，达到较高水平，用水量下降，实现经济与水资源的协调发展。在第三阶段的基础上，经济继续发展，人均 GDP 达到较高水平，此阶段人们对生态环境的关注程度增加，开始担忧水资源的短缺情况，保护水资源的意识提高，逐渐完善水资源管理制度，逐渐增强水资源管理手段；技术进一步提高，产业结构得到优化调整，水资源利用效率提高，用水量开始下降，实现经济与水资源的协调发展。

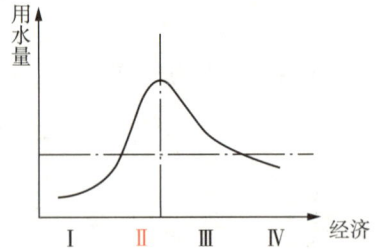

图 4-3　经济发展与
用水量的 4 个阶段图

表 4-2　经济发展与用水量的 4 个阶段表

经济发展情况	用水量较大	用水量不大
经济较发达	Ⅲ	Ⅳ
经济欠发达	Ⅱ	Ⅰ

2. 淮河流域各市发展阶段识别

根据经济发展与用水量 4 个阶段的划分，我们对淮河流域（涉及湖北省，面积很小且均为农村土地，因此主要包括安徽省、江苏省、山东省、河南省）各城市的发展阶段进行了识别。选取 2010 年淮河流域各城市的人均 GDP 指标来表征经济发展水平，选取单位 GDP 用水量指标来表征水资源利用情况。以人均 GDP 为横坐标，以单位

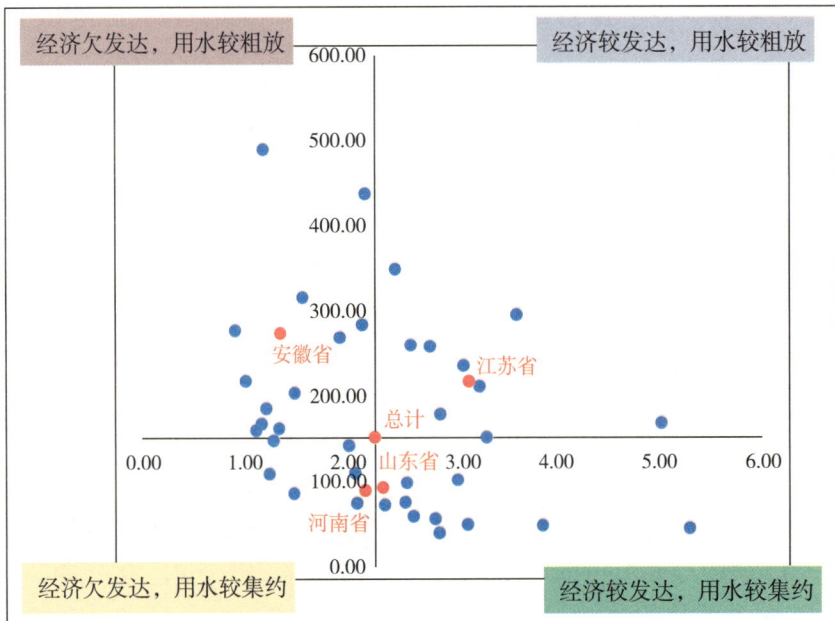

图 4-4　2010 年淮河流域人均 GDP-单位 GDP 用水量关系

GDP 用水量为纵坐标，根据经济水平和水资源利用情况分别将淮河流域各城市分布在坐标系中的 4 个象限内。通过识别各城市的发展阶段，有针对性地评估其水资源与社会发展协调的程度。

从坐标系中可以看出：第一象限所在城市有：徐州市、淮安市、南通市、盐城市、扬州市、镇江市、泰州市、连云港市等，主要为江苏省的城市。第二象限所在城市有：合肥市、亳州市、宿州市、蚌埠市、阜阳市、淮南市、滁州市、六安市、南阳市、信阳市、开封市、周口市、宿迁市、南京市、菏泽市等，主要为安徽省的城市。第三象限所在城市有：淮北市、平顶山市、驻马店市、商丘市、临沂市等，主要为河南省的城市。第四象限所在城市有：漯河市、郑州市、许昌市、枣庄市、济宁市、泰安市、日照市、淄博市等，主要为山东省的城市。通过统计归类，可以得到表 4-3。

表 4-3　各省在不同象限内的城市数量分布　　（单位：个）

项目	第一象限	第二象限	第三象限	第四象限	总计
安徽省	0	8	1	0	9
河南省	0	4	3	3	10
江苏省	7	2	0	0	9
山东省	1	1	1	5	8

从各省在不同象限内的城市数量分布表中可以看出，安徽省主要位于第二象限，经济欠发达，用水量较大，即经济发展与用水量的第二阶段；江苏省主要位于第一象限，经济发达，用水量较大，即经济发展与用水量的第三阶段；山东省主要位于第四象限，经济发达，用水量较低，即经济发展与用水量的第四阶段，属于经济与水资源的协调发展；从整体来看，河南省位于第三象限，经济欠发达，用水量较低，即经济发展与用水量的第一阶段。识别出各省、市的发展阶段以后，可以有针对性地评估其水资源与社会发展协调的程度，各省、市可以根据自己所处的发展阶段，采取有针对性的措施。

4.2　经济社会与水资源的关系研究

4.2.1　各城市用水量影响因素分析

经典 IPAT 等式是一个分析人类活动对环境影响的公式。IPAT 等式（$I = P \cdot A \cdot T$）指定环境影响（I）为人口（P）、富裕程度（A，人均消费或生产）和技术（T，单位生产或消费的环境影响）的乘积，建立了人文因素与环境影响之间的账户恒等式。

设基期用水量为 I，基期后的某个时间 t 的用水总量为 I_t，变化量为 ΔI；相应的，人口数量为 P 和 P_t，变化量为 ΔP；富裕程度为 A 和 A_t，变化量为 ΔA；技术进步水

平为 T 和 T_t，变化量为 ΔT。

可以推出用水总量的变化为

$$\Delta I = I_t - I = P_t \times A_t \times T_t - P \times A \times T \tag{4-3}$$

容易分解为

$$\Delta I = \Delta PAT + P\Delta AT + PA\Delta T + \Delta P\Delta AT + \Delta PA\Delta T + P\Delta A\Delta T + \Delta P\Delta A\Delta T \tag{4-4}$$

4-4 式中，前 3 项为各个因素的纯贡献，即没有任何混合作用的贡献。第 4～6 项为两个因素的混合作用的贡献。最后一项为 3 个因素的混合作用的贡献。在没有依据确定混合作用中各因素的影响份额的情况下，可以将混合作用的影响平均分配给各因素。人口变化对用水总量的变化贡献（E_P），富裕程度对水总量的变化贡献（E_A），技术水平对用水总量的变化贡献（E_T）分别计算如下：

$$E_P = \Delta PAT + \frac{1}{2}(\Delta P\Delta AT + \Delta PA\Delta T) + \frac{1}{3}(\Delta P\Delta A\Delta T) \tag{4-5}$$

$$E_A = P\Delta AT + \frac{1}{2}(\Delta P\Delta AT + P\Delta A\Delta T) + \frac{1}{3}(\Delta P\Delta A\Delta T) \tag{4-6}$$

$$E_T = PA\Delta T + \frac{1}{2}(\Delta PA\Delta T + P\Delta A\Delta T) + \frac{1}{3}(\Delta P\Delta A\Delta T) \tag{4-7}$$

淮河流域主要 4 个省在 2000—2010 年，用水总量波动不大，人口变动较小，而 GDP 增长非常迅速（图 4-5）。

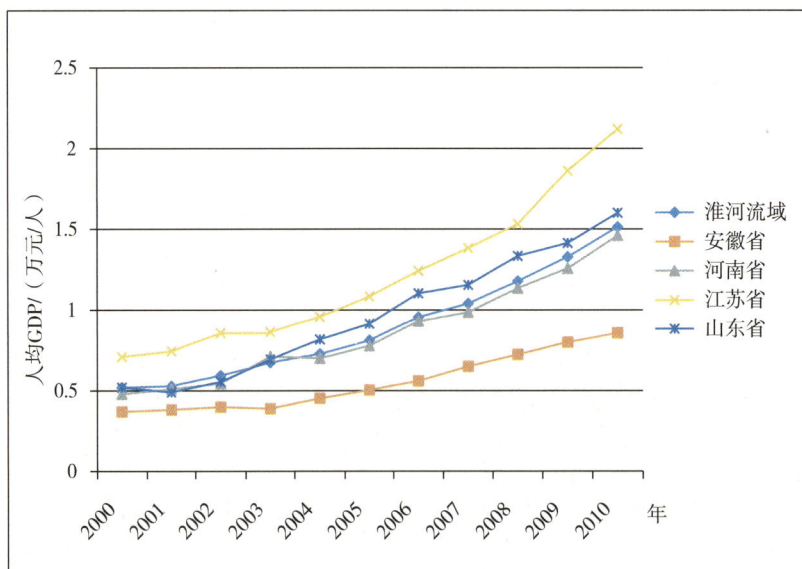

图 4-5　淮河流域各省 2000—2010 年人均 GDP 变化

2000—2010 年淮河流域各省人口变动不大。河南省人口明显高于其他 3 个省份，在 0.59 亿人左右。安徽省和江苏省人口数量相近，大约为 0.37 亿人。山东省人口数量最少，大约为 0.34 亿人。淮河流域总人口基本维持在 1.67 亿人。这表明淮河流域人口数量基本稳定，没有出现大幅度人口增长的情况。

可以看出，淮河流域主要 4 个省的人均 GDP 呈现上升趋势。其中，江苏省人均 GDP 在 2000—2010 年明显高于其他 3 个省，并且增长速度更快，这表明江苏省经济发展水平在淮河流域中一直处于领先地位，并且具有强劲的发展势头。山东省人均 GDP 在淮河流域中位列第二，并且增幅最大，从 2000 年的 0.52 万元/人，上升到 2010 年 1.60 万元/人，上升 2 倍多。河南省人均 GDP 在淮河流域中位列第三。安徽省人均 GDP 在 4 个省份中位列最后一名，2010 年为 0.86 万元/人，而其他 3 个省均在 1.4 万元/人以上，安徽省的经济发展水平明显低于其他 3 省。

淮河流域的单位 GDP 用水量呈现出下降趋势（图 4-6）。淮河流域在 2000 年的单位 GDP 用水量为 546m³/万元，到 2010 年单位 GDP 用水量已经降为 226m³/万元，下降了 59%。其中，安徽、江苏两省的单位 GDP 用水量较高，而河南与山东两省单位 GDP 用水量较低，主要原因是安徽和江苏第一产业的单位 GDP 用水量相对较高。2010 年江苏和安徽第一产业的单位 GDP 用水量分别高达 2018.0m³/万元、1114.7m³/万元，而河南和山东第一产业的单位 GDP 用水量仅为 544.9m³/万元、803.1m³/万元。从整体来看，安徽省、河南省、江苏省和山东省的单位 GDP 用水量均呈下降趋势，这表明经济发展对于水资源的压力正在逐渐减小，各省份已经意识到水资源的紧缺，努力做到水资源的高效利用。

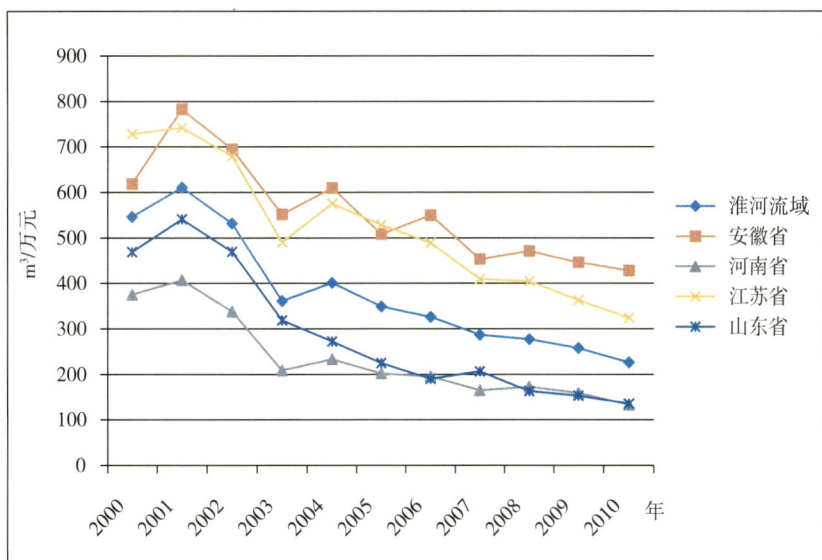

图 4-6　淮河流域各省 2000—2010 年单位 GDP 用水量变化

从表 4-4 可以看出，淮河流域各省均为富裕变化效应和技术变化效应较大，即富裕程度和技术水平对用水变化的影响较大，而人口变化效应相对较小，即人口对用水变化影响较小。

表 4-4   淮河流域不同因素对用水变化的效应分解结果

地域	人口影响	人均 GDP 影响	单位 GDP 用水影响
淮河流域	0.05	15.45	−14.50
河南省	0.45	26.03	−25.49
安徽省	−0.21	4.98	−3.77
江苏省	−0.28	13.46	−12.18
山东省	12.83	376.10	−387.94
湖北省	−0.19	−12.60	13.67

4.2.2   各城市单位 GDP 用水量变化影响因素分析

2010 年 12 月 31 日,《中共中央   国务院关于加快水利改革发展的决定》明确到 2030 年万元国内生产总值用水量（简称万元 GDP 用水量）明显降低为主要目标之一。万元 GDP 用水量在横向上能宏观地反映国家、地区或行业总体经济的用水情况。

部门之间用水差异相对较大。通常农业部门的用水效率比其他部门用水效率低很多，因此，从用水效率方面考虑，因为各部门用水强度有差异，所以产业结构同样会对用水总量产生影响。

设三大产业的用水总量为 $W_i(i=1，2，3)$，三次产业的万元增加值的总数为 $Y_i(i=1，2，3)$，则产业 i 的万元增加值用水量 $w_i=W_i/Y_i$，用水总量为 $W=\sum W_i$，万元增加值的总数 $Y=\sum Y_i$，那么整体万元 GDP 用水量 WG 可以表示为

$$WG=\frac{W}{Y}=\frac{\sum W_i}{Y}=\frac{\sum w_i Y_i}{Y}=\sum w_i \cdot \frac{Y_i}{Y}=\sum w_i y_i \qquad (4-8)$$

式中 $y_i=\dfrac{Y_i}{Y}$ 表示各产业增加值在增加值中所占的比重。

设 $WG^n(n=0，1，2，\cdots，N)$ 表示第 n 期的万元 GDP 用水量，WG^0 表示基期水平，则有

$$WG^n=\sum w_i^n y_i^n$$

$$WG^0=\sum w_i^0 y_i^0$$

那么万元 GDP 用水量的变动可以表示为

$$\Delta WG=WG^n-WG^0=\sum (w_i^n y_i^n - w_i^0 y_i^0) \qquad (4-9)$$

根据 Laspeyres 指数分解方法，可以将万元 GDP 用水量的变动分解为

$$\Delta WG=\sum w_i^0(y_i^n-y_i^0)+\sum y_i^0(w_i^n-w_i^0)+\sum (w_i^n-w_i^0)(y_i^n-y_i^0) \quad (4-10)$$

式中 $\sum (w_i^n - w_i^0)(y_i^n - y_i^0)$ 为分解余值。根据余值的联合产生和平等贡献原理，可将整体万元 GDP 用水量变动分解为由产业结构调整所引起的 WG 变动的份额（ΔWG_{str}）和由产业技术进步所导致的 WG 变动的效率份额（ΔWG_{eff}）

$$\Delta WG_{str} = \sum \left[w_i^0 (y_i^n - y_i^0) + 1/2 (w_i^n - w_i^0)(y_i^n - y_i^0) \right] \qquad (4-11)$$

$$\Delta WG_{eff} = \sum \left[y_i^0 (y_i^n - y_i^0) + 1/2 (w_i^n - w_i^0)(y_i^n - y_i^0) \right] \qquad (4-12)$$

则结构调整和效率提高对万元 GDP 用水量变动的贡献率为（即结构效率 r_{str} 和效率效应 r_{eff}）

$$r_{str} = \sum \left[w_i^0 (y_i^n - y_i^0) + 1/2 (w_i^n - w_i^0)(y_i^n - y_i^0) \right] / \sum (w_i^n y_i^n - w_i^0 y_i^0)$$

$$(4-13)$$

$$r_{eff} = \sum \left[y_i^0 (y_i^n - y_i^0) + 1/2 (w_i^n - w_i^0)(y_i^n - y_i^0) \right] / \sum (w_i^n y_i^n - w_i^0 y_i^0)$$

$$(4-14)$$

　　结合数据的可得性与时效性，本书研究的时间序列区间为 2003—2010 年，研究的产业层面包括第一、第二、第三产业，数据来源均为淮河流域水资源公报（各省上报数据），各城市的数据仅计算该城市在淮河流域的部分，各省数据亦然。淮河流域三大产业单位 GDP 用水量及三大产业比例变化情况见表 4-5 所列。

表 4-5　淮河流域三大产业单位 GDP 用水量及三大产业比例变化表

年份/年	单位 GDP 用水量/（m³/万元）				三次产业比例/%	
	整体	第一产业	第二产业	第三产业	第一产业	第二产业
2003	901	1070	152	128	21.7	44.7
2004	829	1153	135	120	22	46.2
2005	637	1027	125	104	19.9	47.5
2006	540	1056	104	85	17.8	47.9
2007	398	880	81	81	17.4	49.1
2008	328	908	62	69	15.6	51.1
2009	287	890	55	62	15.2	51
2010	205	772	44	53	14.5	51.9

　　2003—2010 年，淮河流域三大产业单位 GDP 用水量均有明显下降，其中第二产业单位 GDP 用水量下降比例最为明显。从三大产业比例来看，第三产业所占比例几乎不变，第一产业下降 7 个百分点，第二产业上升 7 个百分点。

　　根据上述公式进行分解，得到以下结果（表 4-6、图 4-7）。

表 4-6　2003—2010 年淮河流域产业结构调整和用水效率提高引发的效应

年份	结构效应/%	效率效应/%	各产业用水效率贡献率/%		
			第一产业	第二产业	第三产业
2003—2004	26.63	73.37	171.37	−71.6	−26.4
2004—2005	35.95	64.05	46.54	8.5	9.01
2005—2006	64.15	35.85	−18.7	32.94	21.61
2006—2007	8.3	91.7	65.3	23.85	2.55
2007—2008	61.76	38.24	−19.9	40.93	17.21
2008—2009	28.31	71.69	23.04	28.68	19.97
2009—2010	17.62	82.38	55.62	17.27	9.49
累计贡献率	31.22	68.78	28.21	27.28	13.29

注：累计贡献率指淮河流域 2003—2010 年结构调整和用水效率提高累计贡献率，正负号代表与总效应方向是否一致。

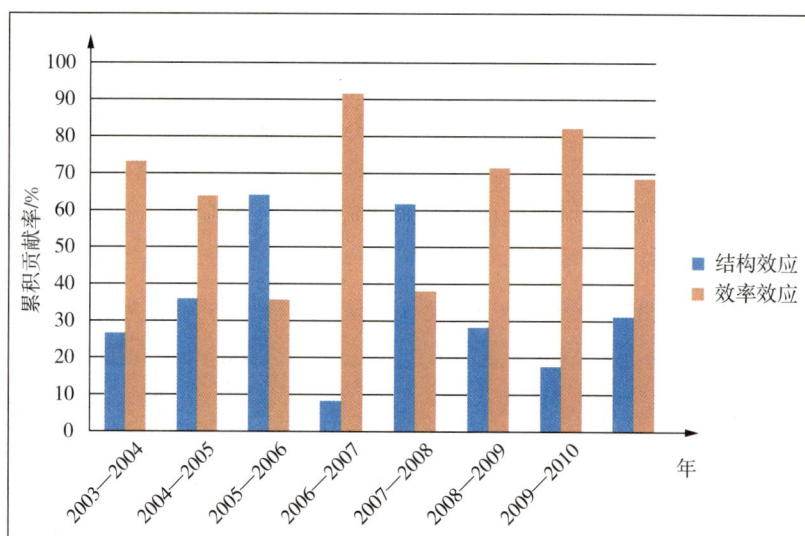

图 4-7　淮河流域产业结构调整和用水效率提高引发的效应

从整体来看，效率提升占主要贡献，而结构优化的提升效应在部分年份较为明显。第一产业增加值所占 GDP 比例减少对单位 GDP 用水量降低贡献显著。

表 4-7　2003—2010 年淮河流域产业结构调整和用水效率提高引发的效应

区域	三产结构贡献/%				三产效率贡献/%			
	总效应	第一产业	第二产业	第三产业	总效应	第一产业	第二产业	第三产业
山东省	29.16	31.21	−1.69	−0.37	70.84	43.31	16.80	0.17
河南省	27.74	30.80	−4.21	1.15	72.26	36.05	19.44	16.77
安徽省	10.58	22.54	−14.69	2.73	89.42	6.16	70.26	−0.74

（续表）

区域	三产结构贡献/%				三产效率贡献/%			
	总效应	第一产业	第二产业	第三产业	总效应	第一产业	第二产业	第三产业
江苏省	42.10	44.86	−1.82	−0.94	57.90	22.00	23.32	13.94
淮河流域	31.22	34.95	−3.72	−0.01	68.78	28.21	27.28	13.29

结合各省发展阶段与分解模型结果，进行综合分析。

表 4-8　淮河流域各省发展阶段与分解模型汇总表

区域	2010 年单位 GDP 用水量占 2003 年单位 GDP 用水量的比例/%	经济水平	用水量	结构效应	效率效应	最大贡献源
安徽省	54.60	不发达	较大	较小	较大	第二产业效率
河南省	44.74	不发达	较小	适中	适中	第一产业效率
江苏省	46.57	发达	较大	较大	较小	第一产业结构
山东省	29.95	发达	较小	适中	适中	第一产业效率

可以看出，以安徽省为代表的经济发展水平不高、用水量较大的地区，其单位 GDP 用水量削减程度相对较低，其主要贡献因素为效率提升，下一阶段应着重注意调整产业结构。

以江苏省为代表的经济发展水平较高、用水量较大的地区，其单位 GDP 用水量削减程度较为适中，主要贡献因素为产业结构调整，下一阶段应注重提高用水效率。

综合来看，淮河流域单位 GDP 用水量削减，效率效应占主要因素。经济较不发达的区域更应注重调整经济结构。

4.3　经济社会与水资源协调发展评价指标体系与评估标准

本研究从经济社会与水资源协调发展的内涵出发，采取"自上而下"的思路构建指标体系框架并选取相应的表征指标（图 4-8）。

目标层：基于基本理解框架构建指标体系的目标层。

准则层：针对每个目标，根据其含义确定准则层，并对其含义进行理论解读。

指标层：在确定指标时，基于理论含义确定理想表征指标，进一步结合现有统计资料及新增数据的可获得性确定现实指标。

指标体系是经济社会与水资源协调发展内涵及其框架的具体化。淮河经济社会与水资源协调发展评价指标体系设计主要遵循以下原则。

科学性：基于经济社会与水资源协调发展的内涵与要义。

系统性：全面系统地反映经济社会与水资源协调发展状况。

简约性：以较少的指标表达较多的信息。

实践性：易于指导经济社会与水资源协调发展建设的具体实践。

易得性：大部分指标有常规统计数据支持。

构建经济社会与水资源协调发展"1+3模式"指标体系（图4-9）。"1+3"模式中的"1"指水资源系统；"1+3"中的"3"为涵盖流域经济社会与生态环境在内的流域生产、流域生活、流域生态系统，亦称"流域三生"系统。流域生产系统表征经济生产系统的客观发展及在发展过程中对水资源的需求。流域生活系统表征人居生活对水资源系统造成的影响。流域生态系统则反映流域整体生态环境状况尤其是陆上生态环境状况对水资源系统的影响。

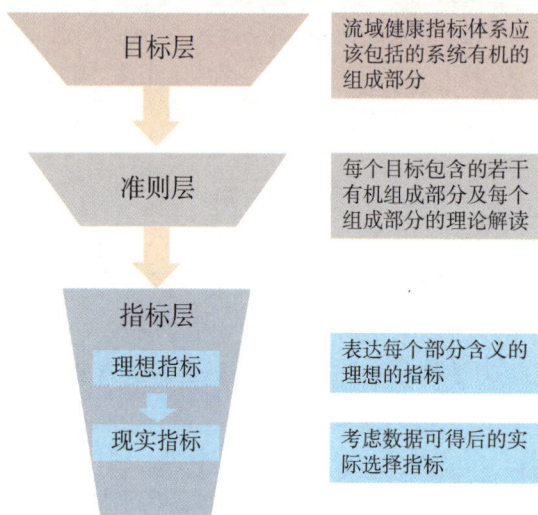

图4-8　经济社会与水资源协调
发展指标体系构建思路

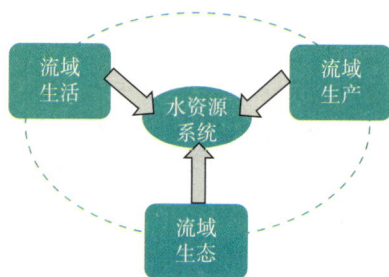

图4-9　经济社会与水资源协调
发展指标体系设计思路

4.3.1　流域水资源系统与指标解释

1. 用水总量

水量充足是水资源系统良好运行的基础，对用水总量进行控制是其中的关键手段，可用评价单元的用水总量指标反映其水量情况。

指标解释：用水总量指全年用水的总量。

数据来源：淮河流域各省水资源公报。

2. 地表水功能区水质达标率

水质指标同样是衡量水资源系统必不可少的因素，地表水功能区达标率反映了经济社会活动向水体排放污染与水体纳污能力之间是否协调。

指标解释：该指标为水质达标的地表水功能区占地表水功能区的比例。

数据来源：全国及各省统计年鉴。

表4-9 水资源系统目标层指标

框架	目标层	准则层	理想指标		现实指标	单位
"1"水资源系统	水资源系统	水量充足	用水总量控制	1	用水总量	亿 m³
		水质良好	河流水质状况综合评价指标	2	地表水功能区水质达标率	%

4.3.2 流域生产、生活和生态系统与指标解释

表4-10 "流域三生"系统目标层指标

框架	目标层	准则层	理想指标		现实指标	单位
"3"流域三生系统	流域生产系统	用水效率较高	工业用水强度	3	万元工业增加值用水量	m³
			农业用水强度	4	亩均农业灌溉用水量	m³
	流域生活系统	生活用水适度	人均生活用水情况	5	人均生活用水量	m³
		经济发展良好	人均GDP	6	人均GDP	元
	流域生态系统	流域涵养水源状况良好	流域生态环境用地情况	7	森林覆盖率	%

1. 万元工业增加值用水量

工业用水强度反映工业生产中的用水效率。提高工业用水效率是使工业发展与用水压力相互协调的关键因素。

指标解释：该指标为工业用水量与工业增加值的比值，用于反应工业对水资源的利用效率。

数据来源：淮河流域各省水资源公报。

2. 亩均农业灌溉用水量

亩均农业灌溉用水量表征灌溉单位农田的用水量，是农业节水的重要指标，反映了农业生产与水资源利用的协调程度。

指标解释：该指标为农业灌溉用水量与耕地面积的比值，用于反映农业对水资源的利用效率。

数据来源：淮河流域各省水资源公报。

3. 人均生活用水量

生活用水在用水分配过程中应该得到优先保障。但是人类生活方式是否节水，同样影响着对水资源的压力程度。因此，人均生活用水量应该保持在合理的水平，该指标用于反映人类生活与水资源的协调程度。

指标解释：该指标为区域生活用水总量与总人口的比例。

数据来源：淮河流域各省水资源公报。

4. 人均 GDP

人均 GDP 是经济社会发展和人民生活水平的重要衡量指标之一，因此只有将人均 GDP 增长维持在较高水平，才能使经济社会系统和谐稳定。

指标解释：该指标将一个地区核算期内（通常是一年）实现的 GDP 与这个地区的常住人口（或户籍人口）相比进行计算，得到人均 GDP。

数据来源：淮河流域各省水资源公报。

5. 森林覆盖率

流域土地的利用情况同样反映了经济社会与水资源的协调发展程度，对流域土地的过度开发，将使土地的水源涵养和调控功能受到破坏。森林覆盖率近似地反映了评价单元中土地的利用状况，进一步反映经济社会与水资源协调发展的程度。

指标解释：该指标为区域森林覆盖面积占该区域总面积的比例，在一定程度上反映了流域生态环境用地的情况。

数据来源：淮河流域各省统计年鉴。

4.3.3 经济社会与水资源协调发展指标体系的构建

经济社会与水资源协调发展指标体系包括河流健康指标体系，流域水生活、水生产和水生态指标体系。

表 4-11　淮河流域经济社会与水资源协调发展评价指标体系

框架	目标层	准则层	理想指标		现实指标	单位
"1" 水资源系统	水资源系统	水量充足	用水总量控制	1	用水总量	亿 m³
		水质良好	河流水质状况综合评价指标	2	地表水功能区水质达标率	%
"3" 流域三生系统	生产系统	用水效率较高	工业用水强度	3	万元工业增加值用水量	m³
			农业用水强度	4	亩均农业灌溉用水	m³
	生活系统	生活用水适度	人均生活用水情况	5	人均生活用水量	m³
		经济发展良好	人均 GDP	6	人均 GDP	元
	生态系统	流域涵养水源状况良好	流域生态环境用地情况	7	森林覆盖率	%

4.3.4 经济社会与水资源协调发展评估标准

1. 用水总量

流域用水总量是流域水资源系统良好运行的刚性约束，也是经济社会与水资源协调发展的根本体现。在追求经济发展的过程中，在用水效率一定的情况下，用水总量将直接决定经济发展程度。

淮河流域的经济社会还有着很强的发展需求，因此不宜将用水总量标准定得过低，采用淮河流域综合规划中的用水量作为淮河流域用水总量指标的评价标准。

2. 地表水功能区达标率

根据淮河流域综合规划，2030 年地表水功能区化学需氧量（chemical oxygen demand，COD）、氨氮含量全部达标，2030 年各省水功能区达标率达到 100%。

3. 单位工业增加值用水量

参考淮河流域综合规划，计算 2010—2030 年工业增加值的平均增长率。以 2010 年淮河流域工业增加值现状值为基础，根据计算得到的增长率预测 2030 年淮河流域工业增加值，结合各省 2030 年工业增加值预测值、工业用水情况，计算单位工业增加值用水量。

各省单位工业增加值用水量标准＝评估年该省工业用水量/工业增加值

4. 亩均农田用水量

根据淮河流域综合规划，结合各省 2030 年农业灌溉需水、缺水率情况及按照增长率预测的有效灌溉面积，计算各省亩均农田用水量。

各省亩均农田用水量标准＝评估年农田灌溉需水量

× （1－农业用水缺水率）/有效灌溉面积

5. 人均生活用水量

生活用水量应该保持在合理的范围内，不应超过现有规划中的生活需水总量。

人均生活用水量标准＝规划生活需水总量/当年人口数量

6. 人均 GDP

参考淮河流域综合规划，计算 2010—2030 年 GDP、人口的平均增长率。以 2010 年淮河流域 GDP 和人口现状值为基础，根据计算得到的增长率预测 2030 年淮河流域 GDP 及人口数值，设定人均 GDP 发展指标。

7. 森林覆盖率

森林覆盖率在一定程度上反映了流域生态环境用地的情况。根据国家森林城市创建标准，南方城市标准为 35%，北方城市标准为 25%。根据国家生态文明建设试点示范区指标，平原地区城市的林草覆盖率应达到 20%。当前，全国平均森林覆盖率为 20.36%。淮河流域有较高的涵养水土需求，结合淮河流域实际情况，将淮河流域 2030 年森林覆盖率的标准值设定为 20%。

表 4-12 是经济社会与水资源协调发展指标体系及评价标准，这 7 个指标用于衡量淮河流域水资源系统与生活、生产、生态系统协调发展的程度。2010 年的数据反映了淮河流域当年状况，2030 年的数据分别表示了相应年的标准值。正向指标应高于标准值，负向指标应低于标准值。如果 7 个指标全部达标，则表明淮河流域经济社会与水资源发展协调；如果 7 个指标中有任何一项指标不达标，则表明淮河流域经济社会与

水资源发展欠协调。

表4-12　淮河流域经济社会与水资源协调发展指标体系及评价标准

指标	指标性质	河南省		安徽省		江苏省		山东省		淮河流域合计	
		2010年	2030年	2010年	2030年	2010年	2030年	2010年	2030年	2010年	2030年
用水总量/亿m³	负向指标	115.4	166.1	124.9	141.7	252.2	237.2	77.9	95.0	570.5	641.6
地表水功能区水质达标率/%	正向指标	23	95	28	95	33	95	43	95	31	95
万元工业增加值用水量/(m³/万元)	负向指标	42.6	12.7	150.0	9.7	45.3	19.3	17.5	8.0	49.3	12.1
亩均农业灌溉用水/(m³/亩)	负向指标	130.2	162.4	293.6	156.7	472.0	387.0	249.5	97.7	284.5	188.0
人均生活用水量/(m³/人)	负向指标	25.7	39.3	36.2	26.7	38.4	61.2	24.1	22.4	30.3	35.2
人均GDP/元	正向指标	21760	77290	13575	73086	31700	96535	23459	76938	22674	80487
森林覆盖率/%	正向指标	20	20	26	20	10	20	17	20	19	20

4.4　各城市经济社会与水资源协调发展评估

　　为了识别经济社会与水资源协调发展的工作重点，需要对淮河流域城市当前的经济社会与水资源协调发展程度进行评价。采用4.3章节中的指标体系，计算出淮河流域各城市的现状值，将淮河流域城市的现状值与2030年的城市标准值进行比较，了解各城市与预期标准值之间的差距，为淮河流域各城市将来的经济社会与水资源协调发展提供依据。

4.4.1　各城市经济社会与水资源协调发展评估指标体系

　　评价流域城市的经济社会与水资源协调发展的指标体系采用4.3章节中的指标体系，基本沿用该指标体系中的7个指标。

　　但直接评价城市地域规模等在长时间尺度上往往会发生较大变化，不易准确预测，而直接用用水总量指标进行评价又有失科学，因此改用城市水资源利用系数进行评价。

城市水资源利用系数＝（城市用水总量－跨流域调入水量）/分区水资源量

因此，淮河流域城市的经济社会与水资源协调发展评价指标体系见表 4-13 所列。

表 4-13　淮河流域城市经济社会与水资源协调发展评价指标体系

框架	目标层	准则层	理想指标		现实指标	单位
"1"水资源系统	水资源系统	水量充足	用水总量控制	1	水资源利用系数	%
		水质良好	河流水质状况综合评价指标	2	地表水功能区水质达标率	%
"3"流域三生系统	生产系统	用水效率较高	工业用水强度	3	万元工业增加值用水量	m³/万元
			农业用水强度	4	亩均农业灌溉用水	m³/亩
	生活系统	生活用水适度	人均生活用水情况	5	人均生活用水量	m³/人
		经济发展良好	人均 GDP	6	人均 GDP	元
	生态系统	流域涵养水源状况良好	流域生态环境用地情况	7	森林覆盖率	%

4.4.2　各城市经济社会与水资源协调发展评估方法

采用 4.3 章节中的指标体系，计算出淮河流域各城市的现状值，将其与 2030 年淮河流域各城市标准值进行比较。具体方法如下。

采用 4.3 章节中的指标体系，计算出淮河流域各城市 7 个指标的现状值。

由于各省的预期指标值不同，各城市的现状值须与城市所在省份的预期标准值进行比较，不可跨省比较。

将指标体系中的 7 个指标分为正向指标与负向指标。对于正向指标，用城市的现状值除以城市所在省份的 2030 年的指标值，商值越小，则表明现状值与 2030 年的标准值的差距越大，现状越不理想；对于负向指标，用城市所在省份的 2030 年的指标值除以现状值，商值越小，则表明现状越不理想。

无论是正向指标还是负向指标，商值越大，表明该指标的现状情况越理想，反之，则越不理想。计算得到 7 个商值，将这 7 个商值作为城市 7 项指标的得分。

计算各城市 7 个得分的平均值，将该值作为各城市的综合协调发展程度得分。

将各省内各城市的综合协调发展程度得分进行从高到低排序，根据各城市的综合得分对淮河流域各城市经济社会与水资源协调发展情况进行评价。评价结果可为将来淮河流域各城市的发展提供指导。

需要注意，用各省标准值作为城市评价的依据，只是近似的处理方法，其比较结果只有相对意义。

4.4.3　各城市经济社会与水资源协调发展评价结果

为了对淮河流域各城市的经济社会与水资源协调发展程度进行评价，根据 4.3

章节中的指标体系，选取 2010 年淮河流域安徽省、河南省、江苏省、山东省 4 个省份中的 38 个城市的数据进行评价。对于无法获得的城市指标值用所在省平均数据代替。

采用 4.3 章节中的指标体系，计算出淮河流域各城市 7 个指标的现状值。

表 4-14 为河南省各城市的指标现状值，从表 4-14 中可以看出，河南省不同城市的水资源开发利用率差异较大；全省地表水功能区水质达标率只有 23%，低于其他 3 个省份。个别城市的万元工业增加值用水量明显高于其他城市，如南阳市达到 858m³/万元、漯河市达到 456.6m³/万元，这表明这些城市的工业对水资源利用效率低；亩均农业灌溉用水比较多的城市有开封市、郑州市和南阳市等；因为人们的日常生活方式大致相同，所以人均生活用水量在各城市相差不大；郑州市的经济发展水平明显高于其他城市，人均 GDP 达到 53079 元，这与郑州市是河南省省会密切相关。

表 4-14　河南省各城市的指标现状值

城市	水资源利用系数/%	地表水功能区水质达标率/%	万元工业增加值用水量/（m³/万元）	亩均农业灌溉用水/（m³/亩）	人均生活用水量/（m³/人）	人均 GDP/元	森林覆盖率/%
驻马店市	29.5	23	12.7	84.3	17.9	12538	20
周口市	71	23	2.8	126.1	23.4	11259	20
郑州市	111	23	13.9	161.8	45.3	53079	20
许昌市	72.1	23	11.7	63.4	30.4	28498	20
信阳市	18.1	23	216.8	149.7	23.5	13495	20
商丘市	70.5	23	126.2	94.4	27	23656	20
平顶山市	27	23	25.7	116.2	25.1	25647	20
南阳市	12.3	23	858	160.1	22.4	12942	20
漯河市	61.7	23	456.6	64.4	18.2	26434	20
洛阳市	4.4	23	25.5	105.2	19.4	14960	20
开封市	87.6	23	5.7	203.5	21	20231	20

表 4-15 为安徽省各城市的指标现状值，从表 4-15 中可以看出，淮南市的水资源开发利用率远远高于其他城市；万元工业增加值用水量和亩均农业灌溉用水两项指标值最大的城市是淮南市，分别为 299.9m³/万元和 401.2m³/亩；人均生活用水量在各城市间差异不大；淮南市和淮北市是安徽经济发展水平较高的两个城市，人均 GDP 均超过两万元，也有经济较落后的城市，如安庆市，人均 GDP 只有 4397 元，还未超过 5000 元，由此可以看出安徽省城市间的经济发展水平差异较大；安徽省的森林覆盖率是 4 个省份中最高的，达到 26%，这从一定程度上反映了安徽省注重流域生态环境用地。

表 4-15　安徽省各城市的指标现状值

城市	水资源利用系数/%	地表水功能区水质达标率/%	万元工业增加值用水量/（m³/万元）	亩均农业灌溉用水/（m³/亩）	人均生活用水量/（m³/人）	人均 GDP/元	森林覆盖率/%
合肥市	47.7	28	114.1	269.6	34.7	15036	26
淮北市	81.9	28	44	99.5	37.4	20824	26
亳州市	47.7	28	178	143.6	30.3	10241	26
宿州市	42.1	28	125.7	83.4	38.6	11778	26
蚌埠市	97.3	28	147.9	344.9	39.4	19374	26
阜阳市	66.5	28	128.2	234.1	32.8	9202	26
淮南市	290	28	299.9	401.2	45.4	24680	26
滁州市	51.4	28	83.2	256.6	43	15822	26
六安市	24.7	28	150.6	389.1	34.7	11959	26
安庆市	7.1	28	—	364.8	38.1	4397	26

表 4-16 为江苏省各城市的指标现状值，从表 4-16 中可以看出，江苏省有多个城市水资源开发利用率高于 100%，数量高于其他 3 个省份；各城市亩均农业灌溉用水普遍偏高，相对于其他 3 个省份的城市，江苏省各城市的农业对水资源利用效率较低；各城市人均生活用水量差异不大；各城市的经济发展水平较高，其中扬州市的人均 GDP 明显高于其他城市，达到 50359 元；江苏省的森林覆盖率是 4 个省份中最低的，只有 10%，这表明江苏省在生态环境用地方面还需要给予更多的重视。

表 4-16　江苏省各城市的指标现状值

城市	水资源利用系数/%	地表水功能区水质达标率/%	万元工业增加值用水量/（m³/万元）	亩均农业灌溉用水/（m³/亩）	人均生活用水量/（m³/人）	人均 GDP/元	森林覆盖率/%
淮安市	71.7	33	82.8	503.7	37.1	27999	10
连云港市	102.1	33	45.1	483.7	36.8	26172	10
南京市	101.2	33	40.8	701.3	41.8	21776	10
南通市	43.4	33	24.6	383	36.7	32729	10
泰州市	175.5	33	69.2	630.9	41.1	36305	10
宿迁市	75.3	33	42.8	439.7	35.4	21496	10
徐州市	126.7	33	30.5	448.7	37.4	33406	10
盐城市	58.4	33	53.9	424.6	40.5	31199	10
扬州市	118.5	33	33.8	619.5	43.4	50359	10
镇江市	0.1	33	28.4	529.8	39.6	28975	10

表 4-17 为山东省各城市的指标现状值，从表 4-17 中可以看出，淄博市的水资源利用系数较低，仅为 21.9%；山东省的地表水功能区水质达标率是 43%，为 4 个省份中最高的；相对于其他 3 个省份的城市，山东省各城市的万元工业增加值用水量偏低，这表明山东省各城市的工业对水资源的利用效率较高；济宁市和日照市的亩均农业灌溉用水量较多，分别为 296.5m³/亩和 296.7m³/亩。

表 4-17 山东省各城市的指标现状值

城市	水资源利用系数/%	地表水功能区水质达标率/%	万元工业增加值用水量/（m³/万元）	亩均农业灌溉用水/（m³/亩）	人均生活用水量/（m³/人）	人均 GDP/元	森林覆盖率/%
淄博市	21.9	43	13.3	98.5	23.7	28880	17
枣庄市	67.8	43	16.4	120.2	32.2	31590	17
济宁市	119.3	43	17.1	296.5	26.6	30643	17
泰安市	165.2	43	15.3	200.1	26.3	25795	17
日照市	49.9	43	20.4	296.7	21.4	38822	17
临沂市	46.4	43	15.5	182.2	22.8	20989	17
菏泽市	42.5	43	23.4	186.9	20.6	12239	17

表 4-18、表 4-19、表 4-20、表 4-21 分别是河南省、安徽省、江苏省和山东省各城市的 7 项指标得分，反映了现状值与 2030 年各城市标准值的差距，得分越高，表明该指标的现状越理想，反之，则越不理想。各城市的综合协调发展程度（即 7 项指标的平均分）表明水资源和经济社会协调发展的情况，大于 1 表明该城市的经济社会与水资源的发展协调程度整体较好，小于 1 表明该城市的经济社会与水资源的发展协调程度整体较差。将各城市的综合协调发展程度得分从高到低排序，可以看出各城市在该省所处的位置。

表 4-18 为河南省各城市的综合协调发展程度，从表 4-18 可以看出，郑州市水资源利用系数得分最高，洛阳市水资源利用系数得分最低，仅为 0.08；万元工业增加值用水量得分最高的是周口市，高达 4.54，最低的是南阳市，仅为 0.01，两城市间差距较大；各城市的人均 GDP 与 2030 年的人均 GDP 标准值有较大差距，目前与标准值最接近的城市是郑州市，得分为 0.69；河南省当前的森林覆盖率已经基本达到 2030 年的标准，应继续保持当前水土保持情况。

从综合协调发展程度得分来看，河南省周口市、开封市、许昌市、漯河市和驻马店市的得分相对较高，这表明这些城市经济社会与水资源的发展协调程度整体相对较好，应主要着力于水功能区达标等与标准值相差较大的项目。其余 6 个城市的经济社会与水资源的协调发展情况尚有较大努力空间。

表 4 - 18 河南省各城市的综合协调发展程度

城市	指标得分							综合协调发展程度（平均分）
	水资源利用系数	地表水功能区水质达标率	万元工业增加值用水量	亩均农业灌溉用水	人均生活用水量	人均GDP	森林覆盖率	
周口市	1.33	0.24	4.54	1.29	1.68	0.15	1	1.46
开封市	1.65	0.24	2.23	0.80	1.87	0.26	1	1.15
许昌市	1.36	0.24	1.09	2.56	1.29	0.37	1	1.13
漯河市	1.16	0.24	0.03	2.52	2.16	0.34	1	1.06
驻马店市	0.55	0.24	1.00	1.93	2.20	0.16	1	1.01
郑州市	2.09	0.24	0.91	1.00	0.87	0.69	1	0.97
商丘市	1.33	0.24	0.10	1.72	1.46	0.31	1	0.88
洛阳市	0.08	0.24	0.50	1.54	2.03	0.19	1	0.80
平顶山市	0.51	0.24	0.49	1.40	1.57	0.33	1	0.79
信阳市	0.34	0.24	0.06	1.08	1.67	0.17	1	0.65
南阳市	0.23	0.24	0.01	1.01	1.75	0.17	1	0.63

表 4 - 19 为安徽省各城市的综合协调发展程度，从表 4 - 19 可以看出，安庆市的水资源开发利用率得分较低，仅为 0.12；各城市的万元工业增加值用水量得分均较低，其中淮南市仅为 0.03，与 2030 年的标准值相差较远，急需提高工业水资源利用效率；大部分城市的亩均农业灌溉用水得分较低，其中淮南市的得分仅为 0.03，农业水资源利用效率较低；各城市的人均生活用水量、人均 GDP 得分亦均有较大提升空间；安徽省的森林覆盖率得分大于 1，现状值已经超过 2030 年标准值，这表明安徽省的生态环境用地比较理想。从安徽省各城市协调发展程度得分来看，安徽省经济社会与水资源的发展协调程度的主要制约因素是万元工业增加值用水量和亩均农业灌溉用水等用水效率因素，在这些方面还需要进行改善。

表 4 - 19 安徽省各城市的综合协调发展程度

城市	指标得分							综合协调发展程度（平均分）
	水资源利用系数	地表水功能区水质达标率	万元工业增加值用水量	亩均农业灌溉用水	人均生活用水量	人均GDP	森林覆盖率	
淮南市	5.09	0.29	0.03	0.39	0.59	0.34	1.3	1.15
淮北市	1.44	0.29	0.22	1.57	0.71	0.28	1.3	0.83
宿州市	0.74	0.29	0.08	1.88	0.69	0.16	1.3	0.73
蚌埠市	1.71	0.29	0.07	0.45	0.68	0.27	1.3	0.68
亳州市	0.84	0.29	0.05	1.09	0.88	0.14	1.3	0.65
阜阳市	1.17	0.29	0.08	0.67	0.81	0.13	1.3	0.63

（续表）

城市	指标得分							综合协调发展程度（平均分）
	水资源利用系数	地表水功能区水质达标率	万元工业增加值用水量	亩均农业灌溉用水	人均生活用水量	人均GDP	森林覆盖率	
合肥市	0.84	0.29	0.09	0.58	0.77	0.21	1.3	0.58
滁州市	0.90	0.29	0.12	0.61	0.62	0.22	1.3	0.58
六安市	0.43	0.29	0.06	0.40	0.77	0.16	1.3	0.49
安庆市	0.12	0.29	—	0.43	0.70	0.06	1.3	0.48

表4－20为江苏省各城市的综合协调发展程度，从表4－20可以看出，镇江市水资源利用系数得分最低，急需改善水资源开发利用情况；各城市的万元工业增加值用水量有待提高；除南通外，其他城市的亩均农业灌溉用水情况也有待改善，各城市的人均生活用水量则相对较好。江苏省的森林覆盖率与2030年的标准有较大差距，需要加大林地建设，扩大森林覆盖面积或生态用地面积。

表4－20　江苏省各城市的综合协调发展程度

城市	指标得分							综合协调发展程度（平均分）
	水资源利用系数	地表水功能区水质达标率	万元工业增加值用水量	亩均农业灌溉用水	人均生活用水量	人均GDP	森林覆盖率	
徐州市	1.67	0.35	0.63	0.86	1.64	0.35	0.5	0.85
泰州市	2.32	0.35	0.28	0.61	1.49	0.38	0.5	0.84
扬州市	1.56	0.35	0.57	0.62	1.41	0.52	0.5	0.79
连云港市	1.35	0.35	0.43	0.80	1.66	0.27	0.5	0.76
南通市	0.57	0.35	0.78	1.01	1.67	0.34	0.5	0.74
宿迁市	0.99	0.35	0.45	0.88	1.73	0.22	0.5	0.73
南京市	1.34	0.35	0.47	0.55	1.46	0.23	0.5	0.70
淮安市	0.95	0.35	0.23	0.77	1.65	0.29	0.5	0.67
盐城市	0.77	0.35	0.36	0.91	1.51	0.32	0.5	0.67
镇江市	0.00	0.35	0.68	0.73	1.55	0.30	0.5	0.58

表4－21为山东省各城市的综合协调发展程度。从表4－21可以看出，淄博市水资源利用系数得分最低，仅为0.37；各城市的万元工业增加值和亩均农业灌溉用水两项指标均有待加强，需要同时提高工业和农业的水资源利用效率；各城市人均生活用水情况差异不大，距离2030年标准值较小。从综合协调发展程度得分来看，山东省所有城市综合得分差异不大。

表 4-21　山东省各城市的综合协调发展程度

城市	指标得分							综合协调发展程度（平均分）
	水资源利用系数	地表水功能区水质达标率	万元工业增加值用水量	亩均农业灌溉用水	人均生活用水量	人均GDP	森林覆盖率	
泰安市	2.76	0.45	0.52	0.49	0.85	0.34	0.85	0.89
济宁市	1.99	0.45	0.47	0.33	0.84	0.40	0.85	0.76
枣庄市	1.13	0.45	0.49	0.81	0.70	0.41	0.85	0.69
淄博市	0.37	0.45	0.60	0.99	0.95	0.38	0.85	0.65
日照市	0.83	0.45	0.39	0.33	1.05	0.50	0.85	0.63
临沂市	0.77	0.45	0.52	0.54	0.98	0.27	0.85	0.62
菏泽市	0.71	0.45	0.34	0.52	1.09	0.16	0.85	0.59

　　根据各城市的综合得分可以对淮河流域各城市经济社会与水资源协调发展程度进行评价，并识别淮河流域各城市未来工作中的重点领域。

　　根据各城市 7 项指标的得分，列出每个城市的低分指标，找出各城市的薄弱环节，将其作为未来发展中需要重点提高的方面。

表 4-22　河南省各城市的低分指标

城市	低分指标	
周口市	地表水功能区水质达标率	人均 GDP
开封市	地表水功能区水质达标率	人均 GDP
许昌市	地表水功能区水质达标率	人均 GDP
漯河市	地表水功能区水质达标率	万元工业增加值用水量
驻马店市	地表水功能区水质达标率	人均 GDP
郑州市	地表水功能区水质达标率	人均 GDP
商丘市	地表水功能区水质达标率	万元工业增加值用水量
洛阳市	水资源利用系数	人均 GDP
平顶山市	地表水功能区水质达标率	人均 GDP
信阳市	万元工业增加值用水量	人均 GDP
南阳市	万元工业增加值用水量	人均 GDP

表 4-23　安徽省各城市的低分指标

城市	低分指标	
淮南市	地表水功能区水质达标率	万元工业增加值用水量
淮北市	万元工业增加值用水量	人均 GDP
宿州市	万元工业增加值用水量	人均 GDP

（续表）

城市	低分指标	
蚌埠市	万元工业增加值用水量	人均 GDP
亳州市	万元工业增加值用水量	人均 GDP
阜阳市	万元工业增加值用水量	人均 GDP
合肥市	万元工业增加值用水量	人均 GDP
滁州市	万元工业增加值用水量	人均 GDP
六安市	水资源利用系数	人均 GDP

表 4 - 24　江苏省各城市的低分指标

城市	低分指标	
徐州市	地表水功能区水质达标率	人均 GDP
泰州市	地表水功能区水质达标率	万元工业增加值用水量
扬州市	地表水功能区水质达标率	森林覆盖率
连云港市	地表水功能区水质达标率	人均 GDP
南通市	地表水功能区水质达标率	人均 GDP
宿迁市	地表水功能区水质达标率	人均 GDP
南京市	地表水功能区水质达标率	人均 GDP
淮安市	万元工业增加值用水量	人均 GDP
盐城市	地表水功能区水质达标率	人均 GDP
镇江市	水资源利用系数	人均 GDP

表 4 - 25　山东省各城市的低分指标

城市	低分指标	
泰安市	地表水功能区水质达标率	人均 GDP
济宁市	亩均农业灌溉用水	人均 GDP
枣庄市	地表水功能区水质达标率	人均 GDP
淄博市	水资源利用系数	人均 GDP
日照市	万元工业增加值用水量	亩均农业灌溉用水
临沂市	地表水功能区水质达标率	人均 GDP
菏泽市	万元工业增加值用水量	人均 GDP

根据淮河流域经济社会与水资源协调发展的评价结果，拟提出以下建议。

1. 对于水资源系统

(1) 制定淮河流域各城市河流资源开发与保护规划，严格控制淮河流域水资源的开发利用。全面评估工程对淮河流域和区域的水文条件、生物多样性、整体景观的影响，未经许可不得开工。工程设计和施工应尽量考虑水域生态系统自然条件的适应性；对于造成河流断流或者减流的水利工程，要求其施工单位采取措施整改。

(2) 提高水资源循环利用程度，提高水资源承载能力。加强污水管网收集能力，提高水资源循环利用程度。增强水源地的储存能力，开辟第二水源地。

2. 对于淮河流域三生系统

(1) 发展节水农业，具体措施包括：①明确农业节水是节水的重点。节水农业的重点在于灌区的节水工程，节水的重点在于田间。为提高水资源利用率和利用效率，可以通过改进农艺，调整种植业结构，提高植被截水能力，推广先进的灌溉技术，减少输水系统的渗漏，提高灌溉效率，减少无效蒸发，将节水的重点放在田间。②建立完善的用水计量体系。计量体系是节约用水的基础性工作。目前，许多灌区缺乏完善的计量体系，造成灌区不能按量收费，制约了水资源的高效利用。③建立长效的农业节水机制。鼓励发展节水农业，对节水农业的发展进行适当的补贴，充分认识节水农业的公益性。建立科学的奖励惩罚制度，规范行为，在农业水权转移过程中，使农民得到好处，通过建立农业水权体系，维护农民的利益。

(2) 严格控制各镇、街的人口规模及工业企业数量，适度调整现有产业布局和居住区域，减轻空间上的水资源压力。

(3) 坚决淘汰落后产能，对于现有的用水强度大或者污染强度大的企业或者产业，逐步进行淘汰，并向社会公布处理结果。限制耗水产业和水污染密集型产业的发展。

(4) 提高新增企业门槛，控制有关耗水产业和水污染密集型产业的新增项目数量，将用水效率和水污染强度作为工业企业入驻的重要门槛。

(5) 发展节水科技和水处理技术。加大节水器具、节水工艺等方面的资金投入，通过政策引导，鼓励节水器具、节水工艺等方面的技术研发。鼓励水资源利用和水污染处理技术的研究，推广先进的水资源利用和水污染处理技术和材料，促进节水产业、水处理产业的发展，鼓励生产、销售具有节水产业标志的产品。

(6) 节约利用水资源，减少水资源压力。通过网络、电视、报纸等大众媒体，在全社会广泛开展节水宣传，提高人们在居住区、单位、公共场所的节水意识，让节水意识深入人心。鼓励居民在日常生活中减少不必要的水资源浪费，鼓励"一水多用"，通过使用无磷洗衣粉等方式降低居民生活对水环境的压力，提倡节约水资源、爱护水环境的生活行为方式。

(7) 加强森林建设，严格森林管理。加强现有森林植被的有效保护，重视林相改造，以涵养水源、保持水土和保护生物多样性为重点，将该区的森林生态系统建设成为结构复杂、功能完整、物种丰富的稳定生态系统。制定森林管理制度法规，严格控制森林开发；所有相关建设项目都须经过严格的环境影响评价；对于已经造成的山体破坏、山体裸露、景观破碎等情况，责令相关单位进行修复并给予必要的处罚。

4.5 小 结

1. 水资源利用情况与发展阶段

淮河流域的经济社会状况仍处于全国较低水平，表现为淮河流域人口密度大、经济基础差、工业化和城市化水平较低，因此造成淮河流域经济总量较小、人均 GDP 较低。同时，淮河流域不同地区经济发展水平存在较大差异。

淮河流域水资源呈现人多水少、污染较重的态势。就水量而言，淮河流域人均水资源量仅为 500m³，且水资源时空分布不均，属于严重缺水地区。另外，淮河流域水资源浪费现象较严重，水资源利用效率低。农业自流灌区大多存在大水漫灌现象，工业单位产量耗水量偏高，水的重复利用率低。这些原因使淮河流域水资源供需矛盾十分突出。就水质而言，2005—2010 年淮河流域 COD 和氨氮入河排放量均呈下降趋势，这表明淮河流域污染物防治工作取得了一定成效，在一定程度上控制了污染物的排放，改善了严重污染的河流水质，但淮河流域较好水质的河流占比仍显不足，整体水质状况不容乐观。

2. 经济社会与水资源的关系

2000—2010 年淮河流域人均用水量稳步上升，单位 GDP 用水量呈现下降趋势。但是淮河流域各城市的经济发展水平与水资源利用水平差距较大。安徽省经济欠发达，用水量较大，属于经济发展与用水效率较低的地区；江苏省经济发达，用水量较大，属于经济发展较高而用水效率较低的地区；山东省经济发达，用水量较低，属于经济与水资源协调发展的地区；而河南省处于经济发展与用水量的第一阶段，即经济欠发达、用水量较低。淮河流域各省市经济发展水平与水资源利用效率之间大致呈现出负相关关系。经济发展水平越高，单位 GDP 用水量越低，人均用水量越高；随着经济的增长，单位 GDP 用水量下降速度放缓，人均用水量上升速度也放缓。

利用完全分解模型分析发现，淮河流域各省均表现为富裕程度和技术水平对用水变化的影响较大；而对各省单位 GDP 用水量变化影响因素的研究发现，淮河流域效率提升效应占主要贡献，而结构优化的提升效应只在部分年份较为明显。在各产业用水效率提升效应的贡献中，第一产业和第二产业的贡献较大。

3. 建立淮河流域经济社会与水资源协调发展评价指标体系

通过建立经济社会与水资源协调发展指标体系，对淮河流域协调发展的程度进行评价。该指标体系由水资源系统与流域三生系统两部分组成。水资源系统的指标从水质、水量两方面对水资源进行评价，流域三生系统包括流域生产、流域生活和流域生态 3 个方面。流域生产的指标从工业、农业用水效率两方面进行评价，流域生活的指标从生活用水量和经济发展水平两方面进行评价，流域生态的指标从流域涵养水源状况的角度进行评价。经济社会与水资源协调发展的评估标准由水资源系统和流域三生系统共同决定。其共有 7 项指标，每项指标都根据淮河流域水资源刚性制约和经济发展客观需求给出了评估标准，即 2030 年的标准值。如果 7 个指标全部达标，则表明淮河流域经济社会与水资源发展协调；如果 7 个指标中有任何一项指标不达标，则表明淮河流域经济社会与水资源发展欠协调。

　　为了识别经济社会与水资源协调发展的工作重点，对淮河流域各城市当前的经济社会与水资源协调发展程度进行了评价。采用 4.3 章节中的指标体系，计算出了淮河流域各城市的现状值，并将淮河流域城市的现状值与 2030 年的标准值进行比较，了解各城市与预期标准值之间的差距。根据各城市的综合得分，得到了各城市经济社会与水资源发展的整体协调程度。

　　根据评价结果，我们给出了相应的建议，为淮河流域各城市经济社会与水资源协调发展提供了指导。在水资源系统方面，制订淮河流域各城市河流资源开发与保护规划，严格控制淮河流域资源的开发利用；提高水资源循环利用程度，提高水资源承载能力。在淮河流域三生系统方面，大力发展节水农业，坚决淘汰产能落后工业，提高新增企业用水门槛，适度调整现有产业布局和居住区域，减轻空间上的水资源压力，发展节水科技和水处理技术，加强节水宣传力度和水源涵养区管理。

第5章

淮河流域经济社会、生态环境与水资源协调发展模拟技术研究

结合淮河流域水资源、经济社会与生态环境统计数据，通过分解与整合技术，构建了淮河流域分区及淮河流域整体的水资源、经济社会与生态环境一体化核算的投入产出模型，形成直观描述水资源、经济社会与生态环境状况的全景图。分析淮河流域水资源、经济社会和生态环境之间相互制约相互影响关系及其规律，揭示淮河流域水资源开发利用存在的问题和成因，界定淮河流域经济社会、生态环境与水资源协调发展研究的目标，为率定淮河流域经济社会、生态环境与水资源协调发展模拟模型研究的相关参数奠定基础。采用复杂系统整体模型技术、耦合各子模型，通过子模型间参数变量的内生传递，实现各子模块的无缝链接，构建淮河流域经济社会-水资源-生态环境整体协调分析模型。结合模型的复杂性和非线性特点，采用投入产出分析技术、多目标群决策技术及情景生成与方案评估技术等分析求解手段，构建复杂系统整体模型的分析框架与分析平台。基于淮河流域水资源-经济社会-生态环境协调发展模拟分析整体模型，采用多目标群决策技术，开展不同开源、节水、治污模式下的淮河流域经济社会发展方案评价，形成基本方案集；应用多目标敏感性分析模型和情景生成与方案评估技术，以淮河水资源可利用量分析成果为约束，对各基本方案进行多目标计算，得到不同水平年不同方案下淮河流域分区经济发展规模，对淮河水资源进行供需分析，提出可行的支持可持续发展的参考方案集。通过综合评价手段，提出淮河流域水资源与经济社会协调发展的战略与对策。

5.1 水资源的投入产出分析

5.1.1 淮河流域水资源-经济社会-生态环境一体化核算投入产出表

投入产出表是反映、研究和分析社会再生产过程中各领域（生产、分配、交换、消费）之间、国民经济各部门之间及区域之间的经济技术联系的主要方法之一。它体

现了社会总供给与总需求、国民收入的分配与再分配、产业结构、积累与消费、中间产品与最终产品等国民经济重要比例关系等，是加强国民经济综合平衡、提高国民经济宏观管理水平、提升经济决策科学化的重要工具。投入产出表是一种棋盘式平衡表，按投入类型和消费主体不同分为 4 个象限（图 5-1）。

投入		产出									
		中间使用		最终使用							总产出
		1, 2, … n	合计	消费		积累		合计	调入	调出	
				家庭	社会	固定	流动				
中间投入	1	x_{11}, x_{12}, … x_{1n}	μ_1	C_{h1}	C_{s1}	F_{f1}	F_{s1}	Y_1	M_1	E_1	X_1
	2	x_{21}, x_{22}, … x_{2n}	μ_2	C_{h2}	C_{s2}	F_{f2}	F_{s2}	Y_2	M_2	E_2	X_2
	·	· · I ·	·	·	·	·	·	II	·	·	·
	·	·	·	·	·	·	·	·	·	·	·
	·	·	·	·	·	·	·	·	·	·	·
	n	x_{n1}, x_{n2}, … x_{nn}	μ_n	C_{hn}	C_{sn}	F_{fn}	F_{sn}	Y_n	M_n	E_n	X_n
	合计	τ_1, τ_2, … τ_n	τ	C_h	Cs	F_f	F_s	Y	M	E	X
最初投入	折旧	D_1, D_2, … D_n	D								
	劳动者收入	V_1, V_2, III V_n	V			IV					
	利润和税金	Z_1, Z_2, … Z_n	Z								
	合计	N_1, N_2, … N_n	N								
总投入		X_1, X_2, … X_n	X								

图 5-1　投入产出简表

第 I 象限是由名称相同、排列次序相同、数目一致的产品部门纵横交叉而成的，其主栏为中间投入，宾栏为中间使用。它可提供国民经济各部门之间相互依存、相互制约的技术经济联系资料，反映国民经济各部门之间相互依赖、相互提供劳动对象供生产和消耗的过程。这种联系主要是由一定时期内的生产条件和经济条件所决定的。这部分是投入产出表的核心，表中的每个数字都具有双重意义：横向，表明第 i 产业部门的产品或服务提供给第 j 产品部门使用的数量；纵向，表明第 j 产品部门在生产过程中消耗第 i 产品部门的产品或服务的数量。

第 II 象限的主栏和第 I 象限的主栏相同，包含 n 个产品部门；其宾栏是总消费、总投资、进出口等各种最终使用项目。这一部分是各生产部门提供的各种最终产品的使用数量，反映各种最终产品的使用构成，体现了国内生产总值经过分配和再分配的最终结果。

第Ⅲ象限主栏是固定资产折旧、劳动者报酬、生产税净额、营业盈余等各种最终投入项目；其宾栏与第Ⅰ象限宾栏相同，包含 n 个产品部门。这部分反映各产品部门的最初投入（即增加值）的构成情况，体现了国内生产总值的初次分配。

第Ⅰ象限和第Ⅲ象限联结在一起，可提供国民经济各部门产品在生产经营活动中的投入情况，反映了国民经济各部门产品或服务的价值形成过程。在投入产出表编制过程中，先按Ⅰ、Ⅱ、Ⅲ象限分别编制，然后拼接而成。

由于我国国民经济统计体系以行政区域作为基本单元进行统计数据的收集和整理，因此投入产出表的编制也按行政区域进行。

以 2007 年淮河流域 4 省国民经济投入产出表为基础，运用 RAS（bipropotional scaling method，双比例尺度法）修正法，分别编制 4 省的 2009 年投入产出延长表；在此基础上，收集、整理 4 省所辖市、县资料，汇总得出淮河流域 4 省国民经济统计数据；假定淮河流域 4 省生产消耗结构系数与行政省一致，运用 RAS 修正法得到淮河流域 4 省 2009 年投入产出表；汇总淮河流域 4 省投入产出表，形成淮河流域 2009 年投入产出表。

1. 数据基础

根据上述研究思路，本书研究组通过购买、函购、咨询、实地调研等各种方式和途径，获得来源于正规渠道的 4 个省及其所辖市、县行政区的国民经济资料。具体如下。

（1）4 省 2007 年 42 部门国民经济投入产出表。

（2）4 省（包括行政省及部分市、县）2009 年国民经济分部门经济数据资料，包括地区生产总值、部门增加值与增加值率、尽可能细分部门的增加值结构与消费使用构成及总产出等。

（3）由《全国水资源综合规划》资料获得淮河流域所包含的 4 省及其所辖市、县行政区范围与基本经济状况。

（4）由各省国民经济统计资料结合具体市、县行政区国民经济统计资料，整理汇编得到淮河流域分省区的淮河河南、淮河安徽、淮河江苏、淮河山东的分部门经济数据，包括增加值及其结构、消费使用构成及总产出。

（5）由各省国民经济统计资料的分行业从业人员信息，结合 2009 年投入产出表，计算全员劳动生产率，在假设淮河流域省区与行政省区具有相同的生产力水平，即全员劳动生产率相同的前提下，整理汇编得到淮河流域分省区的淮河河南、淮河安徽、淮河江苏、淮河山东的分部门劳动力人数。

（6）由各省国民经济统计资料结合具体市、县行政区国民经济统计资料，采用永续盘存法计算各省固定资产存量，并根据行业从业人员信息，计算人均资金装备率。在假设淮河流域省区与省区具有相同的生产力水平，即人均资金装备率相同的前提下，整理汇编得到淮河流域分省区的淮河河南、淮河安徽、淮河江苏、淮河山东的分部门固定资产与流动资产占用情况。

2009 年淮河流域 4 省与淮河流域投入产出表由自下而上的数据汇集与自上而下的修正双向耦合模式分析获得。运用 RAS 修正法得到淮河流域 4 省 2009 年投入产出表；

汇总淮河流域4省投入产出表，形成淮河流域2009年投入产出延长表。具体编制流程如图5-2所示。

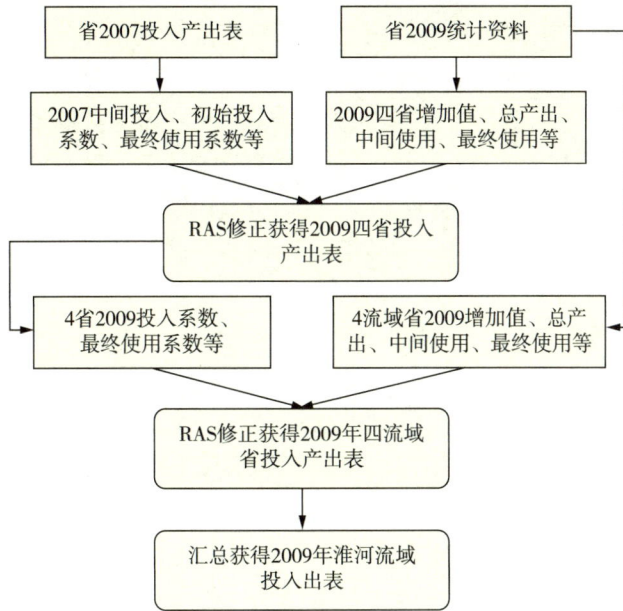

```
┌─────────────────────┐        ┌─────────────────────┐
│   省2007投入产出表    │        │   省2009统计资料     │
└──────────┬──────────┘        └──────────┬──────────┘
           │                              │
           ▼                              ▼
┌─────────────────────┐        ┌─────────────────────┐
│ 2007中间投入、初始投入 │        │ 2009四省增加值、总产出、│
│ 系数、最终使用系数等   │        │ 中间使用、最终使用等   │
└──────────┬──────────┘        └──────────┬──────────┘
           │                              │
           └──────────────┬───────────────┘
                          ▼
            ┌─────────────────────────┐
            │ RAS修正获得2009四省投入    │
            │        产出表            │
            └─────────────┬───────────┘
        ┌─────────────────┴─────────────────┐
        ▼                                   ▼
┌─────────────────────┐        ┌─────────────────────┐
│ 4省2009投入系数、     │        │ 4流域省2009增加值、总产 │
│ 最终使用系数等        │        │ 出、中间使用、最终使用等 │
└──────────┬──────────┘        └──────────┬──────────┘
           └──────────────┬───────────────┘
                          ▼
            ┌─────────────────────────┐
            │ RAS修正获得2009年四流域    │
            │   省投入产出表           │
            └─────────────┬───────────┘
                          ▼
            ┌─────────────────────────┐
            │ 汇总获得2009年淮河流域    │
            │     投入出表            │
            └─────────────────────────┘
```

图5-2 2009年淮河流域投入产出延长表编制流程

2. 编制步骤

1）编制4个行政省2009年投入产出表

（1）获取2007年4省国民经济42部门投入产出表，分析投入产出系数。

（2）采集2009年4省国民经济统计数据，通过数据整理与合理性分析获得4省42部门增加值、总产出及中间使用数据。在信息不完整或缺失的情况下，采取了以下处理技术：①当缺乏详细部门增加值信息时，假设2009年行业结构与2007年行业结构基本相似，依据2007年行业结构推算出2009年42部门中某些缺失信息部门的增加值。②当缺乏详细部门总产出数据时，假设2009年部门增加值率与2007年部门增加值率基本相似，推算2009年42部门中某些缺失信息部门的总产出。③当缺乏详细部门最终使用信息时，假设2009年部门中间使用率与2007年部门中间使用率基本相似，推算2009年42部门的中间使用。④当缺乏全部工业细分行业或某些行业经济信息时，按局部占全部总量比重进行相应的修订，获得全省区闭合的细分行业经济数据。

（3）依据（1）与（2）的信息，采用RAS修正法，结合部门增加值构成与消费使用结构获得2009年4省国民经济投入产出表。

2）编制淮河流域4省及全流域投入产出表

（1）分析2009年4省国民经济投入产出系数、42部门增加值构成及消费结构。

（2）依据《全国水资源综合规划》淮河水资源分区套市、县的分部门国民经济统计资料，汇总得到4省淮河流域内42部门增加值、总产出及中间使用率。针对信息不完整情况进行相应的技术处理：①以市、县为单元，结合市、县城区与淮河流域的拓扑关系，确定淮河流域市、县经济总量。单元面积不低于80％属于淮河流域，且城区完全在淮河流域内，则进行市、县全域经济的完整采集；若市、县城区不在淮河流域内，且市、县部分位于淮河流域内，则结合《淮河流域及山东半岛水资源综合规划》成果，得出农业、工业、建筑业、第三产业占市、县相应增加值的比例关系，结合2009年市、县分部门增加值信息，得出分部门淮河流域市、县增加值；若市、县行政区在淮河流域内的面积低于10％，且城区不在淮河流域内，则不采集该市、县的经济量。②若市、县行政区分部门经济信息不全面，则假设其行业结构、生产特点同所属省区，按所属省区2009年投入产出表中行业结构进行总量分解，得到分属淮河流域的42部门增加值；由所属省区细分行业部门增加值推算总产出；参照所属省区中间使用率推算水资源分区套行政区的42部门中间使用率。

（3）如果4省所属淮河流域经济部门结构和部门生产属性与省级行政区相同，则依据2009年4省投入产出延长表信息，结合行业中间投入、中间商品使用、行业增加值、行业总产出、商品消费、固定资产形成等，按RAS修正法分别计算中间投入表、最终使用表、初始投入表，得出2009年淮河河南、淮河安徽、淮河江苏、淮河山东42部门投入产出表，汇集4省淮河流域投入产出表，得到淮河流域2009年42部门国民经济投入产出表。

（4）通过分析、修正获得2009年淮河流域42部门国民经济资产、就业人数。

（5）进行数据合理性分析，编制2009年淮河流域42部门国民经济投入产出表。

以所编制的2009年淮河流域42部门国民经济投入产出延长表作为本次模型研究的基础数据。编制的投入产出表包括：2009年淮河流域4省42部门投入产出表4个；2009年淮河流域投入产出表1个。为便于分析，将投入产出表中的42部门合并成18部门。2009年淮河流域4省投入产出表见表5-1～表5-4所列，淮河流域经济行业映射表见表5-5所列。2009年淮河流域42部门投入产出表见表5-6所列。

5.1.2 淮河流域用水部门的投入产出分析

根据中国水资源公报、淮河流域水资源公报的用水量信息，结合2008年中国经济普查年鉴，2009年河南、安徽、江苏、山东4省行业增加值信息，推算省级行政区国民经济行业用水定额；通过多次协调平衡，确定各经济部门用水量；结合淮河流域及淮河河南、淮河安徽、淮河江苏、淮河山东等2009年投入产出表，编制淮河流域及各省区水资源投入产出表，并构建水资源投入产出分析模型。

1. 经济行业用水量与排污量推算

（1）用水量推算

目前的统计资料缺乏国民经济行业的用水统计，也缺乏经济行业用水定额等指标。本研究以国民经济各产业部门的万元增加值用水量作为经济行业用水定额指标。采用总控与分解相结合、调研与合理性分析相结合的测算思路，分别确定淮河河南、淮河安徽、淮河江苏、淮河山东经济行业用水定额，在此基础上综合得出淮河流域国民经济行业用水定额。

为满足研究需要，主要对以下相关数据资料进行收集与整编。

表5-1　2009年淮河流域河南投入产出表

（单位：亿元）

	农业	煤炭	石油	其他采掘	食品	纺织	造纸	化学	建材	冶金	机械	电子	电力	其他工业	建筑	运输	批发	其他服务	中间使用	最终消费	资本总额	净调出	最终使用	总产出
农业	600	14	0	0	971	256	32	35	6	1	2	0	1	46	5	5	1	85	2060	658	17	128	803	2863
煤炭	6	484	143	6	4	2	16	83	134	79	15	0	289	25	10	1	0	17	1315	52	0	85	137	1452
石油	27	20	84	36	2	1	1	65	62	98	36	0	3	2	51	95	7	46	637	49	0	-91	-42	595
其他采掘	0	1	0	177	0	0	0	30	109	488	18	0	0	0	44	1	0	0	870	1	5	-223	-217	653
食品	301	0	1	0	697	12	2	123	74	7	18	0	0	53	1	25	25	316	1656	494	3	506	1004	2660
纺织	17	8	3	1	3	392	10	66	8	7	28	1	1	68	9	8	4	28	662	327	0	67	395	1057
造纸	0	4	1	2	13	3	154	11	27	8	25	3	2	4	6	3	16	89	373	32	0	91	124	497
化学	140	25	26	22	32	24	30	394	68	35	128	11	2	21	42	11	10	169	1189	136	8	46	190	1379
建材	22	29	19	41	15	1	8	20	825	192	104	46	5	10	417	3	0	29	1784	77	20	653	749	2533
冶金	1	25	5	5	1	0	2	14	19	760	606	6	1	2	124	2	0	15	1588	25	321	696	1043	2631
机械	16	35	8	19	3	2	4	7	66	19	275	3	5	3	23	11	13	54	567	113	3612	-1704	2021	2589
电子	2	8	2	3	1	0	1	2	3	3	40	26	1	0	12	2	3	62	172	65	264	-321	8	180
电力	7	54	10	19	9	7	13	37	58	79	51	1	87	4	29	11	19	59	556	59	0	-7	53	609
其他工业	6	33	10	3	1	1	12	5	14	18	68	2	2	102	41	2	2	48	369	55	90	36	181	550
建筑	14	6	3	1	2	0	0	1	2	1	5	0	2	0	0	23	6	36	104	27	1732	-334	1425	1529
运输	5	38	16	31	51	14	15	41	110	58	95	5	4	18	56	138	83	110	889	80	27	-40	67	956
批发	44	17	34	16	116	37	27	57	177	65	186	8	1	12	69	14	4	150	1035	2	9	-8	3	1038
其他服务	10	111	35	30	16	10	15	38	66	77	215	11	43	12	68	133	173	651	1715	3182	114	-814	2482	4197

（续表）

	农业	煤炭	石油	其他采掘	食品	纺织	造纸	化学	建材	冶金	机械	电子	电力	其他工业	建筑	运输	批发	其他服务	中间使用	最终消费	资本总额	净调出	最终使用	总产出
中间投入	1219	915	399	413	1936	763	342	1029	1829	1996	1914	125	447	383	1008	488	367	1967	17541	5435	6222	−1231	10425	27967
增加值	1644	537	196	239	724	294	155	350	704	635	675	55	161	167	521	468	670	2230	10425					
总投入	2863	1452	595	653	2660	1057	497	1379	2533	2631	2589	180	609	550	1529	956	1038	4197	27967					
从业人员/万人	1645	20	8	4	83	60	20	48	83	55	105	10	9	30	278	118	281	486	3344					
固定资产	3987	261	359	53	436	149	102	385	679	902	544	45	1481	133	186	565	203	2474	12945					
用水量/百万m³	7400	332	78	134	202	57	232	307	131	332	79	8	375	68	89	4	7	108	9943					

表 5 - 2 2009 年淮河流域安徽投入产出表

（单位：亿元）

	农业	煤炭	石油	其他采掘	食品	纺织	造纸	化学	建材	冶金	机械	电子	电力	其他工业	建筑	运输	批发	其他服务	中间使用	最终消费	资本总额	净调出	最终使用	总产出
农业	309	2	0	0	230	46	2	12	0	4	0	0	0	29	3	1	0	81	719	270	8	512	789	1508
煤炭	2	15	0	1	2	1	2	11	38	21	1	0	150	1	1	0	0	0	247	3	1	4	9	256
石油	21	4	73	8	5	4	1	18	47	40	12	0	24	3	2	84	2	18	367	18	0	−288	−270	97
其他采掘	0	0	0	10	0	0	0	4	7	95	3	0	1	1	8	0	0	0	129	2	5	−67	−60	69
食品	68	0	0	0	27	1	0	1	0	0	0	0	0	0	0	0	0	26	123	198	1	202	402	525

（续表）

	农业	煤炭	石油	其他采掘	食品	纺织	造纸	化学	建材	冶金	机械	电子	电力	其他工业	建筑	运输	批发	其他服务	中间使用	最终消费	资本总额	净调出	最终使用	总产出
纺织	0	0	0	0	2	54	4	3	0	1	2	0	2	2	1	4	1	14	89	77	1	48	125	214
造纸	1	0	0	0	9	1	25	4	3	1	8	2	0	1	1	3	1	32	92	11	0	−11	0	93
化学	72	2	0	1	5	6	6	100	7	4	54	4	3	5	11	5	0	38	322	28	3	8	39	361
建材	8	3	0	2	6	0	0	6	64	17	8	2	6	4	158	1	0	8	292	40	1	32	74	366
冶金	3	7	0	1	2	1	2	10	4	246	354	7	3	2	125	3	0	23	793	23	46	−105	−36	757
机械	10	7	0	2	1	2	1	3	3	9	237	8	25	2	33	15	4	84	448	61	419	321	800	1248
电子	0	1	0	0	0	0	0	1	1	1	38	24	9	0	2	2	1	48	128	33	37	−107	−36	91
电力	27	11	0	7	8	8	5	25	38	23	20	2	31	6	7	7	14	58	295	45	0	91	136	431
其他工业	4	1	0	1	1	1	1	3	2	10	13	0	3	16	11	2	1	17	86	38	74	−71	40	126
建筑	0	0	0	0	0	0	0	0	0	0	0	0	0	0	0	7	2	9	19	14	1183	−515	682	701
运输	14	4	0	4	8	3	2	10	10	18	28	2	13	6	14	50	22	43	252	58	8	133	200	451
批发	68	6	0	3	43	22	12	35	22	48	97	8	32	11	49	31	2	74	566	174	53	−425	−198	367
其他服务	22	13	0	1	11	3	2	13	6	12	35	3	23	2	11	36	46	209	450	923	72	226	1222	1671
中间投入	630	76	74	42	360	153	65	260	251	551	910	62	323	91	438	251	97	781	5415	2016	1913	−12	3917	9332
增加值	878	180	23	26	165	61	28	101	115	206	338	29	107	35	263	200	271	891	3917					
总投入	1508	256	97	69	525	214	93	361	366	757	1248	91	431	126	701	451	367	1671	9332					

（续表）

	农业	煤炭	石油	其他采掘	食品	纺织	造纸	化学	建材	冶金	机械	电子	电力	其他工业	建筑	运输	批发	其他服务	中间使用	最终消费	资本总额	净调出	最终使用	总产出
从业人员	920	21	1	3	21	26	8	17	23	20	49	4	3	9	125	71	170	330	1819					
固定资产/万人	1948	128	33	19	94	52	34	117	162	246	235	22	435	41	73	297	107	1829	5873					
用水量/百万 m³	8055	123	26	68	141	65	53	207	158	286	90	7	1774	12	49	6	10	116	11246					

表 5－3 2009年淮河流域江苏投入产出表

（单位：亿元）

	农业	煤炭	石油	其他采掘	食品	纺织	造纸	化学	建材	冶金	机械	电子	电力	其他工业	建筑	运输	批发	其他服务	中间使用	最终消费	资本总额	净调出	最终使用	总产出
农业	493	1	0	0	391	530	48	178	1	1	1	0	0	108	43	41	0	151	1987	674	66	−543	197	2184
煤炭	1	4	8	0	1	6	2	40	27	52	7	1	82	3	3	1	0	6	244	4	1	−194	−188	56
石油	7	1	223	4	2	8	2	305	20	132	30	10	39	4	61	135	1	57	1042	20	−1	−692	−674	369
其他采掘	0	0	0	4	0	0	0	54	28	294	6	0	0	2	37	0	0	1	428	0	1	−376	−375	53
食品	143	0	2	1	68	23	2	43	2	13	13	11	3	4	15	5	1	146	493	353	4	−126	231	724
纺织	1	0	1	0	1	972	18	34	4	11	22	7	3	15	17	6	2	72	1186	152	11	983	1146	2332
造纸	1	0	0	5	5	17	100	32	13	10	22	26	1	5	5	3	2	127	370	12	2	58	72	442
化学	112	1	6	1	9	139	58	1139	44	55	200	206	2	53	129	12	1	206	2379	87	40	511	637	3016
建材	2	0	1	1	1	2	1	11	57	24	22	37	1	3	423	1	0	5	592	8	1	−117	−107	484
冶金	3	3	3	1	2	4	13	42	29	1377	975	163	4	28	551	5	0	33	3235	7	310	−403	−85	3150

（续表）

	农业	煤炭	石油	其他采掘	食品	纺织	造纸	化学	建材	冶金	机械	电子	电力	其他工业	建筑	运输	批发	其他服务	中间使用	最终消费	资本总额	净调出	最终使用	总产出
机械	14	3	8	5	2	20	11	57	20	157	966	107	50	9	224	65	3	194	1915	75	1127	860	2063	3978
电子	1	0	1	0	0	3	6	13	1	9	138	1435	13	1	19	3	1	156	1802	37	310	786	1132	2934
电力	5	2	6	6	3	21	7	125	28	127	50	30	225	13	13	9	2	54	725	42	0	-78	-36	689
其他工业	3	0	1	1	1	8	23	18	10	75	54	16	2	146	67	2	1	44	471	42	9	19	70	541
建筑	21	0	0	0	0	0	0	1	0	1	1	1	0	0	43	4	1	38	92	30	2509	346	2884	2977
运输	12	2	8	4	10	35	11	82	25	86	93	46	10	18	296	68	13	115	945	144	9	-164	-11	935
批发	12	0	3	1	5	15	6	32	8	41	62	52	4	7	52	7	1	50	358	144	152	24	320	678
其他服务	55	4	11	5	17	81	21	159	34	146	222	193	66	27	224	109	33	848	2255	2215	395	-188	2422	4676
中间投入	875	21	283	39	518	1884	330	2366	352	2612	2885	2341	507	446	2221	477	60	2302	20520	4046	4945	706	9698	30217
增加值	1309	35	86	14	206	447	111	651	132	538	1093	593	182	94	756	457	618	2374	9698					
总投入	2184	56	369	53	724	2332	442	3016	484	3150	3978	2934	689	541	2977	935	678	4676	30217					
从业人员/万人	678	3	2	1	9	61	9	35	10	26	73	50	3	11	187	50	105	498	1811					
固定资产	2045	52	94	24	145	440	187	898	190	695	1141	672	748	155	325	306	98	2450	10662					
用水量/百万 m³	20643	6	15	10	20	125	27	171	17	82	41	45	1959	12	59	53	51	273	23609					

表 5 - 4　2009年淮河流域山东投入产出表

（单位：亿元）

	农业	煤炭	石油	其他采掘	食品	纺织	造纸	化学	建材	冶金	机械	电子	电力	其他工业	建筑	运输	批发	其他服务	中间使用	最终消费	资本总额	净调出	最终使用	总产出
农业	402	6	1	1	925	270	27	74	0	0	0	0	0	63	9	11	22	57	1868	140	27	-393	-226	1643
煤炭	2	8	47	1	2	1	0	37	38	49	5	0	115	1	1	0	1	0	309	15	0	47	62	372
石油	6	4	263	9	5	3	1	65	34	74	33	2	6	2	9	200	11	31	758	16	0	-18	-2	756
其他采掘	0	0	1	15	0	0	0	17	43	100	2	0	0	2	31	0	0	0	210	0	8	3	11	221
食品	122	0	2	0	301	15	2	53	1	0	30	2	0	11	0	64	11	72	686	718	90	360	1167	1853
纺织	2	20	7	2	5	554	12	33	31	25	25	2	3	50	40	5	15	12	841	154	6	320	480	1321
造纸	0	1	2	26	19	13	196	22	22	4	21	4	2	5	7	4	7	59	390	14	6	46	60	451
化学	142	10	51	33	27	54	39	1017	74	51	199	38	3	25	63	21	11	114	1970	68	1	180	249	2219
建材	1	4	3	8	5	2	1	12	118	19	33	5	1	2	255	0	0	4	473	85	3	262	350	823
冶金	2	17	13	7	16	5	10	17	18	394	616	28	6	17	253	3	0	8	1429	2	29	-38	-6	1423
机械	8	69	29	26	15	19	6	45	47	129	924	25	49	9	173	59	41	48	1722	38	1524	-246	1317	3038
电子	1	6	8	1	2	3	6	20	4	7	88	277	4	1	11	4	6	50	500	32	149	-72	109	609
电力	10	64	48	24	20	21	7	94	66	91	79	8	91	17	16	5	23	30	715	3	0	-236	-233	482
其他工业	3	4	4	5	4	3	19	13	15	28	60	3	3	110	51	2	6	18	352	38	48	27	113	465
建筑	3	3	1	0	1	0	0	3	1	3	2	0	1	1	0	14	24	25	82	26	1561	-124	1463	1545
运输	15	22	41	8	22	10	7	49	46	37	69	10	33	9	82	73	109	35	678	128	99	-24	203	880
批发	26	5	20	8	37	18	4	52	28	44	82	19	12	7	25	15	4	44	450	58	49	503	611	1061

（续表）

	农业	煤炭	石油	其他采掘	食品	纺织	造纸	化学	建材	冶金	机械	电子	电力	其他工业	建筑	运输	批发	其他服务	中间使用	最终消费	资本总额	净调出	最终使用	总产出
其他服务	15	19	21	15	22	17	7	74	37	40	76	22	47	19	39	58	162	228	918	1268	145	-139	1275	2193
中间投入	760	263	563	164	1429	1009	343	1698	623	1096	2343	447	377	347	1066	538	451	834	14351	2805	3742	457	7003	21354
增加值	883	109	193	57	423	311	107	522	200	327	696	162	105	117	480	342	610	1359	7003					
总投入	1643	372	756	221	1853	1321	451	2219	823	1423	3038	609	482	465	1545	880	1061	2193	21354					
从业人员/万人	629	10	5	3	38	48	12	36	20	18	54	11	4	14	149	62	145	224	1485					
固定资产	1403	217	369	64	371	294	172	618	225	460	539	83	469	103	169	375	131	2015	8076					
用水量/百万m³	5861	34	38	84	68	46	70	149	22	48	33	7	146	10	41	13	17	46	6732					

表5-5 淮河流域经济行业映射表

代码	行业	代码	行业
A01	农业	B21	废品废料
B01	煤炭开采和洗选业	B22	电力、热力的生产和供应业
B02	石油和天然气开采业	B23	燃气生产和供应业

（续表）

代码	行业	代码	行业
B03	金属矿采选业	B24	水的生产和供应业
B04	非金属矿采选业	B25	建筑业
B05	食品制造业加工	C01	交通运输及仓储业
B06	纺织业	C02	邮政业
B07	服装、鞋、帽制造业	C03	信息传输服务、计算机软件服务业
B08	木材加工及家具制造业	C04	批发和零售贸易业
B09	造纸印刷及文化用品制造	C05	住宿和餐饮业
B10	石油及核燃料加工业	C06	金融保险业
B11	化学工业	C07	房地产业
B12	非金属矿物质制品业	C08	租赁和商务服务业
B13	金属压延加工业	C09	旅游业
B14	金属制品业	C10	科学研究事业
B15	通用、专用设备制造业	C11	综合技术服务业
B16	铁路运输设备制造业	C12	其他社会服务业
B17	电气机械及器材制造业	C13	教育事业
B18	通信设备、计算机及其他电子设备制造业	C14	卫生、社会保障和社会福利事业
B19	仪器仪表及文化办公用机械制造业	C15	文化、体育和娱乐业
B20	其他制造业	C16	公共管理和社会组织

表 5 - 6　2009 年淮河流域 42 部门投入产出表

（单位：亿元）

行业	A01	B01	B02	B03	B04	B05	B06	B07	B08	B09	B10	B11	B12	B13	B14	B15	B16	B17	B18	B19	B20	B21	B22	B23
A01	1805.2	22.7	0.0	0.8	0.1	2516.9	914.2	187.1	1197.7	108.9	0.3	298.9	6.8	5.3	0.4	2.7	0.1	0.1	0.0	0.0	46.8	1.0	0.7	0.6
B01	10.4	511.0	1.1	6.6	2.1	9.5	6.7	2.9	2.5	20.4	188.4	171.5	237.5	195.1	6.9	20.3	6.1	3.0	0.5	0.8	26.1	1.4	636.1	8.3
B02	3.0	2.9	0.7	16.9	8.5	4.8	5.1	0.4	0.1	1.2	453.0	149.7	63.7	36.2	9.0	11.8	3.3	3.4	1.4	0.1	1.1	0.1	11.0	27.5
B03	0.0	0.1	0.0	189.1	0.0	0.1	0.0	0.0	0.0	0.0	0.0	37.5	11.3	956.8	9.7	8.1	0.8	15.6	0.4	0.2	0.0	1.8	0.8	0.0
B04	0.4	1.7	0.1	0.2	17.4	0.5	0.0	0.0	0.0	0.0	1.1	68.0	175.7	8.9	2.5	2.8	0.7	0.5	0.0	0.0	1.1	0.1	0.2	0.0
B05	634.6	0.4	0.1	0.5	0.2	1092.8	11.3	40.2	59.3	5.3	2.7	219.6	77.5	17.5	2.6	53.9	2.5	5.2	12.5	1.1	6.8	1.5	2.6	2.5
B06	3.3	13.8	1.2	0.5	0.8	5.8	1136.6	582.8	11.5	32.4	1.6	105.9	10.4	7.5	2.1	22.6	4.2	14.8	1.0	0.9	81.5	0.2	0.9	0.1
B07	16.6	14.5	4.4	1.8	0.8	4.6	56.8	195.8	6.9	11.0	1.7	29.4	32.4	29.2	5.1	12.4	11.0	11.3	6.4	1.7	33.1	0.4	7.6	0.7
B08	11.8	29.8	0.7	3.1	0.5	2.2	1.0	1.7	239.6	25.2	5.7	9.0	12.8	5.0	27.0	19.1	15.4	7.3	4.3	1.3	6.6	0.2	2.2	0.1
B09	3.3	6.0	1.4	2.3	1.1	47.1	15.5	18.6	8.3	475.0	2.2	68.2	64.6	7.7	15.3	34.2	9.4	31.0	29.7	5.6	5.9	0.4	5.2	0.2
B10	58.5	25.8	8.6	20.2	7.7	7.6	5.3	4.8	2.4	4.1	137.6	290.7	79.5	270.9	15.3	55.3	17.9	13.2	8.3	1.2	2.2	4.1	60.0	4.2
B11	467.1	37.6	11.3	34.7	27.4	73.0	159.3	63.3	41.6	133.1	70.5	2649.6	192.2	58.3	86.8	224.0	128.6	227.3	216.1	43.3	26.1	34.1	10.2	1.0
B12	32.4	35.6	9.8	7.3	44.4	27.0	2.9	1.5	7.4	10.2	11.9	49.1	1064.7	194.1	58.5	64.1	27.3	75.0	57.3	32.4	4.0	7.9	12.7	0.3
B13	0.9	38.5	11.4	5.7	1.9	1.5	1.0	0.9	5.3	11.4	0.7	47.1	40.7	2061.8	465.4	1041.8	290.8	800.8	95.3	15.2	11.4	11.5	2.4	0.2
B14	8.8	13.7	3.4	4.2	2.0	18.5	3.6	5.6	10.7	14.9	4.6	36.8	29.1	97.8	151.4	253.6	70.9	92.3	79.1	13.9	8.5	1.8	11.4	0.5
B15	24.1	76.7	11.9	17.0	10.8	12.7	19.2	11.4	6.7	10.1	17.1	76.0	78.2	145.4	68.3	711.1	1182.5	137.8	22.1	9.0	2.0	0.8	42.7	0.9
B16	15.2	13.8	3.5	7.2	2.7	6.3	3.9	2.6	2.2	7.4	2.5	14.6	35.2	25.8	18.2	120.7	657.3	7.8	12.6	1.9	1.7	0.3	13.4	0.9
B17	9.3	24.1	3.7	12.9	2.0	2.9	3.7	2.4	2.4	5.1	3.6	21.3	23.7	44.5	12.6	184.1	60.8	340.4	71.2	26.1	2.5	1.8	72.2	0.6
B18	0.9	6.7	0.9	1.3	0.6	1.7	2.0	2.2	0.5	11.1	1.5	8.4	3.5	3.4	1.7	81.2	32.9	136.4	1624.9	86.7	0.5	0.1	4.9	0.1
B19	2.9	8.9	2.3	1.5	0.8	1.5	1.2	0.7	0.4	2.1	6.0	28.6	6.1	11.9	3.1	21.0	18.7	13.5	15.3	35.0	0.3	0.1	22.8	0.7

（续表）

行业	A01	B01	B02	B03	B04	B05	B06	B07	B08	B09	B10	B11	B12	B13	B14	B15	B16	B17	B18	B19	B20	B21	B22	B23
B20	2.9	7.0	5.4	2.4	1.1	3.3	3.9	3.5	2.3	5.0	1.2	15.6	13.2	10.6	9.6	86.7	6.6	18.2	9.4	3.6	33.4	0.1	3.4	0.2
B21	0.1	0.0	0.0	0.2	0.5	0.2	0.7	0.3	0.4	25.0	0.3	8.5	12.6	70.9	4.2	23.8	0.5	13.2	1.7	0.0	0.3	89.1	0.0	0.0
B22	47.8	131.3	22.3	40.1	16.7	39.7	45.8	10.8	22.0	31.5	39.8	280.8	190.4	267.1	52.0	125.9	39.9	34.3	36.6	4.4	3.6	6.6	433.4	2.7

行业	B24	B25	C01	C02	C03	C04	C05	C06	C07	C08	C09	C10	C11	C12	C13	C14	C15	C16	中间使用总额	总消费	资本总额	净流出	最终使用	总产出
A01	0.0	60.8	58.9	0.0	0.0	22.8	303.2	0.0	5.2	3.3	5.3	4.4	8.7	33.5	1.7	3.9	5.5	0.0	6634.5	658.17	16.63	128.44	803.23	2862.87
B01	0.0	14.3	2.6	0.0	0.0	1.0	0.9	0.0	0.2	0.5	0.1	0.3	10.9	6.9	0.6	1.2	0.2	1.0	2115.7	52.24	0.25	84.65	137.13	1452.19
B02	0.0	0.0	3.9	0.0	0.0	0.0	3.0	0.1	0.0	0.1	0.0	0.0	0.1	0.3	0.0	0.1	0.2	0.1	822.5	9.57	-0.26	-7.84	1.48	158.77
B03	0.0	0.0	0.0	0.0	0.0	0.0	0.0	0.0	0.0	0.0	0.4	0.1	0.1	0.0	0.0	0.0	0.1	0.0	1232.8	0	4.62	-210.61	-205.99	491.68
B04	0.0	119.9	1.2	0.0	0.0	0.1	0.0	0.0	0.0	0.0	0.0	0.1	0.1	0.0	0.4	0.4	0.1	0.2	404.4	0.8	0.05	-12.27	-11.42	161.01
B05	0.1	15.8	93.7	1.1	1.1	37.0	461.4	1.2	1.1	9.9	0.9	0.8	0.8	34.7	3.0	6.0	37.1	1.0	2958.7	494.21	2.84	506.46	1003.51	2660.01
B06	0.0	30.5	10.0	0.1	0.3	3.5	8.5	1.2	3.1	11.2	1.3	1.6	0.4	29.7	0.8	5.6	1.0	1.5	2153.0	10.39	0.28	123.72	134.4	603.01
B07	0.2	36.9	13.5	0.2	1.0	18.4	2.0	3.9	3.3	11.7	0.5	1.3	1.3	8.7	6.6	4.8	6.2	8.4	624.3	316.99	0.09	-56.55	260.52	453.76
B08	0.1	124.6	3.9	0.2	0.6	7.3	1.9	2.9	9.5	3.1	0.3	1.3	1.7	28.7	9.8	8.2	3.0	9.9	648.4	27.6	87.46	-3.42	111.64	320.71
B09	0.1	19.4	12.9	1.1	16.0	25.9	3.8	43.0	7.1	65.6	1.2	10.1	2.0	33.0	36.7	9.2	25.0	55.2	1225.3	32.19	0.16	91.47	123.82	497.25
B10	0.3	123.7	507.5	1.1	0.8	19.8	5.0	14.0	6.1	34.2	0.7	8.5	5.4	26.1	12.8	4.1	2.5	22.5	1900.5	27.67	0.64	-77.25	-48.94	408.7
B11	2.6	244.8	47.8	0.1	2.9	22.2	6.9	5.7	33.4	22.6	10.9	9.2	9.1	86.3	11.9	294.5	10.7	22.6	5860.0	136.3	7.7	45.8	189.8	1378.88
B12	0.2	1252.2	5.4	0.1	0.1	0.0	2.7	0.1	0.1	0.2	0.5	0.5	1.6	0.9	14.2	14.1	1.7	9.3	3141.1	76.51	119.56	652.82	748.89	2533.07
B13	0.1	912.1	4.7	0.0	0.1	0.1	0.1	0.0	0.3	0.3	0.2	1.6	0.4	3.4	0.5	0.3	0.1	0.2	5887.6	16.16	28.08	766.28	810.52	2266.83
B14	0.8	140.8	7.7	0.0	0.9	0.5	0.9	1.7	13.9	13.8	1.2	8.2	0.8	24.1	2.0	1.7	0.9	1.1	1157.8	9.33	293.24	-70.37	232.21	363.75

（续表）

行业	B24	B25	C01	C02	C03	C04	C05	C06	C07	C08	C09	C10	C11	C12	C13	C14	C15	C16	中间使用	总消费	资本总额	净流出	最终使用	总产出
B15	0.6	156.0	25.9	0.4	3.3	8.3	0.8	2.3	2.5	4.1	4.1	2.3	1.8	2.3	11.5	76.7	1.1	2.3	2000.7	4.94	2414.9	-995.58	1424.26	1589.09
B16	0.4	33.4	114.3	2.8	3.9	35.5	2.5	3.8	11.4	34.0	0.5	4.5	2.5	42.3	3.8	1.1	1.6	8.9	1284.7	85.73	802.89	-585.61	303.01	1511.37
B17	0.3	263.5	7.4	0.1	27.1	17.2	2.5	2.9	14.8	37.0	2.2	12.7	2.5	16.3	8.6	9.0	2.4	6.1	1366.0	21.94	394.51	-122.35	294.11	1488.07
B18	0.0	15.2	7.4	0.2	61.1	9.9	0.7	1.5	25.3	83.5	2.5	14.4	1.8	27.2	2.3	0.9	2.7	4.7	2275.5	60	208.16	-300.74	-32.58	70.92
B19	0.2	28.4	3.5	0.0	8.5	1.3	0.4	3.2	6.6	8.2	6.3	20.7	3.4	12.6	12.9	1.7	1.2	1.7	325.9	4.88	55.7	-19.98	40.6	109.23
B20	0.1	39.0	2.2	0.0	0.9	1.2	1.3	1.8	4.5	6.0	0.2	0.9	0.6	7.3	0.9	1.2	0.9	3.9	321.5	19.85	2.25	39.97	62.07	208.59
B21	0.0	0.0	0.0	0.0	0.0	0.0	0.0	0.0	0.0	0.0	0.0	0.0	0.0	0.0	0.0	0.0	0.0	0.0	252.4	0	0.01	-0.06	-0.05	11.31
B22	7.5	66.1	31.0	0.6	15.6	58.8	20.8	12.3	5.4	12.9	1.8	3.5	6.7	17.5	45.5	12.5	7.7	39.6	2291.3	59.41	0	-6.68	52.72	608.9

行业	A01	B01	B02	B03	B04	B05	B06	B07	B08	B09	B10	B11	B12	B13	B14	B15	B16	B17	B18	B19	B20	B21	B22	B23
B23	0.1	0.2	0.2	2.7	1.3	0.6	0.7	0.2	0.1	0.2	2.1	12.7	19.1	12.0	1.0	4.9	1.1	1.2	1.6	0.2	0.3	0.2	1.6	9.8
B24	0.6	1.5	0.7	0.3	0.7	1.4	1.0	0.6	0.2	1.0	0.7	5.7	2.7	2.3	0.9	1.6	0.9	0.9	1.0	0.2	0.2	0.2	3.8	0.0
B25	17.4	9.9	3.0	0.7	0.1	3.0	0.6	0.5	0.6	0.7	1.7	5.2	3.2	5.0	0.9	6.1	1.4	1.1	0.7	0.3	0.3	0.2	4.2	0.2
C01	52.5	65.3	12.7	30.3	17.0	89.8	34.2	26.2	22.6	33.7	49.8	179.5	190.2	150.5	46.8	154.8	45.2	78.2	48.1	14.0	13.9	13.6	59.8	2.6
C02	2.2	1.1	0.2	0.3	0.2	0.6	1.0	1.4	0.3	0.7	0.4	3.6	1.1	1.7	0.7	4.9	0.6	2.0	1.3	0.5	0.1	0.0	0.7	0.0
C03	7.7	5.4	1.5	0.7	0.7	3.1	2.4	3.5	1.5	2.7	4.7	16.9	5.2	25.6	4.3	15.7	3.7	7.3	30.6	1.7	0.8	0.4	8.1	0.1
C04	149.4	28.1	5.5	16.1	12.2	201.8	55.1	37.8	18.0	48.5	50.4	175.9	235.1	167.3	31.6	131.3	127.7	168.6	75.0	11.6	10.9	7.9	49.4	1.5
C05	9.2	35.8	7.2	8.8	5.5	12.3	8.2	6.3	4.8	10.3	7.8	41.3	35.2	35.1	22.5	80.9	17.5	29.9	10.6	7.0	2.2	1.5	15.8	1.3
C06	17.7	23.9	6.1	6.9	9.3	12.7	19.1	7.7	11.5	9.6	7.0	69.8	54.2	60.2	11.0	48.0	14.5	27.3	67.7	5.5	3.9	4.5	78.4	1.2
C07	0.9	1.2	0.1	0.7	0.3	2.8	3.4	8.5	1.3	3.5	0.3	7.9	3.1	1.6	5.2	10.9	2.3	5.5	8.9	2.0	1.4	0.5	0.7	0.1

（续表）

行业	A01	B01	B02	B03	B04	B05	B06	B07	B08	B09	B10	B11	B12	B13	B14	B15	B16	B17	B18	B19	B20	B21	B22	B23
C08	6.0	8.3	0.4	1.1	0.6	18.8	5.9	23.5	3.0	7.7	4.9	68.3	10.9	12.6	6.3	37.1	22.9	52.4	34.3	5.8	1.7	1.4	7.1	0.4
C09	2.3	1.7	0.3	0.2	0.0	0.7	0.8	0.6	0.1	0.4	0.3	8.1	1.0	7.4	0.7	13.6	10.5	7.8	15.1	2.5	0.1	0.1	0.9	0.0
C10	13.9	10.2	1.8	3.3	1.0	6.4	2.6	2.2	0.7	3.0	2.2	23.7	7.5	16.0	6.5	29.1	12.9	10.4	13.6	2.5	0.4	0.6	8.4	0.2
C11	5.9	2.5	0.2	0.3	0.5	0.5	3.3	0.1	0.1	1.3	0.5	5.5	1.4	2.0	0.2	2.5	0.8	1.0	0.4	0.1	0.1	0.1	5.0	0.1
C12	23.9	31.0	0.8	1.7	1.1	3.0	2.7	2.4	0.8	2.5	1.4	25.2	10.0	28.4	3.3	10.6	4.1	4.0	4.9	0.8	0.2	3.6	27.9	0.2
C13	2.3	12.9	0.3	1.1	0.3	1.7	0.6	0.4	0.6	0.8	0.2	2.8	3.2	2.5	1.3	7.5	1.2	1.7	0.7	0.6	0.1	0.0	2.0	0.1
C14	3.7	10.8	13.6	3.5	0.7	2.1	2.0	1.3	0.6	2.1	0.5	7.4	6.1	11.4	4.8	24.7	9.0	6.3	7.5	2.7	0.6	0.4	18.8	0.2
C15	1.3	3.0	0.6	0.9	1.1	1.9	2.1	2.1	0.7	1.2	0.7	7.2	3.8	4.8	2.1	8.2	1.9	3.4	3.6	0.9	0.3	0.3	5.3	0.2
C16	7.5	0.0	0.0	0.0	0.0	0.2	0.1	0.1	0.1	0.0	0.0	0.3	0.3	0.2	0.1	0.2	0.1	0.1	0.2	0.0	0.3	0.0	0.1	0.0
中间投入	3484	1275	159	457	203	4243	2545	1265	697	1080	1089	5352	3055	5078	1177	3774	1866	2411	2632	343	343	201	1655	70
增加值	4714	861	164	246	90	1518	712	401	255	402	308	1624	1151	1315	390	1337	715	749	712	128	123	15	556	26
总投入	8198	2136	323	703	293	5762	3258	1666	953	1482	1398	6975	4206	6393	1568	5110	2581	3161	3343	471	466	216	2211	97

行业	B24	B25	C01	C02	C03	C04	C05	C06	C07	C08	C09	C10	C11	C12	C13	C14	C15	C16	中间使用	总消费	资本总额	净流出	最终使用	总产出
B23	0.1	0.6	0.8	0.0	0.2	0.0	3.7	0.0	0.0	0.5	0.0	0.1	0.0	0.5	0.2	0.1	0.2	0.1	81.1	34.3	0.1	-18.8	16	97
B24	0.9	6.8	1.4	0.1	0.5	1.5	1.1	0.5	0.2	0.7	0.2	0.4	0.3	1.9	4.6	1.1	0.7	3.2	55.1	20.1	0.0	-28.3	-8	47
B25	0.2	42.8	45.6	3.0	3.6	31.8	8.7	9.2	15.6	6.8	0.3	2.0	3.6	13.0	8.9	17.4	4.6	13.5	297.6	96.8	6985.0	-627.1	6455	6752
C01	0.5	446.7	322.8	4.1	15.2	224.1	8.6	36.4	10.4	51.8	4.3	21.1	3.5	27.0	31.2	5.9	8.9	50.9	2704.1	1407.0	1143.3	-100.7	450	3154

（续表）

行业	B24	B25	C01	C02	C03	C04	C05	C06	C07	C08	C09	C10	C11	C12	C13	C14	C15	C16	中间使用	总消费	资本总额	净流出	最终使用	总产出
C02	0.0	1.5	0.7	1.7	0.8	2.1	1.5	5.0	0.9	2.8	0.2	1.2	0.3	2.1	3.8	0.4	0.9	8.2	59.4	2.8	0.0	6.1	9	68
C03	0.2	67.6	25.7	0.7	35.5	29.1	3.2	41.6	3.7	6.0	0.8	2.7	1.9	5.3	13.8	8.5	4.2	24.6	430.3	386.1	124.8	-14.2	497	927
C04	0.6	194.7	54.7	12.2	129.3	10.9	52.6	9.3	8.7	17.9	1.9	6.0	3.6	25.4	14.9	28.6	7.7	12.6	2408.1	378.7	262.9	94.1	736	3144
C05	0.6	59.6	54.8	0.3	15.4	116.7	9.0	53.1	30.3	94.5	7.3	28.5	8.9	27.2	65.7	10.0	17.8	161.9	1178.4	535.1	0.0	-5.4	530	1708
C06	2.3	45.4	140.1	0.3	9.1	54.1	11.0	79.3	24.0	40.8	0.7	10.3	4.1	20.6	38.3	2.5	6.8	34.0	1101.1	458.1	37.2	-188.2	307	1408
C07	0.0	3.8	18.0	0.4	15.8	80.2	9.6	22.1	8.2	22.7	0.5	3.6	1.1	31.0	12.1	5.9	9.0	11.1	328.1	1838.2	505.5	-194.7	1149	1477
C08	0.2	37.9	14.7	1.7	35.5	71.4	12.4	61.2	35.8	50.3	1.0	9.6	3.3	25.2	11.8	6.1	12.0	6.0	737.2	439.7	0.0	7.6	447	1185
C09	0.0	14.5	0.6	0.0	1.2	1.2	0.0	0.6	0.1	0.4	1.3	0.9	0.1	0.7	0.8	0.2	0.6	0.0	98.3	40.3	6.5	-23.4	23	122
C10	0.1	80.7	3.9	0.0	2.6	3.2	0.2	0.3	0.8	0.5	0.8	20.5	0.6	1.8	0.8	0.6	0.2	0.5	296.7	93.8	53.3	-21.3	126	422
C11	6.0	0.4	0.8	0.0	0.2	0.8	0.3	1.7	0.5	9.5	0.1	0.1	3.7	2.7	2.8	0.2	0.3	3.4	67.7	176.6	0.0	-14.2	162	230
C12	0.6	16.5	54.2	0.1	5.5	28.6	12.9	7.4	9.3	23.4	0.5	6.1	5.0	75.0	9.3	6.4	7.0	18.4	480.8	534.5	0.0	64.1	599	1079
C13	0.3	1.3	8.3	0.1	1.9	10.6	1.3	9.8	3.9	7.1	1.0	1.9	1.2	1.7	15.7	6.1	1.5	59.6	177.7	1232.5	0.0	-224.1	1008	1186
C14	0.1	1.8	0.9	0.0	0.2	0.2	0.3	1.0	0.2	0.1	0.4	0.7	1.2	0.5	10.9	3.7	1.4	23.6	187.9	942.4	0.0	-147.8	795	983
C15	0.2	12.1	8.0	0.3	4.6	15.3	3.3	9.3	6.4	9.5	0.8	3.3	1.7	8.2	9.0	3.0	14.2	21.8	188.1	246.7	0.0	-56.4	190	378
C16	0.0	0.6	1.0	0.1	0.5	2.6	0.1	10.2	7.6	7.1	0.3	2.5	0.5	1.6	1.9	2.3	6.6	9.4	64.4	1664.0	0.0	-96.7	1567	1632
中间投入	27	4732	1722	32	421	975	969	460	320	714	63	228	107	713	443	566	216	663	57827	14301	16822	-79	31043	88870
增加值	20	2020	1432	36	506	2169	739	949	1157	470	59	194	123	367	743	416	162	969	3043				3043	
总投入	47	6752	3154	68	927	3144	1708	1408	1477	1185	122	422	230	1079	1186	983	378	1632	88870				88870	

① 2009 年全国及各省分行业产值、增加值资料。

② 2009 年全国及各省分行业的用水量资料。

③ 2009 年淮河流域及流域各省用水量统计表。

④ 2009 年淮河流域及流域各省投入产出表。

资料来源：中国统计年鉴 2010 年、河南省 2009 年投入产出表、安徽省 2009 年投入产出表、江苏省 2009 年投入产出表、山东省 2009 年投入产出表、淮河河南 2009 年投入产出表、淮河安徽 2009 年投入产出表、淮河江苏 2009 年投入产出表、淮河山东 2009 年投入产出表、中国经济普查年鉴 2008 年、中国水资源公报 2009 年、淮河流域水资源公报 2009 年、淮河流域及山东半岛水资源综合规划。

农业用水定额：根据中国水资源公报，得出各省农田灌溉，林、牧、渔用水量；结合各省农业增加值信息，计算万元增加值农田灌溉用水量，计算淮河流域各省相关定额。

工业用水定额：根据《中国经济普查年鉴 2008 年》的行业用水及行业增加值信息，计算行政省工业用水定额，根据中国水资源公报成果进行总量复核与协调平衡；以行政省工业用水定额为基础，根据淮河流域水资源公报成果进行工业用水总量复核与协调，综合确定淮河流域各省工业分行业用水定额。

建筑业用水定额：根据淮河流域水资源公报建筑业用水量，结合相应建筑业增加值，计算淮河流域各省建筑业用水定额；行政省建筑业用水定额采用淮河流域各省建筑业用水定额。

三产用水定额：采用本书研究组已完成的 2005 年黄河流域三产用水定额成果，结合行政省三产用水总量进行总控协调，测算行政省三产用水定额；在行政省三产分行业用水定额基础上，按照淮河流域水资源公报三产用水量成果进行用水量复核与协调，测算淮河流域各省三产用水定额。

采用定额法确定 2009 年淮河流域分行业用水量，结合 2009 年淮河流域各省增加值信息，推算而得。

（2）排污量推算

我国现行统计制度缺乏对国民经济行业污水及污染物质排放等指标的统计。本研究以国民经济行业部门的万元增加值污水排放量（污染物质排放量），作为经济行业排放定额指标。采用统计数据调研、相关性分析相结合的方法，分别确定淮河河南、淮河安徽、淮河江苏、淮河山东行业排放定额，在此基础上综合得出淮河流域国民经济行业排放定额。为满足研究需要，结合国民经济行业用水推算数据（表 5-7），主要对以下相关数据资料进行收集与整编。

① 2009 年全国及各省分行业的 COD、氨氮排放量。

② 2009 年全国及各省分行业的公共生活 COD、氨氮排放量。

资料来源：中国统计年鉴、河南省 2009 年投入产出表、安徽省 2009 年投入产出表、江苏省 2009 年投入产出表、山东省 2009 年投入产出表、淮河河南 2009 年投入产出表、淮河安徽 2009 年投入产出表、淮河江苏 2009 年投入产出表、淮河山东 2009 年投入产出表、2009 年中国环境统计年报、淮河流域水资源公报、淮河流域及山东半岛水资源综合规划。

表5-7 淮河流域18行业增加值、用水量与用水定额

淮河流域各省		煤炭	石油	其他采掘	食品	纺织	造纸	化学	建材	冶金	机械	电子	电力	其他工业	建筑	运输	批发	其他服务	合计	工业小计	建筑业及三产	流域省
增加值/亿元	河南	1644	537	196	239	724	294	155	350	704	635	675	55	161	167	521	468	670	2230	10425	4892	3889
	安徽	878	180	23	26	165	61	28	101	115	206	338	29	107	35	263	200	271	891	3917	1415	1625
	江苏	1309	35	86	14	206	447	111	651	132	538	1093	593	183	94	756	457	618	2374	9698	4183	4205
	山东	883	109	193	57	423	311	107	522	200	327	696	162	105	117	480	342	610	1359	7003	3329	2791
用水量/万m³	河南	74	3.32	0.78	1.34	2.02	0.57	2.32	3.07	1.31	3.32	0.79	0.08	3.75	0.68	0.89	0.04	0.07	1.08	99.43	23.35	2.08
	安徽	80.55	1.23	0.26	0.68	1.41	0.65	0.53	2.07	1.58	2.86	0.9	0.07	17.74	0.12	0.49	0.06	0.1	1.16	112.46	30.1	1.81
	江苏	206.43	0.06	0.15	0.1	0.2	1.25	0.27	1.71	0.17	0.82	0.41	0.45	19.59	0.12	0.59	0.53	0.51	2.73	236.09	25.3	4.36
	山东	58.61	0.34	0.38	0.84	0.68	0.46	0.7	1.49	0.22	0.48	0.33	0.07	1.46	0.1	0.41	0.13	0.17	0.46	67.33	7.55	1.17
用水定额/(m³/万元)	河南	450	61.8	39.8	56.0	27.9	19.4	149.2	87.8	18.6	52.3	11.7	14.6	232.2	40.7	17.1	0.9	1.0	4.8	95.4	47.7	5.4
	安徽	918	68.4	112.5	257.5	85.7	106.4	190.8	204.6	137.0	139.0	26.6	23.8	1654.7	34.3	18.6	3.0	3.7	13.0	287.1	212.8	11.1
	江苏	1577	17.1	17.5	72.4	9.7	28.0	24.2	26.3	12.9	15.2	3.8	7.6	1073.4	12.7	7.8	11.6	8.3	11.5	243.5	60.5	10.4
	山东	664	31.3	19.7	147.7	16.1	14.8	65.3	28.6	11.0	14.7	4.7	4.3	139.2	8.5	8.5	3.8	2.8	3.4	96.1	22.7	4.2

农业污染物质排放定额：农业污染物质排放属于面源排放，本次不对其进行研究。

工业污水及污染物质排放定额：根据 2009 年环境统计年报，特别是重点行业污水、污染物质排放量及工业产值信息，推算全国工业行业污水、污染物质排放定额；结合各省工业行业产值信息，测算各省污水及污染物排放量，依据各省环境年报成果，采用总控原则，综合确定各省行业污水及污染物排放定额，并计算相应污水及污染物质排放量；以各省行业排放定额为依据，结合淮河流域水资源公报污水及污染物质排放信息，进行淮河流域污水及污染物质排放定额测算。

建筑业及三产污水及污染物质排放定额：根据淮河流域 2009 年公共生活污水排放资料，在各省人均污染物质排放水平相同的假定下，由建筑业及三产从业人员推算建筑业及三产污染物质排放量（同时得出城镇居民生活污水及污染物质排放量），并结合产值信息，计算污染物质行业排放定额。

采用定额法确定 2009 年分行业污水及污染物质排放量，结合 2009 年淮河流域各省产值信息，推算而得。

2. 水资源经济环境的投入产出分析

水资源作为国民经济活动的重要投入要素，为国民经济行业有序、稳定的发展提供有力的支撑。将水资源利用纳入投入产出表体系，分析水资源利用对国民经济行业发展的贡献及对国民经济行业结构的影响是十分必要的，同时也是切实可行的。然而，由于国民经济各行业用水方式及用水效率存在差异，采用用水指标难以准确刻画各行业的用水本质，从而使分析结果与实际情况不一致。耗水指标从国民经济行业耗水量出发，不考虑其对水资源的取用情况，能够从本质上描述水资源投入与行业经济发展的关系。因此，本研究将耗水指标及用水指标一起纳入投入产出分析中，进行更加全面、客观的分析。

（1）用水（耗水）系数分析

用水（耗水）系数包括：直接用水（耗水）系数、完全用水（耗水）系数和用水（耗水）乘数。

直接用水（耗水）系数采用万元产值用水（耗水）量表示，即

$$P_j^i = Q_j^i / X_j^i \quad (j=1, 2, \cdots, n) \tag{5-1}$$

式中，P_j^i 为 i 指标第 j 行业万元产值用水（耗水）量；Q_j^i 为 i 指标第 j 行业用水（耗水）量；$i=1$ 时为用水指标，$i=2$ 时为耗水指标，下同。

完全用水（耗水）系数。由于经济系统行业间存在技术联系，某经济行业增加利用水量，会使其他相关行业产生连锁反应，相应也会增加利用水量。因此，某一行业的完全用水（耗水）系数指该行业每增加一万元产值的最终产品，使整个经济系统所累计增加的用水（耗水）量。将矩阵 P_j^i 左乘 $X=(I-A)^{-1}Y$，则有

$$P_j^i X = P_j^i \times (I-A)^{-1} Y \tag{5-2}$$

设完全用水（耗水）矩阵为

$$CP_j^i = P_j^i \times (I-A)^{-1} = [cp_{kl}]_{(n \times n)} \qquad (5-3)$$

则完全用水（耗水）系数为：

$$CP_j^i = \sum_{k=1}^{n} cp_{kl} \qquad (5-4)$$

用水（耗水）乘数，即某经济行业增加单位产值使整个经济系统所增加的用水（耗水）量，用于反映经济行业发展用水（耗水）的乘数效应。第 j 行业万元产值用水（耗水）乘数计算公式为

$$MP_j^i = CP_j^i / P_j^i \qquad (5-5)$$

（2）用水（耗水）产出系数分析

用水（耗水）产出系数包括：直接产出系数、完全产出系数和产出乘数。

直接产出系数。某经济行业用水（耗水）直接产出系数为该行业增加（或减少）单方用水（耗水）所新增（或减少）的产值量。第 j 行业单方用水（耗水）产值产出系数为

$$OP_j^i = X_j / Q_j^i = 10000 / P_j^i \qquad (j=1, 2, \cdots, n) \qquad (5-6)$$

完全产出系数。完全产出系数用来反映某经济行业增加（或减少）单方用水（耗水）所引起的整个经济系统经济价值量的变化量。引进对角矩阵 OP，$OP = [OP_{kl}]$，$OP_{kl} = OP_k = OP_l (k=l)$，设完全产出矩阵 COP，则 COP 为

$$COP_j^i = (I-A)^{-1} OP = [Cop_{kl}]_{(n \times n)} \qquad (5-7)$$

第 j 行业完全产出系数为

$$COP_j^i = \sum_{k=1}^{n} Cop_{kl} \qquad (5-8)$$

产出乘数。某经济行业产出乘数为该行业每增加（或减少）单位用水（耗水）量所引起的整个经济系统产出价值量的增加（或减少）量，用于反映经济行业允许用水（耗水）的产出乘数效应。第 j 行业用水（耗水）产出乘数计算公式为

$$MOP_j^i = COP_j^i / OP_j^i \qquad (5-9)$$

（3）污染物质排放系数分析

经济活动不仅伴有资源的投入，还伴有资源利用过程中产生的污染物质等"负"产出。污染物质排放系数在投入产出框架下，将经济活动的"正"产出——产值，与经济活动的"负"产出——污染物质（COD、氨氮排放物等）建立联系，从产出端刻画水资源的投入引起的正效应与负效应。污染物质排放系数包括：直接排放系数、完全排放系数和排放乘数 3 类。

直接排放系数。某经济行业污染物质直接排放系数为该行业新增（或减少）单位产值所增加（或减少）排放的污染物质排放量。第 j 行业直接排放系数为

$$WP_j^i = W_j^i / X_j \quad (j = 1, 2, \cdots, n) \tag{5-10}$$

式中，W_j^i 为第 j 行业污染物质 i 排放量；$i = 1$，2 时分别表示 COD 指标、氨氮指标。

完全排放系数。完全排放系数反映了某经济行业增加（或减少）单位产值所引起的整个经济系统污染物质排放量的变化。引进对角矩阵 WP，$WP = [WP_{kl}]$，$WP_{kl} = WP_k = WP_l (k = l)$，完全排放矩阵 WCP，则 WCP 为

$$WCP_j^i = (I - A)^{-1} WP = [Wcp_{kl}]_{(n \times n)} \tag{5-11}$$

第 l 行业完全产出系数为：

$$WCP_j^i = \sum_{k=1}^{n} Wcp_{kl} \tag{5-12}$$

排放乘数。某经济行业排放乘数表现为单个经济系统对污染物质排放的放大作用，其值为完全排放系数除以直接排放系数。第 j 行业排放乘数计算公式为

$$WMP_j^i = WCP_j^i / WP_j^i \tag{5-13}$$

（4）用水（耗水）、排污的特性指标

相对用水（耗水）系数。某经济行业相对用水（耗水）系数为该行业直接用水（耗水）系数和经济系统综合平均用水（耗水）系数的比值，该指标可用于分析、比较不同经济行业用水（耗水）水平的高低。计算公式为

$$RP_j^i = P_j^i / P_0^i \left(\text{其中}, \ P_0^i = \sum_{j=1}^{n} Q_j^i / \sum_{j=1}^{n} X_j \right) \tag{5-14}$$

式中，RP_j^i 为第 j 行业产值相对用水（耗水）系数；P_0^i 为系统产值综合平均用水（耗水）系数；$i = 1$ 时为用水指标，$i = 2$ 时为耗水指标。

相对用水（耗水）结构系数。为了反映某经济行业用水（耗水）对经济系统的影响程度，引进相对用水（耗水）结构系数指标，其反映的是各行业用水（耗水）量占总用水（耗水）量的比重。相对用水（耗水）结构系数 RS_j^i 的计算公式为

$$RS_j^i = (Q_j^i / Q_0^i) / \left(\sum_{j=1}^{n} (Q_j^i / Q_0^i) / n \right) \tag{5-15}$$

式中，$Q_0^i = \sum_{j=1}^{n} Q_j^i$ 为总用水（耗水）量；j 为行业序号；n 为行业数。

相对用水（耗水）乘数。某经济行业相对用水（耗水）乘数为该行业用水（耗水）乘数与各行业用水（耗水）乘数的平均值的比值。该指标主要反映各经济行业用水（耗水）水平对经济系统用水（耗水）总量的影响程度。

设 RMP_j^i 为第 j 行业相对用水（耗水）乘数，则其计算公式如下

$$RMP_j^i = MP_j^i/(\sum_{j=1}^{n} MP_j^i/n) \quad （n \text{为行业数}） \qquad (5-16)$$

用水（耗水）相对产出系数。某经济行业用水（耗水）相对产出系数为该行业用水（耗水）的产出系数与经济系统平均产出系数的比值，计算公式为

$$ROP_j^i = OP_j^i/OP_0^i （\text{其中，} OP_0^i = \sum_{j=1}^{n} X_j / \sum_{j=1}^{n} Q_j^i = 10000/P_0^i） \qquad (5-17)$$

用水（耗水）相对产出乘数。用水（耗水）相对产出乘数为该行业用水（耗水）产出乘数与经济系统平均产出乘数的比值。

$$RMOP_j^i = MOP_j^i/(\sum_{j=1}^{n} MOP_j^i/n)（n \text{为行业数}） \qquad (5-18)$$

相对排放系数。某经济行业相对排放系数为该行业直接排放系数和经济系统综合平均排放系数的比值，该指标给出了经济系统行业的排放水平，计算公式为

$$WRP_j^i = WP_j^i/WP_0^i （\text{其中，} WP_0^i = \sum_{j=1}^{n} W_j^i / \sum_{j=1}^{n} X_j） \qquad (5-19)$$

相对排放结构系数。为了反映行业污染物质排放量对经济系统的影响程度，引进相对排放结构系数指标，其反映了各行业污染物质排放量占总排放量的比重。相对排放结构系数的计算公式为：

$$WRS_j^i = (W_j^i / W_0^i)/\left[\sum_{j=1}^{n} (W_j^i / W_0^i)/n\right]（j \text{为行业序号，} n \text{为行业数}） \qquad (5-20)$$

式中，$W_0^i = \sum_{j=1}^{n} W_j^i$ 为污染物质总排放量。

相对排放乘数。某经济行业相对排放乘数为该行业排放乘数与各行业排放乘数的平均值的比值。该指标主要反映各经济行业污染物质排放水平对经济系统污染物质排放总量的影响程度，计算公式为

$$WRMP_j^i = WMP_j^i/(\sum_{j=1}^{n} WMP_j^i/n) \quad （n \text{为行业数}） \qquad (5-21)$$

（5）国民经济行业用水（耗水）、排放判别标准

国民经济行业用水（耗水）有量的绝对性及质的相对性。不同行业用水（耗水）水平相差很大。为了更好地刻画国民经济行业的用水（耗水）差别，本研究拟不分析农业用水（耗水）的特性，致力于研究国民经济非农行业的国民经济用水（耗水）、排放特性。

国民经济行业用水（耗水）特性综合分析，就是从行业用水（耗水）的水投入系数和行业用水（耗水）的水产出系数两方面，分析、比较水的投入与产出关系及其对

经济系统的影响程度，以判定和权衡节水高效型国民经济产业结构的调整方向。国民经济行业用水（耗水）程度是相对的，其衡量的基础是当地国民经济系统总体用水水平。衡量国民经济行业用水（耗水）程度的标准有：各行业用水（耗水）量占总用水（耗水）量的比重，反映了用水（耗水）的结构和各行业用水（耗水）相对指标的比较。从水量的占用来说，国民经济系统以减少水资源量的用水为目标，从水量的消耗来说，国民经济系统以减少水资源量的耗水为目标，而从经济产出来说，国民经济系统以总体正产出最大及负产出最小为目标。对于具体的经济系统而言，目标可以完全重合，也可能发生背离。当目标发生背离时，如何确定国民经济发展方向，以尽可能少的水资源占用及消耗，追求尽可能多的经济产出及尽可能小的污染物质排放，需要进行科学判别和正确抉择。判别与抉择的基础是进行定量分析和计算。因此，需要引进评价指标，并提出评价方法。

对于高用水（耗水）行业，采用相对用水（耗水）系数及相对用水（耗水）结构系数来描述行业用水（耗水）效率的特性。相对用水（耗水）系数与相对用水（耗水）结构系数相比考虑了行业在产业中的经济地位权重，其反映了行业用水（耗水）的能力特性，而相对用水（耗水）结构系数反映了用水（耗水）总量特性，二者有机结合更能描述国民经济行业用水（耗水）特性。相对用水（耗水）结构系数或相对用水（耗水）系数大于或等于1的行业为高用水（耗水）行业。相对用水（耗水）结构系数大于或等于1，表明该行业用水（耗水）水平大于或等于经济系统的平均水平；相对用水（耗水）系数大于或等于1，表明该行业生产单位产品所取用（或消耗）的水量大于或等于国民经济系统的平均水平。显然，这些行业可以被定义为高用水（耗水）行业，其判别标准为

$$RP_j^i \geqslant 1 \text{ 或 } RS_j^i \geqslant 1 \tag{5-22}$$

式中，$i=1$ 时为用水指标，$i=2$ 时为耗水指标，下同。

一般用水（耗水）行业：相对用水（耗水）乘数和相对用水（耗水）系数均小于1的行业可以被定义为一般用水（耗水）行业。一般用水（耗水）行业判别标准为

$$RP_j^i < 1 \text{ 且 } RS_j^i < 1 \tag{5-23}$$

有些行业用水（耗水）占用水（耗水）总量的比重比较低，且其相对用水系数较小，但其用水（耗水）乘数较大。虽然这些行业目前用水（耗水）程度不高，但随着未来的发展，其用水（耗水）量将迅速提高，其占经济系统总用水（耗水）量的比重也将迅速上升，逐渐成为高用水（耗水）行业。根据乘数效应的概念，用水（耗水）乘数大的行业，其对经济系统用水（耗水）总量增长的放大倍数也大，这些行业的发展将促进整个经济系统用水（耗水）量的快速增长，因此可以将这些行业定义为潜在高用水（耗水）行业，其判别标准为

$$RMP_j^i \geqslant 1 \tag{5-24}$$

用水（耗水）相对产出系数大于或等于 1 的行业为高效用水（耗水）行业，反之则为一般用水（耗水）行业；用水（耗水）相对产出乘数大于或等于 1 的行业，为潜在高效用水（耗水）的行业。据此，提出行业产出特性的判别标准。

高效用水（耗水）行业判别标准如下。

$$ROP_j^i \geqslant 1 \tag{5-25}$$

潜在高效用水（耗水）行业判别标准为

$$RMOP_j^i \geqslant 1 \tag{5-26}$$

（6）国民经济行业排放特性判别标准

国民经济行业排放特性判别与用水（耗水）特性分析采用相同的方法。具体衡量标准有：从相对排放结构系数来看，污染物质排放量占当地污染物质总排放量比重高的行业，可以被定义为高污染行业；从相对排放指标比较看，相对排放系数大的行业，也可以被定义为高污染行业。反之，则可以被定义为一般污染行业。

有些行业相对排放系数较小，污染物质排放量占排放总量的比重比较低，但其产污乘数较大。尽管这些行业目前排放程度不高，但随着规模效应及乘数效应的显现，其污染物质排放量占经济系统总排放量的比重将迅速上升，这些行业的发展将导致整个经济系统污染物质排放量的快速增长，因此可以将这些行业定义为潜在高污染行业，反之可将其定义为潜在一般污染行业。综上所述，行业排放特性判别标准如下。

高排放行业：

$$WRP_j^i \geqslant 1 \text{ 或 } WRS_j^i \geqslant 1 \tag{5-27}$$

一般排放行业：

$$WRP_j^i < 1 \text{ 且 } WRS_j^i < 1 \tag{5-28}$$

潜在高排污行业：

$$WRMP_j^i \geqslant 1 \tag{5-29}$$

潜在一般排污行业：

$$WRMP_j^i < 1 \tag{5-30}$$

根据 2009 年淮河流域水资源投入产出表，对淮河流域 18 经济部门取水系数与用水产出系数进行计算。淮河流域国民经济用水、耗水投入产出系数分析见表 5-8、表 5-9所列。

表5-8 淮河流域国民经济用水投入产出分析

行业	万元产值用水量/万m³	完全用水系数	用水乘数	相对用水系数	相对用水结构系数	用水程度判断	潜在用水程度	直接产出系数	完全产出系数	产出乘数	相对产出系数	相对产出乘数	用水效益判断	潜在用水效益程度
农业	511.83	718.30	1.40	8.83	14.66	高	一般	20	40	2.02	0.11	0.69	一般	一般
煤炭	23.13	106.69	4.61	0.40	0.17	一般	一般	432	1157	2.68	2.51	0.92	高	一般
石油	8.64	87.45	10.12	0.15	0.05	一般	一般	1157	3645	3.15	6.71	1.08	高	高
其他采掘	29.73	111.87	3.76	0.51	0.10	一般	一般	336	991	2.95	1.95	1.01	高	高
食品	7.50	411.15	54.82	0.13	0.15	一般	高	1333	3564	2.67	7.73	0.92	高	一般
纺织	5.95	315.26	52.98	0.10	0.10	一般	高	1681	5253	3.13	9.75	1.07	高	高
造纸	25.77	192.96	7.49	0.44	0.13	一般	一般	388	1219	3.14	2.25	1.08	高	高
化学	11.96	157.72	13.19	0.21	0.29	一般	一般	836	2779	3.32	4.85	1.14	高	高
建材	7.80	99.03	12.70	0.13	0.12	一般	一般	1282	3995	3.12	7.43	1.07	高	高
冶金	9.38	100.13	10.67	0.16	0.26	一般	一般	1066	3707	3.48	6.18	1.19	高	高
机械	2.24	81.61	36.43	0.04	0.08	一般	高	4464	14994	3.36	25.89	1.15	高	高
电子	1.73	74.14	42.85	0.03	0.02	一般	高	5780	20826	3.6	33.52	1.23	高	高
电力	192.43	307.64	1.60	3.32	1.49	高	一般	52	162	3.11	0.30	1.07	一般	高
其他工业	6.07	238.93	39.36	0.10	0.04	一般	高	1647	5126	3.11	9.55	1.07	高	高
建筑	3.52	84.39	23.97	0.06	0.08	一般	高	2841	8892	3.13	16.47	1.07	高	高
运输	2.36	74.24	31.46	0.04	0.03	一般	高	4237	10616	2.51	24.57	0.86	高	一般
批发	2.70	44.61	16.52	0.05	0.03	一般	一般	3704	6659	1.8	21.48	0.62	高	一般
其他服务	4.26	88.50	20.78	0.07	0.19	一般	一般	2347	5251	2.24	13.61	0.77	高	一般

表 5-9 淮河流域国民经济耗水投入产出分析

行业	万元产值耗水量/万 m³	完全耗水系数	耗水乘数	相对耗水系数	相对耗水结构系数	耗水程度判断	潜在耗水程度	直接产出系数	完全产出系数	产出乘数	相对产出系数	相对产出乘数	耗水效益判断	潜在耗水效益程度
农业	402.51	559.35	1.39	10.01	16.63	高	一般	25	50	2.02	0.10	0.69	一般	一般
煤炭	3.70	46.67	12.61	0.09	0.04	一般	一般	2703	7232	2.68	10.86	0.92	高	一般
石油	1.60	40.45	25.28	0.04	0.01	一般	一般	6250	19686	3.15	25.12	1.08	高	高
其他采掘	5.73	45.02	7.86	0.14	0.03	一般	一般	1745	5142	2.95	7.02	1.01	高	高
食品	2.69	313.07	116.38	0.07	0.08	一般	高	3717	9937	2.67	14.94	0.92	高	一般
纺织	2.13	234.41	110.05	0.05	0.05	一般	高	4695	14675	3.13	18.87	1.07	高	高
造纸	9.24	120.96	13.09	0.23	0.07	一般	一般	1082	3399	3.14	4.35	1.08	高	高
化学	3.10	94.32	30.43	0.08	0.11	一般	一般	3226	10722	3.32	12.97	1.14	高	高
建材	1.62	50.04	30.89	0.04	0.03	一般	一般	6173	19235	3.12	24.81	1.07	高	高
冶金	1.93	44.90	23.27	0.05	0.08	一般	一般	5181	18016	3.48	20.83	1.19	高	高
机械	0.48	42.77	89.11	0.01	0.03	一般	高	20833	69970	3.36	83.74	1.15	高	高
电子	0.34	40.77	119.92	0.01	0.01	一般	高	29412	105970	3.60	118.23	1.23	高	高
电力	58.22	107.04	1.84	1.45	0.65	高	一般	172	534	3.11	0.69	1.07	一般	高
其他工业	1.31	169.13	129.11	0.03	0.01	一般	高	7634	23752	3.11	30.69	1.07	高	高
建筑	2.80	48.13	17.19	0.07	0.10	一般	一般	3571	11179	3.13	14.36	1.07	高	高
运输	0.84	46.23	55.03	0.02	0.01	一般	高	11905	29825	2.51	47.85	0.86	高	一般
批发	0.67	27.03	40.34	0.02	0.01	一般	一般	14925	26833	1.80	60.00	0.62	高	一般
其他服务	0.90	57.90	64.33	0.02	0.06	一般	高	11111	24856	2.24	44.66	0.77	高	一般

从完全用水（耗水）系数来看，农业每增加 1 万元产值，占用 718.3m³ 的水量，消耗 559.35m³ 水量；其中农业自身生产过程占用 511.83m³ 水量，消耗 402.51m³ 水量，而经济系统的放大效应，使经济系统其他部门占用约 206.47m³ 水量，消耗 156.84m³ 水量；从比较分析角度看，完全用水系数大的行业，其生产、发展所需新增的用水量也相应要大。

对用水（耗水）乘数分析，农业用水乘数最低为 1.4，这表明其间接用水量为其直接用水量的 40%。用水（耗水）乘数可以对各行业用水的乘数效应进行比较分析。如食品工业万元产值用水量为 7.5m³/万元，仅为农业的 1.4%，但其用水乘数却是农业的 39 倍，位列全部行业之首。这表明农业每增加 1m³ 用水量，会使经济系统增加 1.4m³ 用水量；而食品工业每增加 1m³ 用水量，会使经济系统增加 54.82m³ 用水量。可见，用（耗）水乘数大的行业新增用（耗）水量对经济系统总用（耗）水量增加的影响大，反之则小。

对用水（耗水）完全产出系数分析，农业直接耗水产出系数为 25 元/m³，即农业单方耗水可以创造 25 元的产值；其完全产出系数为 50 元/m³，这表明农业增加 1m³ 的耗水量，可带动经济系统生产，其直接产出量为 25 元，间接产出量为 25 元。完全产出系数高的行业，其耗水的经济效益高，对经济系统总产出量的贡献率大，反之，其耗水效益低，对经济系统总产出量的贡献率小。

对用水（耗水）产出乘数分析，冶金行业耗水产出乘数为 3.48，这表明冶金行业增加单方耗水量，可以使整个经济系统创造的产值是其自身的 3.48 倍。批发零售业其耗水产出乘数仅为直接产出系数的 1.8 倍，虽然其产出基数较大（单方水产出 3704 元），但其提高对经济系统的发展速度则明显贡献较小。从比较分析看，耗水产出乘数大的行业，其发展对经济系统的贡献率高；从整个经济系统角度看，应鼓励产出乘数高的行业发展。

总体来说，农业为淮河流域第一用水大户，因为其在国民经济用水总量中占据绝对地位，所以其他行业用水程度并不明显。然而，从相对用水（耗水）结构系数的相对比较中依旧可以看出，淮河流域高用水（耗水）行业主要集中在以资源加工为主的工业行业，如食品行业（0.15）、冶金行业（0.26）、化学行业（0.29）、造纸行业（0.13）、电力行业（1.49）。在潜在高用水（耗水）行业中，食品、纺织、机械、电子等行业的直接用水（耗水）系数较小，但因为用水（耗水）乘数大，这些行业的发展对整个经济系统总用水（耗水）量的影响大。

以用水和耗水效率特性及其效益特性、污染物质排放特性为边界条件，将上述成果整体表述为表 5-10。

表 5-10　淮河流域国民经济用水、耗水、排放综合特性分析

行业	煤炭	石油	其他采掘	食品	纺织	造纸	化学	建材	冶金
高用水高污染	否	否	否	否	否	否	否	否	否
高耗水高污染	否	否	否	否	否	否	否	否	否

（续表）

行业	煤炭	石油	其他采掘	食品	纺织	造纸	化学	建材	冶金
高效用水低污染	否	是	否	否	否	否	否	是	否
高效耗水低污染	否	是	否	否	否	否	否	是	否
行业	机械	电子	电力	其他工业	建筑	运输	批发	其他服务	
高用水高污染	否	否	是	否	否	否	否	否	
高耗水高污染	否	否	是	否	否	否	否	否	
高效用水低污染	是	是	否	否	否	是	否	否	
高效耗水低污染	是	是	否	否	否	是	否	否	

由上述结果可知，淮河流域高用水、高耗水、高污染行业主要有电力行业，其处于产业链的最底端，但同时又是淮河流域现阶段不可或缺的行业。因此，进行产业结构调整和部门结构的升级，是缓解淮河流域水环境压力、增加有效水资源量的根本手段。建材业、机械设备工业、电子仪表、运输邮电业为高效用水（耗水）低污染行业，应该得到大力扶植和政策支持。

5.2　水资源的利用效果分析

5.2.1　评价模型构建

依照 Cobb - Dauglas 生产函数的理论方法，根据研究需要，对原有生产函数进行改造并建立了国民经济用水的数量经济学模型。为了分析用水量对国民经济的产出弹性和边际效益，把水资源作为生产要素，将其与资金和劳动力一起纳入生产函数中，建立数量经济模型为

$$Y = A K^{\alpha} L^{\beta} W^{\gamma} \qquad (5-31)$$

式中，Y 为 GDP；K、L、W 分别为资金、劳动力和水资源的投入量；α、β 和 γ 分别为资金、劳动力和水资源的增加值弹性。

5.2.2　淮河流域用水宏观经济效果评估

根据 2009 年淮河流域 42 部门的投入产出表，以总产出、投入资金、从业人数和用水量为拟合参数，通过截面数据模拟构建 Cobb - Dauglas 生产函数，分析淮河流域所利用水资源的经济贡献。

采用 EXCEL 作为拟合工具，得出模型计算结果，淮河流域 42 部门模型拟合参数和拟合精度参数见表 5-11 所示。

表 5-11 淮河流域 42 部门模型拟合参数和拟合精度参数

项目	Coefficients（系数）	标准误差	t Stat（统计量）	P-value（假定值）	下限 95.0%	上限 95.0%
截距	10.043	1.250	8.034	1.03E-09	7.512	12.573
L	0.379	0.078	4.855	0.000	0.221	0.537
K	0.188	0.107	1.763	0.086	-0.028	0.404
W	0.219	0.069	3.177	0.003	0.079	0.359

计算模型的 R^2 为 0.76，调整的 R^2 为 0.74；采用的是截面数据，根据计量经济学理论，只要对截面数据进行统计分析时其确定性系数达到 0.5 左右就认为可行，因此，本模型计算结果比较可靠。F 值为 40.7（F 的显著性为 6.11E-12），模型的参数估计通过 T 检验和 F 检验，模型的拟合精度良好。2009 年淮河流域国民经济用水的增加值弹性为 0.219，资金投入的增加值弹性系数 0.188，劳动力的增加值弹性为 0.379。

由此可得，2009 年淮河流域考虑水资源利用的生产函数（模型）为

$$Y = 22989 \times K^{0.188} \times L^{0.379} \times W^{0.219} \qquad (5-32)$$

2009 年淮河流域国民经济总用水量为 515.3 亿 m^3，经济部门总产出为 8.8870 万亿元，测算单方用水产出率为 172.5 元，各行业平均用水边际效益为 37.8 元/m^3，也就是说国民经济各行业增加使用 1m^3 水，可使行业总产出增加 172.5 元，中间水的贡献是 37.8 元。

上述模型从行业的角度，结合用水的情况，提出了计算国民经济用水边际效益的方法，其体现的边际效益是行业水平的用水边际效用，反映了用户或行业从单位用水中获得的收益。它同时也是体现行业或用户对于供水服务支付能力的一个指标。

5.2.3 淮河流域非农业用水宏观经济效果评估

鉴于淮河流域农业的基础地位及用水方式的差异性，本研究对扣除农业后的 41 个部门构建 GDP 与资金、劳动和水资源的双对数多元线性函数，以研究水资源对非农产业产出的贡献情况。41 部门模型拟合参数和拟合精度参数见表 5-12 所列。通过模型拟合，得出 R^2 为 0.82，调整后的值为 0.80，F 值为 55，模型的参数估计通过 T 检验和 F 检验，模型的拟合精度良好。

表 5-12 41 部门模型拟合参数和拟合精度参数

项目	Coefficients	标准误差	t Stat	P-value	下限 95.0%	上限 95.0%
截距	9.464	1.091	8.672	1.92E-10	7.252	11.675
L	0.440	0.069	6.340	2.18E-07	0.299	0.580
K	0.163	0.093	1.766	0.086	-0.024	0.351
W	0.309	0.064	4.804	2.58E-05	0.178	0.439

2009 年淮河流域非农产业用水的增加值弹性为 0.309，资金投入的增加值弹性系数为 0.163，劳动力的增加值弹性系数为 0.44。由此可得，2009 年淮河流域非农业用水经济效益评价模型为

$$Y = 12881 \times K^{0.163} \times L^{0.44} \times W^{0.309} \tag{5-33}$$

2009 年淮河流域非农产业单方用水产出率为 843 元，因此各行业平均的水资源利用边际效益为 260.5 元/m³，即国民经济非农产业增加使用 1m³ 水，总产出提高 843 元，其中水的贡献是 260.5 元。

可见，水资源对非农产业贡献的程度远远超过对整个国民的经济贡献程度，农业用水效率低下在一定程度上制约了经济系统综合用水效益的提高。

2011 年黄河流域国民经济单方用水支持创造的增加值为 91.6 元/m³，各行业平均用水边际效益为 22.1 元/m³，工业单方用水支持创造的增加值为 261.8 元/m³，工业平均用水边际效益为 54.2 元/m³；淮河流域工业水资源边际效益高于黄河流域工业水资源边际效益，而全社会水资源边际效益略低于黄河流域全社会水资源边际效益。黄河流域和淮河流域用水效益对比表见表 5-13 所列。

表 5-13　黄河流域和淮河流域用水效益对比表

2011 年		单方水产生效益/（元/m³）	其中水的边际效益/（元/m³）
淮河	全社会	96.8	21.2
	工业	260.6	80.5
黄河	全社会	91.6	22.1
	工业	261.8	54.2

注：单方水产生的效益＝单方用水支持创造的增加值/用水量。

5.2.4　淮河流域水资源面临的风险与挑战

1. 淮河流域缺水问题突出，水资源开发利用过度

淮河流域是一个缺水地区，人均地表水资源量为 500m³，仅为世界人均地表水资源量的 1/20，是全国人均地表水资源量的 1/5；亩均地表水资源量为 417m³，仅为世界亩均地表水资源量的 1/7，是全国亩均地表水资源量的 1/5。目前淮河流域已有大中型水库 5700 多座和水闸 5000 多座，总库容 303 亿 m³，兴利库容 150 亿 m³，分别占淮河流域多年平均年径流量的 51% 和 25%，地表水利用率远远高于国际内陆河流开发利用率水平。

2. 经济社会发展与环境保护不协调

淮河流域人口和耕地面积分别占全国 13.1% 和 11.7%，粮食产量占全国 16.1%，GDP 占全国 13%，而多年平均水资源仅占全国 2.8%，淮河流域水资源面临的压力是全国平均水平的 4~5 倍，水环境压力居七大流域之首。高密度的人口分布和高污染的产业结构，远远超出淮河流域的水环境承载能力，使淮河流域江、河、湖泊水质和生态环境遭到了严重破坏。淮河流域经济社会发展与环境保护严重不协调。

3. 用水效率和效益不高，用水结构须进一步调整

近20年来，淮河区用水量持续增长，用水结构不断被调整。随着经济布局和产业结构的调整、技术创新、节水灌溉技术推广应用等，淮河流域水资源利用效率有所提高，但与国际先进水平相比，用水效率和效益总体较低，第一产业用水比重（81.4%）仍偏高，第三产业用水比重（低于1.4%）偏低，用水方式粗放、用水浪费等问题仍然突出。如2009年淮河流域万元GDP用水量为184m^3，高于全国同期平均水平。

用水效率和效益地区差异较大。淮河以北及淮河流域引黄灌区用水水平和效率相对较低，工业还处于粗加工阶段，用水浪费严重，部分农业灌区仍采用大水漫灌方式。

4. 淮河闸坝众多，河流防洪、防污问题十分突出

淮河流域闸坝水利工程众多，这些闸坝在流域防洪抗旱、农业灌溉和供水等方面发挥巨大作用。但是，闸坝的联合调度问题，经济发展过程中排污控制问题与水环境修复、保护之间的协调与矛盾问题十分突出。闸坝工程修建后引起径流大幅变更，加之水污染过程迭加，从1989年以来突发性水污染事故频繁发生。截止到目前，全流域共发生较大水污染事故近200起，直接经济损失累计达数10亿元，其中发生重大污染事故的年份有1989年、1991年、1992年、1994年、2001年、2002年和2004年。据2005年淮河流域水资源公报显示，水质为Ⅳ类以上的河流仍占68%，淮河流域水污染问题依然严峻，生态与环境破坏已成为国内外关注的焦点问题。1994年7月、2004年7月淮河流域发生了震惊中外的重大污染事故，大量的污染团下泄，严重破坏沿途生态与环境，严重威胁居民生活，造成巨大经济损失。

5.3 水资源-经济社会-生态环境模拟系统模型

5.3.1 模型构建的目标和理论基础

淮河流域是我国重要的粮食主产区和产业转移承接带，同时也存在着水资源年际差异大、水资源承载压力大等问题。这要求淮河流域寻求水资源与经济社会协调发展的模式，以有限水资源的持续利用支撑淮河流域经济社会的可持续发展。定量描述及破解水资源与经济社会发展之间复杂的关系，需要采取先进的科技手段，进行深入研究。为此，我们开发了一套水资源与社会经济协调发展的模型体系，并结合淮河流域实际情况进行多目标、多情景、多视角的方案研究。

根据统筹考虑淮河流域经济社会和维持淮河健康生命的要求，本研究从水资源与经济社会、生态环境的关系出发，通过模型开发、整体应用和情景分析，旨在为淮河流域水资源、经济社会、生态环境整体协调发展提供技术支撑，回答如"在未来经济社会发展下，淮河水资源缺口有多大？水环境能否承载经济社会发展的需求？破解淮河流域缺水困境、实现经济发展目标，需要如何调整产业结构和产业布局、如何进行节水及能节多少水？"等问题。

经济社会可持续发展对水资源管理提出了相当高的要求，以复杂巨系统理论方法为基础，运用水利工程、经济学、社会学、生态学、系统科学、信息学等多学科知识，对水资源-经济社会-生态环境复杂巨系统相关问题进行集成研究和应用，是建设和谐水利的科学理论基础。

基于上述理论基础，结合本研究进展，我们主要采用了投入产出及水资源投入产出技术、多目标分析及群决策技术、整体模型技术、情景生成与方案评估技术等技术方法进行模型构建。

5.3.2　模型构架及基本功能

一个地区的宏观经济包括社会总产品，国民收入、积累和消费等内容，也包括与经济活动密切联系的人口、资源和环境等问题。在这个系统中，一方面水作为一种资源存在，其质的合格程度和量的有限性对国民经济各部门的发展、城乡人民生活水平的改善及环境保护构成一种约束；另一方面，可利用的水资源兼有自然和经济社会两种特性，不可能独立于宏观经济活动之外，其质和量均受到宏观经济活动的影响。例如，经济发展可能加剧水环境污染，但经济发展带来更多的水处理工程投资，从而改善水质。水资源-经济社会-生态环境构成一个动态的整体。因此，在本研究中，模型研究满足的功能包括：预测功能（包括人口及城市化预测、宏观经济发展趋势预测、经济社会与生态环境需水预测、水质变化预测）、模拟功能［包括国民经济发展过程模拟、需水变化过程、用（耗）水变化过程、水资源供需平衡过程和水质变化过程］、优化协调功能（包括国民经济结构及发展速度优化协调、产业结构优化功能、多目标间的协调功能）和决策分析功能（包括灵敏度分析功能和策略选择分析功能）等。

本研究构建的模型系统见表5-14所列。各模型模块之间的关系如图5-3所示。就各模块间的关键联结机制来看，人口预测模型、宏观经济发展模型及水资源用户用水模型，为需水预测模型提供输入数据，需水成果为水质模型提供核心输入成果。同时，人口预测模型、宏观经济发展模型、需水预测模型、水资源利用模型、水质模型的结果，为多目标分析提供基础输入数据；多目标分析模型根据一定的规则进行多方案分析，并为整体协调分析模型提供输入数据，最终得到淮河流域水资源与经济社会协调发展的最终方案。

表 5-14　淮河流域水资源与经济社会协调发展模型系统简介

模型（模块）名称	主要功能	备注
人口预测模型	进行总人口及其城乡发展预测	独立运行，或嵌入整体模型中
水资源利用效果评估模型	根据历史和现状用水和经济统计数据，测算用水效率与效益	独立运行
宏观经济发展模型	结合投入产出分析、扩大再生产理论、农业生产函数等进行经济、灌溉面积、粮食产量等发展预测	独立运行，或嵌入整体模型中

（续表）

模型（模块）名称	主要功能	备注
经济社会需水与节水预测模型	结合宏观经济模型，进行需水量和节水量、节水投资需求预测	独立运行，或嵌入整体模型中
河道内生态环境需水计算分析模型	界定不同的保护目标，分析生态运营机理的生态需水月过程与合理生态需水量	独立运行，或嵌入整体模型中
水污染负荷排放及调控预测模型	结合宏观经济模型，污染物质排放量、削减量及污染处理进行投资预测	独立运行，或嵌入整体模型中
水资源供需分析模型	对各分区、各节点水资源供需进行模拟调节计算	独立运行，或嵌入整体模型中
多目标与群决策模型	多目标协调与求解、多决策者协商等	嵌入整体模型中
水资源与经济社会协调发展整体模型	水资源系统、经济系统、农业系统、环境系统及生态系统的整体优化与模拟	联合其他模型，构建整体模型并进行计算

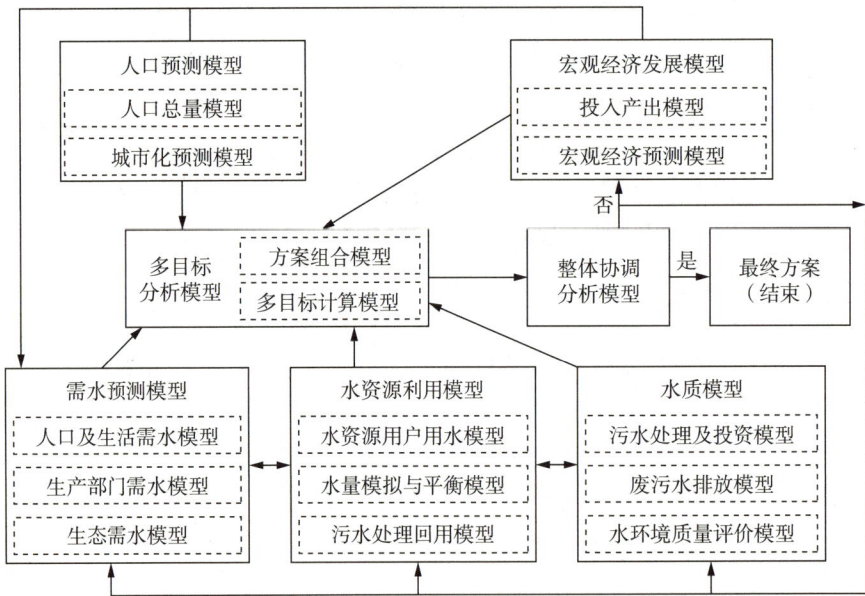

图 5-3　淮河流域水资源与经济社会协调发展模型内在关系

　　因此，在模型的结构上，人口、宏观经济、需水、水资源利用、水质等模型共同构成多目标分析模型的子模块，同时也是整体协调分析模型的子模块。整体协调分析模型的基本结构如图 5-4 所示。

　　本研究采用自上而下和自下而上相结合的方法建立淮河流域整体和流域省区的相互关系。自下而上是首先通过市级行政区的社会经济情况调查，与其所属省份的投入产出表结合，建立淮河流域套省的投入产出及宏观经济分析体系，用于淮河流域套省的水资源与经济社会分析、预测。淮河流域套省的水资源与经济社会共同构成淮河流域水资源与经济社会的整体。任一淮河流域套省水资源与经济社会的变化均会对淮河

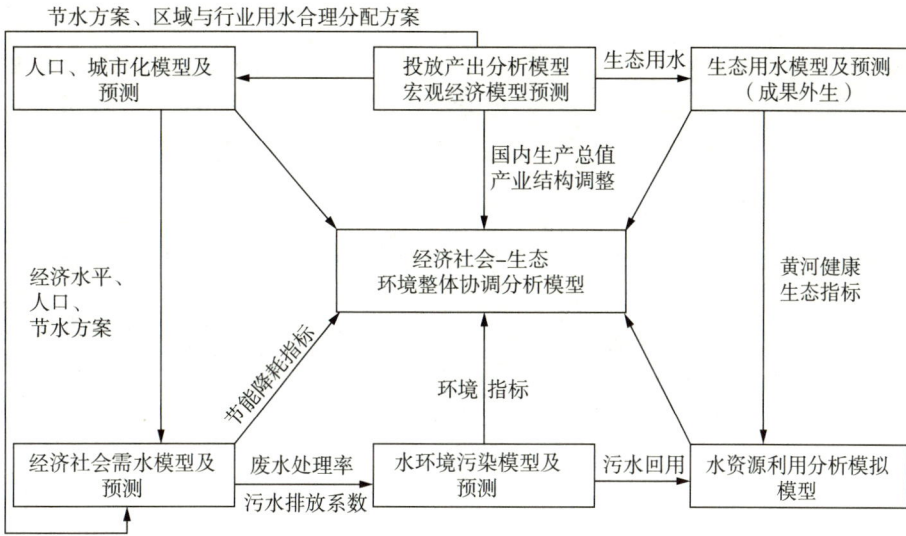

图 5-4　淮河流域水资源-经济社会-生态环境整体协调分析模型基本结构

流域产生影响，而淮河流域发展变化则会要求每个淮河流域套省体系做出相应的反应，其中的关键联系机制是淮河流域经济的投入产出机制、宏观经济约束机制、水资源利用与水量平衡关系。淮河流域整体模型与各省区模型的关系如图 5-5 所示。

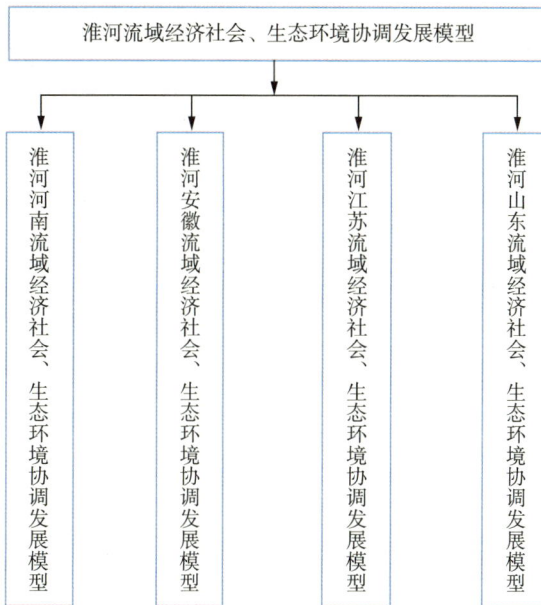

图 5-5　淮河流域整体模型及各省区模型之间的协调关系图

5.3.3　模型基本参数的设置与界定

淮河流域现状水平年为 2010 年，预测年份为 2025 年和 2030 年。本研究中仅列出 2030 年成果。

1. 淮河流域水资源承载状况

反映淮河水资源承载状况的指标主要为：淮河流域当地水资源可开发利用量，主要通过可供水量反映水资源承载状况；污染物质入河控制量，拟采用 COD 指标描述。

根据《淮河流域及山东半岛水资源综合规划》成果，在没有外流域调水的情况下，多年平均情形下淮河流域当地地表水和地下水的配置水量见表 5－15 所列。

表 5－15　多年平均情形下淮河流域当地地表水和地下水的配置水量

（单位：亿 m³）

分区	地表水	地下水	合计
	2030 年	2030 年	2030 年
河南省	67.8	59.3	127.1
安徽省	101.9	23.5	125.4
江苏省	145	1.3	146.3
山东省	15.9	64.5	80.4
淮河流域	330.6	148.6	479.2

现状年多年平均情形下淮河流域的地表水供水量为 309.39 亿 m³，2030 年为 330.6 亿 m³；现状年多年平均情形下淮河流域的地下水供水量为 147.62 亿 m³，2030 年为 148.6 亿 m³。2030 年淮河流域水资源可供水量为 479.2 亿 m³。

根据《淮河流域及山东半岛水资源综合规划》成果，淮河流域 COD 纳污能力为 45.98 万 t，氨氮纳污能力为 3.28 万 t；全流域 2030 年 COD 入河控制量为 38.23 万 t，氨氮入河控制量为 2.66 万 t（表 5－16）。2010 年淮河流域水资源公报显示：2010 年淮河流域 COD 和氨氮入河量分别为 49.95 万 t 和 6.64 万 t，分别超出 COD 和氨氮纳污能力 20% 和 113%。

2. 外流域调水量配置方案

根据《淮河流域及山东半岛水资源综合规划》，淮河流域 2030 年规划外调水工程及调水量表见表 5－17 所列。淮河流域 2001—2010 年多年平均外调水量 62.53 亿 m³，2030 年规划配置水量达 178.67 亿 m³。2030 年淮河流域共有主要调水工程 6 项，其中，调入工程 5 项，调出工程 1 项。

表 5－16　淮河流域 COD 和氨氮入河控制量　　　　（单位：万 t）

分区		纳污能力		规划年入河控制量	
				2030 年	
		COD	氨氮	COD	氨氮
二级区	淮河上游	4.57	0.39	3.6	0.3
	淮河中游	24.31	1.76	20.56	1.52
	淮河下游	7.74	0.56	6.71	0.45
	沂沭泗区	9.36	0.57	7.36	0.39

（续表）

分区		纳污能力		规划年入河控制量	
				2030年	
		COD	氨氮	COD	氨氮
淮河流域	河南省	12.82	0.86	10.75	0.7
	安徽省	14.27	1.13	11.94	0.99
	江苏省	13.6	1.03	11.19	0.76
	山东省	5.29	0.26	4.36	0.21
	小计	45.98	3.28	38.23	2.66

表5-17　淮河流域规划外调水工程及调水量表　　（单位：亿 m³）

受水区	水平年	南水北调东线	南水北调中线	引江济淮	引黄工程	江苏自流引江	调出工程	调入合计
河南省			21.36		13.2			34.56
安徽省		5.3		7.5			−0.84	11.96
江苏省	2030年	55.86				28		83.86
山东省		23.29			25			48.29
淮河流域		84.45	21.36	7.5	38.2	28	−0.84	178.67

注：由《淮河流域及山东半岛水资源综合规划》分析整理；"−"表示调出水量。

3.水库调度规则的设定

水库对水资源具有调节作用，能使水资源的供给更好地与用水工程相协调。由于淮河流域具有河网分布广、湖泊密度大、闸坝多等特点，本研究将部分湖泊概化为具有一定调节能力的水库，淮河流域湖泊水库主要特征表见表5-18所列。

表5-18　淮河流域湖泊水库主要特征表

湖泊名称	行政区	所属三级区套省	正常蓄水位/m	面积/km²	库容/亿 m³
城西湖	安徽省	E0202AH	21	314	5.6
城东湖	安徽省	E0202AH	20	140	2.8
瓦埠湖	安徽省	E0202AH	18	156	2.2
洪泽湖	江苏省	E0203JS	12.5	1576	22.31
高邮湖	江苏省	E0301JS	5.7	661	8.82
邵伯湖	江苏省	E0301JS	4.5	120	0.83
南四湖	山东省	E0402SD	—	1280	16.39
骆马湖	江苏省	E0403JS	23	375	9.01

资料来源：《淮河流域水环境承载能力研究》（夏军）。

水库调度规则对淮河流域水量的调节和分配影响重大，因此在模型中需要设定水库的调度规则。为了既反映水库实际的调度规则，又避免因过于复杂而使模型求解困难，本研究将水库的调度规则进行了如下简化。

（1）根据淮河流域现有监测资料，得出了每个水库（湖泊）逐月的最小出流量，将其作为各水库（湖泊）调度的出流量下限。这一规则实际上包含了对发电、防洪等多方面的考虑。

（2）限制水库的汛期水位不得高于汛限水位、非汛期水位不得高于最高蓄水位，同时限制水库的水位不得低于死水位。这一规则包含了对防汛和供水调度方面的考虑。

4. 节水模式与用水定额

节水模式分 3 种类型，并通过不同的用水定额进行表征。

一般节水模式：主要是在现状节水水平和相应的节水措施基础上，基本保持现有节水投入力度，并考虑 20 世纪 80 年代以来用水定额和用水量的变化趋势而确定的节水模式。

强化节水模式：主要是在一般节水的基础上，进一步加大节水投入力度，强化需水管理，抑制需水过快增长，进一步提高用水效率和节水水平，在生态环境用水需求基本得到保障后所确定的节水模式。该模式总体特点是实施更加严格的强化节水措施，着力调整产业结构，加大节水投资力度。

超常节水模式：在该模式下，水资源供给不能满足经济社会发展对水资源的合理需求，因此采用强制措施进行产业结构调整，甚至强制性地关、转、并、停部分企业，实行最严厉的节水制度，千方百计降低单位产值或产品的用水定额，使经济社会呈胁迫式发展。

随着节水深度和难度的加大，单方节水投资成增加趋势。参考国内特别是《淮河流域及山东半岛水资源综合规划》节水投资资料，淮河流域单方节水投资情景设定见表 5－19 所列。

表 5－19　淮河流域单方节水投资情景设定　　　　（单位：元/m³）

用　户	一般节水	强化节水	超强节水
	2030 年	2030 年	2030 年
非农业	17.5	22.5	30
农业	12	15	18
生活	10	12.5	15

5. 治污情景及其表征参数

治污模式分为 3 种类型，通过污水处理率、污水处理后的回用率两类指标进行表征。

一般治污模式：在现状治污水平和相应的污水处理厂建设等措施基础上，基本保持现有治污投入力度、并以保证污染物质入河量不增加为约束的治污模式。

强化治污模式：在一般治污模式基础上，以满足淮河流域水功能区纳污能力和各区域规划的污染物质入河控制量为约束，进一步加大水污染治理力度和回用水平。该模式总体特点是实施严格的治污措施和考核目标要求，加大水污染治理的投资力度。

超强治污模式：在强化治污模式基础上，继续加大治污力度，除了满足水环境目标要求，还应继续改善水环境质量，并以增加回用水量、增加淮河流域水资源供给能力为重点。该模式总体特点是实施更加严格的环境调控措施，提高水污染治理和回用的投资水平。

污水治理模式主要由污水处理率和污水处理后的回用率来表征。不同情景的污水处理率与回用率见表5-20所列。

表 5 - 20　淮河流域治污指标情景设定

表征指标	一般治污模式	强化治污模式	超强治污模式
	2030 年	2030 年	2030 年
污水处理率/%	70	85	95
处理回用率/%	30	35	40

为了简化计算，污水处理投资主要通过标准污水处理厂（日污水处理能力10万吨）单位投资体现。一个标准污水处理厂投资额设定为5亿元，包括污水处理厂建设投资以及相关（污水管网收集系统等）配套投资。

6. 生态环境健康与需水表征参数

根据淮河流域生态系统的特点和生态环境健康与需水的保护标准，我们对淮河流域的生态需水研究提出两种模式。

低保护模式：在保证淮河流域河流不断流的基础上，充分考虑生物的生存、生长的需要和维持生态系统稳定的要求，考虑汛期河流漫滩对生物生长的影响，提出淮河流域主要断面的生态流量。

高保护模式：在低保护模式的基础上，必须保证淮河流域内生物的生存生长和水生态系统的稳定。该模式的总体特点是充分满足淮河流域生态需水，加大对淮河流域内生态需水的分配。

5.3.4　模型的参数调整及验证

模型的验证主要是通过模拟1956—2000年的实际情况，校核该模型的可靠性。模型本身的验证主要包括两个方面。

1. 水量平衡关系验证

水量平衡关系验证是各单元及整个淮河流域的水量平衡验证。水量平衡关系验证主要用来验证模型单元之间的空间拓扑关系的正确性，即单元节点之间的水力联系的正确性。1956—2000年淮河流域逐月实际发生的各单元的入流量、天然径流量、蓄变量、耗水量（地表水）和出流量，满足下列平衡关系。

$$W_{outflow} = W_{inflow} + W_{runoff} - \Delta W_{stroe} - W_{use} \qquad (5-34)$$

式中：$W_{outflow}$为单元的出流量；W_{inflow}为单元的入流量；W_{runoff}为单元的区间天然径流量；ΔW_{stroe}为单元河道和水库的蓄变量增值；W_{use}为单元的地表水耗水量。

对于出流量，采用水文站的实测流量进行校核。本模型为优化模型，因此某年的流量并不能反映整个系统的状况，应采用多年平均流量进行校核分析。

2．水资源利用关系验证

包括各单元以及整个淮河流域的经济社会发展指标的验证，主要验证包括农业、工业、生活在内的定额－耗水量－指标总量关系的正确性。

经过不断地调整、修改和验证后，本次模型可以非常准确地模拟1956—2000年淮河流域的整个经济社会发展和水量调度过程，达到各水文站的计算流量与实测流量一致、各单元的经济社会发展与实际调查指标一致的基本要求。

5.4　水资源约束对经济社会发展的影响研究

采用分用水户需水预测模型，对淮河流域各分区经济社会系统需水量进行情景预测。结合经济社会发展指标和定额情景，组合9套需水量方案计算成果。

5.4.1　水资源需求趋势分析（正向分析）

基于经济社会发展驱动，结合不同节水和治污要求，预测淮河流域及各分区2010—2030年经济社会系统需水量，重点回答保障淮河流域未来经济社会快速发展的水资源需求量，即"正向预测"。为了体现节水对需水量影响，拟设定一般节水、强化节水和超强节水3种模式，根据人口、国民经济发展指标，灌溉面积发展指标分别进行各分区、各用户、各水平年的用水定额及需水量预测。

1．城乡生活需水量

根据生活用水定额和人口总数预测淮河流域生活需水量（表5-21），2030年全流域城乡居民生活需水量预计为76.52亿～78.67亿 m^3。其中，农村居民生活需水量为23.73亿 m^3，比2010年减少1.47亿 m^3。

2．工业需水量

全流域工业2010年用水量为86.9亿 m^3。根据情景预测，2030年淮河流域工业需水量为107.23亿～180.09亿 m^3（表5-22）。

3．建筑业与第三产业需水量

全流域建筑业与三产2010年用水量为7.9亿 m^3。预测表明，2030年淮河流域建筑业和第三产业需水量为17.9亿～31.16亿 m^3（表5-23）。

表5-21　淮河流域生活需水量预测　　　　　　（单位：亿 m^3）

分区		生活需水						牲畜需水	
		2010年用水量	一般节水 2030年	强化节水 2030年	超强节水 2030年	其中：农村居民 2010年	2030年	2010年	2030年
省区	河南省	15.3	27.61	27.24	26.88	7.3	8.93	3.5	4.99
	安徽省	11.6	17.51	17.29	17.07	6.2	6.24	1.7	3.12
	江苏省	14.1	19.49	19.2	18.91	6.2	4.58	3.2	4.17
	山东省	8.7	14.05	13.86	13.66	5.4	3.98	1.9	2.33

（续表）

分　区		生活需水						牲畜需水	
		2010年用水量	一般节水 2030年	强化节水 2030年	超强节水 2030年	其中：农村居民 2010年	其中：农村居民 2030年	2010年	2030年
二级区	淮河上游	3.1	6.91	6.82	6.73	1.6	2.25	1.1	1.46
	淮河中游	25.2	39.64	39.11	38.59	12.3	12.9	4.3	6.91
	淮河下游	6.8	9.44	9.3	9.17	2.8	2.42	1	1.78
	沂沭泗河	14.7	22.69	22.36	22.04	8.5	6.16	3.8	4.45
	小计	49.8	78.67	77.6	76.52	25.2	23.73	10.2	14.6

4. 农业需水量预测

农业需水量包括农田灌溉，林、牧、渔业和牲畜用水。全流域农业2010年用水量为374.2亿 m^3。预计2030年淮河流域农业需水量为406.2亿～451.1亿 m^3（表5-24）。

5. 河道外生态需水量预测

河道外生态需水主要指城镇绿地、城镇卫生、防护林草需水、湖泊湿地生态补水等。其预测结果见表5-25所列。

表5-22　淮河流域工业需水情景预测　　　　（单位：亿 m^3）

水平年/年	分区	一般节水			强化节水			超强节水		
		高情景	中情景	低情景	高情景	中情景	低情景	高情景	中情景	低情景
2010	河南省	24.8	24.8	24.8	24.8	24.8	24.8	24.8	24.8	24.8
	安徽省	29.3	29.3	29.3	29.3	29.3	29.3	29.3	29.3	29.3
	江苏省	24.9	24.9	24.9	24.9	24.9	24.9	24.9	24.9	24.9
	山东省	7.7	7.7	7.7	7.7	7.7	7.7	7.7	7.7	7.7
	淮河流域	86.9	86.9	86.9	86.9	86.9	86.9	86.9	86.9	86.9
2030	河南省	54.92	45.65	39.61	49.92	41.50	36.01	44.93	37.35	32.41
	安徽省	66.17	56.03	48.96	60.16	50.93	44.51	54.14	45.84	40.06
	江苏省	41.71	35.01	30.59	37.92	31.83	27.81	34.13	28.65	25.03
	山东省	17.29	13.80	11.90	15.72	12.55	10.82	14.14	11.29	9.73
	淮河流域	180.09	150.49	131.06	163.72	136.81	119.15	147.35	123.13	107.23

表5-23　淮河流域建筑业和第三产业需水情景预测　　　　（单位：亿 m^3）

水平年/年	分区	一般节水			强化节水			超强节水		
		高情景	中情景	低情景	高情景	中情景	低情景	高情景	中情景	低情景
2010	河南省	1.3	1.3	1.3	1.3	1.3	1.3	1.3	1.3	1.3
	安徽省	1.6	1.6	1.6	1.6	1.6	1.6	1.6	1.6	1.6
	江苏省	4.2	4.2	4.2	4.2	4.2	4.2	4.2	4.2	4.2
	山东省	0.9	0.9	0.9	0.9	0.9	0.9	0.9	0.9	0.9
	淮河流域	7.9	7.9	7.9	7.9	7.9	7.9	7.9	7.9	7.9

（续表）

水平年/年	分区	一般节水			强化节水			超强节水		
		高情景	中情景	低情景	高情景	中情景	低情景	高情景	中情景	低情景
2030	河南省	9.19	7.42	6.43	8.35	6.75	5.85	7.52·	6.07	5.26
	安徽省	6.44	5.24	4.54	5.86	4.76	4.12	5.27	4.28	3.71
	江苏省	12.29	10.01	8.67	11.17	9.10	7.88	10.05	8.19	7.09
	山东省	3.24	2.59	2.24	2.94	2.35	2.04	2.65	2.12	1.83
	淮河流域	31.16	25.25	21.88	28.32	22.96	19.89	25.49	20.66	17.90

表 5 - 24　多年平均情形下淮河流域农业需水情景预测　（单位：亿 m³）

水平年/年	分区	一般节水			强化节水			超强节水		
		高情景	中情景	低情景	高情景	中情景	低情景	高情景	中情景	低情景
2010	河南省	58.1	58.1	58.1	58.1	58.1	58.1	58.1	58.1	58.1
	安徽省	77.1	77.1	77.1	77.1	77.1	77.1	77.1	77.1	77.1
	江苏省	185.9	185.9	185.9	185.9	185.9	185.9	185.9	185.9	185.9
	山东省	52.5	52.5	52.5	52.5	52.5	52.5	52.5	52.5	52.5
	淮河流域	374.2	374.2	374.2	374.2	374.2	374.2	374.2	374.2	374.2
2030	河南省	87.1	83.0	81.8	85.4	81.3	80.1	83.7	79.7	78.5
	安徽省	85.9	81.8	80.8	83.9	79.9	79.0	82.2	78.3	77.4
	江苏省	218.1	207.7	205.0	213.0	202.9	200.3	208.8	198.8	196.2
	山东省	60.0	57.2	56.3	58.8	56.0	55.2	57.6	54.9	54.1
	淮河流域	451.1	429.6	423.9	441.1	420.1	414.5	432.3	411.7	406.2

表 5 - 25　淮河流域河道外生态需水量预测　（单位：亿 m³）

分区		城镇		农村		合计		
		现状年	2030 年	现状年	2030 年	现状年	2030 年	新增
省区	河南省	3.89	3.80	0.00	0.00	3.57	3.80	0.23
	安徽省	0.86	1.92	0.00	0.62	0.86	2.54	1.80
	江苏省	0.96	3.86	0.00	1.57	0.96	5.43	4.49
	山东省	0.72	0.66	0.28	0.20	1.00	0.86	0.04
二级区	淮河上游	0.24	0.42	0.00	0.00	0.24	0.42	0.18
	淮河中游	4.62	5.81	0.00	0.89	4.18	6.69	2.51
	淮河下游	0.47	2.39	0.00	1.30	0.47	3.69	3.22
	沂沭泗河	1.08	1.63	0.00	0.20	1.37	1.83	0.65
	小计	6.42	10.25	0.28	2.39	6.39	12.64	6.57

6. 淮河水资源总需求

根据分项预测汇总，淮河流域 2010 年需水量为 571.7 亿 m³。淮河流域 2030 年需水量为 617.2 亿～737.1 亿 m³（表 5-26）。从预测结果可以看出，无论采取什么样的发展模式和节水措施，淮河流域在 2030 年以前河道外需水量总体都呈现增长趋势。

表 5-26 淮河流域河道外需水量预测汇总　　（单位：亿 m³）

水平年/年	分区	一般节水			强化节水			超强节水		
		高情景	中情景	低情景	高情景	中情景	低情景	高情景	中情景	低情景
2010	河南省	115.4	115.4	115.4	115.4	115.4	115.4	115.4	115.4	115.4
	安徽省	125.1	125.1	125.1	125.1	125.1	125.1	125.1	125.1	125.1
	江苏省	252.2	252.2	252.2	252.2	252.2	252.2	252.2	252.2	252.2
	山东省	77.9	77.9	77.9	77.9	77.9	77.9	77.9	77.9	77.9
	淮河流域	571.7	571.7	571.7	571.7	571.7	571.7	571.7	571.7	571.7
2030	河南省	178.4	165.0	157.8	171.3	158.8	152.2	164.3	152.7	146.6
	安徽省	175.2	161.0	152.9	167.0	153.8	146.4	159.1	146.9	140.2
	江苏省	288.9	271.8	264.7	279.6	263.5	256.9	271.4	256.0	249.8
	山东省	94.6	88.2	85.5	91.6	85.6	83.1	88.6	83.0	80.7
	淮河流域	737.1	686.0	660.9	709.7	661.8	638.5	683.4	638.6	617.2

5.4.2　淮河流域污染负荷预测

基于宏观经济模型指标预测成果，采用水质模型对淮河流域主要污染物质排放量进行预测。结合非农产业经济预测指标和城镇人口指标，进行淮河流域各发展情景下的废污水、COD 和氨氮排放量预测，预测成果如表 5-27 所示。

根据预测，2030 年淮河流域废污水排放量预计由 2010 年的 76.3 亿 t 变化至 2030 年的 49.3 亿～71.4 亿 t。COD 排放量由 2010 年的 240 万 t 增加到 2030 年的 260 万～379 万 t。氨氮排放量由现状的 18.9 万 t 增加到 2030 年的 19.8 万～28.5 万 t。

表 5-27　淮河流域废污水、COD 和氨氮排放量预测

分类	分区	总计				工业			
		现状	高情景	中情景	低情景	现状	高情景	中情景	低情景
		2010 年	2030 年	2030 年	2030 年	2010 年	2030 年	2030 年	2030 年
污水/亿 t	河南省	26.7	19.4	15.7	13.5	19	16	12.9	11.1
	安徽省	17.6	11.9	9.7	8.4	13.2	10.6	8.7	7.5
	江苏省	21.1	21.1	17	14.7	11.5	12.7	10.1	8.6
	山东省	10.9	19	14.9	12.8	6.3	16.8	13.1	11.2
	总计	76.3	71.4	57.4	49.3	50	56.1	44.8	38.5

（续表）

分类	分区	总计				工业			
		现状	高情景	中情景	低情景	现状	高情景	中情景	低情景
		2010 年	2030 年	2030 年	2030 年	2010 年	2030 年	2030 年	2030 年
COD/万 t	河南省	17.1	32.3	32.4	32.5	12.2	26.6	26.6	26.7
	安徽省	12.2	21	21.1	21.2	9.2	18.7	18.9	18.9
	江苏省	15.4	33.5	33.3	33.3	8.4	20.2	19.8	19.5
	山东省	5.2	25.4	25	25	3.0	22.5	22.0	21.9
	总计	50	112.2	111.7	111.9	32.7	88.0	87.3	87.0
氨氮/万 t	河南省	2.56	4	4	3.9	1.8	3.3	3.3	3.2
	安徽省	1.47	3.2	3.2	3.3	1.1	2.9	2.9	2.9
	江苏省	2.29	3.3	3.3	3.3	1.2	2.0	2.0	1.9
	山东省	0.32	2.5	2.4	2.4	0.2	2.2	2.1	2.1
	总计	6.64	13	13	13	4.4	10.3	10.2	10.2

5.4.3 生态需水预测分析

在对淮河流域的河流水力特征进行分析的基础上，根据淮河流域水文站站点分布及对观测资料的分析，选取了 13 个主要的计算断面。这些断面基本能够反映整个淮河流域的河流水文特征和地区规律。对于淮河流域主要河流的控制断面，在计算其生态需水的时候应考虑生态基流量、汛期生态流量、产卵期生态流量。对于入海断面和入江断面，在计算其生态需水时只考虑生态基流量。

1. 生态基流量的计算

将河道内多年平均年径流量的 10% 作为河道的生态基流量。这是根据国际河流和专家意见和淮河流域实际情况确定的，在河流少水期通常选取多年平均年径流量的 10%～20% 作为河道生态环境需水量。从流速角度考虑，非产卵期（7 月—次年 3 月）河流最低流速为 0.3m/s，其径流量低于河道内多年平均年径流量的 10%。因此选择 10% 作为河道的生态基流量。

2. 产卵期生态流量的确定

国内外的研究表明，鱼道所需的最小深度约是鱼类身高的 3 倍，通常认为中型河流鱼类所需的最小水深为 0.6m，小型河流鱼类所需的最小水深为 0.45m。综合 R-2 cross 和 Tennant 两种方法的计算结果，我们认为最小生态流量对应的平均水深约为 0.3m。

在自然条件下，淮河流域的主要鱼种如青、草、鲢、鳙等鱼的性腺在静水环境中可以发育，但其成熟产卵需要江河水流环境和水位上涨等生态条件。淮河流域的鱼类在产卵期（4—6 月）时，青鱼、鲢鱼、草鱼的最小流速为 0.8m/s，其他鱼类为 0.3m/s；淮河流域的鱼类在非产卵期（7 月—次年 3 月）最低流速为 0.3m/s。淮河流域主要断面产卵期生态水文指标见表 5-28 所列。

表 5-28　淮河流域主要断面产卵期生态水文指标

站点	水位/m	流量/ (m³/s)
蚌埠站	13.5	409
王家坝站	21.3	272
周口站	40.2	90.4
班台站	23.81	50.6
中渡站	7.82	180
临沂站	58.4	290
玄武站	40.6	5.92
大官庄站	45.89	14.4

3. 汛期生态流量的确定

确定汛期生态流量时应考虑大断面水位与水面宽的关系，找到突变点水位和水面宽对应的水位流量历时曲线，读出汛期漫滩时的生态流量（表 5-29）。

表 5-29　淮河流域主要断面汛期漫滩时的生态水文指标

站点	水面宽/m	水位/m	流量/ (m³/s)
蚌埠站	543	18.1	2100
王家坝站	181.3	26.46	1910
周口站	143	42.6	320
班台站	86.7	26.5	151.5
中渡站	281.2	7.5	61.2
临沂站	1175	60.6	3390
玄武站	92.6	40.6	5.34
大官庄站	245.4	46.1	47.8

综上所述，淮河流域各断面（在高、低保护模式下）的生态需水过程见表 5-30～表 5-32 所列。

表 5-30　淮河流域各断面的生态需水过程

站点	生态需水月过程/ (m³/s)											
	1月	2月	3月	4月	5月	6月	7月	8月	9月	10月	11月	12月
周口站	14.1	14.1	14.1	90.4	90.4	90.4	320	320	320	14.1	14.1	14.1
班台站	4.95	4.95	4.95	50.6	50.6	50.6	151.5	151.5	151.5	4.95	4.95	4.95
蚌埠站	1.32	1.32	1.32	409	409	409	2100	2100	2100	1.32	1.32	1.32
大丰站	0.795	0.795	0.795	0.795	0.795	0.795	0.795	0.795	0.795	0.795	0.795	0.795
大官庄站	2.27	2.27	2.27	14.4	14.4	14.4	47.8	47.8	47.8	2.27	2.27	2.27

（续表）

站点	生态需水月过程/（m³/s）											
	1月	2月	3月	4月	5月	6月	7月	8月	9月	10月	11月	12月
韩庄站	1.25	1.25	1.25	0	0	0	8.58	0.41	5.94	1.25	1.25	1.25
临洪站	2.4	2.4	2.4	1.17	1.32	0.927	5.71	8.55	2.62	2.4	2.4	2.4
临沂站	8.71	8.71	8.71	290	290	290	3390	3390	3390	8.71	8.71	8.71
太平站	0	0	0	0	0	0	0	0	0	0	0	0
王家坝站	3.31	3.31	3.31	272	272	272	1910	1910	1910	3.31	3.31	3.31
玄武站	6.93	6.93	6.93	5.92	5.92	5.92	5.34	5.34	5.34	6.93	6.93	6.93
杨庄站	6.84	6.84	6.84	6.84	6.84	6.84	6.84	6.84	6.84	6.84	6.84	6.84
中渡站	0.075	0.075	0.075	180	180	180	61.2	61.2	61.2	0.075	0.075	0.075

表 5-31 高保护模式下淮河流域各断面的生态需水过程

站点	生态需水月过程/（亿 m³/m）											
	1月	2月	3月	4月	5月	6月	7月	8月	9月	10月	11月	12月
周口站	0.38	0.34	0.38	2.34	2.42	2.34	8.57	8.57	8.29	0.38	0.37	0.38
班台站	0.13	0.12	0.13	1.31	1.36	1.31	4.06	4.06	3.93	0.13	0.13	0.13
蚌埠站	0.04	0.03	0.04	10.60	10.95	10.60	56.25	56.25	54.43	0.04	0.03	0.04
大丰站	0.02	0.02	0.02	0.02	0.02	0.02	0.02	0.02	0.02	0.02	0.02	0.02
大官庄站	0.06	0.05	0.06	0.37	0.39	0.37	1.28	1.28	1.24	0.06	0.06	0.06
韩庄站	0.03	0.03	0.03	0.00	0.00	0.00	0.23	0.01	0.15	0.03	0.03	0.03
临洪站	0.06	0.06	0.06	0.03	0.04	0.02	0.15	0.23	0.07	0.06	0.06	0.06
临沂站	0.23	0.21	0.23	0.47	0.48	0.47	2.33	2.33	2.33	0.23	0.23	0.23
太平站	0.00	0.00	0.00	0.00	0.00	0.00	0.00	0.00	0.00	0.00	0.00	0.00
王家坝站	0.09	0.08	0.09	7.05	7.29	7.05	16.32	16.32	16.32	0.09	0.09	0.09
玄武站	0.19	0.17	0.19	0.15	0.16	0.15	0.14	0.14	0.14	0.19	0.18	0.19
杨庄站	0.18	0.17	0.18	0.18	0.18	0.18	0.18	0.18	0.18	0.18	0.18	0.18
中渡站	0.00	0.00	0.00	4.67	4.82	4.67	1.64	1.64	1.59	0.00	0.00	0.00

表 5-32 低保护模式下淮河流域各断面的生态需水过程

站点	生态需水月过程/（亿 m³/m）											
	1月	2月	3月	4月	5月	6月	7月	8月	9月	10月	11月	12月
周口站	0.38	0.34	0.38	1.55	1.60	1.55	3.41	3.41	3.41	0.38	0.37	0.38
班台站	0.13	0.12	0.13	0.84	0.87	0.84	1.79	1.79	1.79	0.13	0.13	0.13
蚌埠站	0.04	0.03	0.04	6.37	6.59	6.37	18.26	18.26	18.26	0.04	0.03	0.04

（续表）

站点	生态需水月过程/（亿 m³/m）											
	1月	2月	3月	4月	5月	6月	7月	8月	9月	10月	11月	12月
大丰站	0.02	0.02	0.02	0.02	0.02	0.02	0.02	0.02	0.02	0.02	0.02	0.02
大官庄站	0.06	0.05	0.06	0.25	0.26	0.25	0.53	0.53	0.53	0.06	0.06	0.06
韩庄站	0.03	0.03	0.03	0.01	0.01	0.01	0.04	0.04	0.04	0.03	0.03	0.03
临洪站	0.06	0.06	0.06	0.04	0.04	0.04	0.05	0.05	0.05	0.06	0.06	0.06
临沂站	0.23	0.21	0.23	0.37	0.37	0.37	21.16	21.16	21.16	0.23	0.23	0.23
太平站	0.00	0.00	0.00	0.00	0.00	0.00	0.00	0.00	0.00	0.00	0.00	0.00
王家坝站	0.09	0.08	0.09	4.26	4.41	4.26	14.36	14.36	14.36	0.09	0.09	0.09
玄武站	0.19	0.17	0.19	0.16	0.17	0.16	0.16	0.16	0.16	0.19	0.19	0.19
杨庄站	0.18	0.17	0.18	0.18	0.18	0.18	0.18	0.18	0.18	0.18	0.18	0.18
中渡站	0.00	0.00	0.00	2.80	2.89	2.80	4.31	4.31	4.31	0.00	0.00	0.00

5.4.4 水资源承载力的分析

1. 淮河流域水资源变化规律与供水能力

淮河流域 1956—2000 年多年平均水资源总量为 794 亿 m³，其中地表水资源量为 595 亿 m³，占水资源总量的 75%，地下水资源量扣除与地表水资源量的重复水量为 199 亿 m³，占水资源总量的 25%。全流域产水系数为 0.34。

淮河流域供水主要依靠当地水资源。经预测，2030 年淮河流域总供水量为 625.87 亿 m³（河南：161.66 亿 m³；安徽：137.36 亿 m³；江苏：230.16 亿 m³；山东：128.69 亿 m³）。

2. 水资源承载度的计算

本研究采用"水资源承载程度指标 I"来表示水资源系统对经济社会发展已经承受压力的程度，即

$$I = \frac{P_d}{P_s} \tag{5-35}$$

式中，P_s 为基准年和规划水平年可供水量所支持的经济社会规模（主要指人口）；P_d 为基准年和规划水平年在各方案下的经济社会规模（主要指人口）；I 为水资源承载程度指标。当 $I>1$ 时，说明水资源承受的压力已经超出水资源的承载能力，且随着 I 值增加，超载越来越严重；当 $I=1$ 时，说明水资源承受的压力处于水资源承载能力的临界状态；当 $0<I<1$ 时，说明在水资源承载能力范围之内，且随着 I 值的减小，水资源增加的承载能力越来越大。根据 I 值的分布区间，进行承载程度分级，见表 5-33 所列。

表 5-33 承载程度指标 I 的分级

I 值区间	$I \leqslant 0.6$	$0.6 < I \leqslant 1$	$1 < I \leqslant 1.5$	$1.5 < I \leqslant 2$	$I > 2$
承载程度分级	完全承载	可承载	轻度超载	中度超载	重度超载

由表 5-34 可以看出，2030 年淮河流域水资源在一般节水情况下属轻度超载；在强化节水情况下，只有低经济发展水平才在可承载范围内；在超强节水情况下，中、低经济发展水平在可承载范围内。水资源承载能力最好的省份是山东省，在可承载范围内，在节水情况下接近完全承载，其次为河南省、安徽省、江苏省。江苏省水资源承载能力相对较差，即使在超强节水、低经济发展情景下，承载度指标仍为 1.09。

表 5-34   淮河流域承载度指标

水平年/年	分区	一般节水			强化节水			超强节水		
		高情景	中情景	低情景	高情景	中情景	低情景	高情景	中情景	低情景
2030	河南省	1.10	1.02	0.98	1.06	0.98	0.94	1.02	0.94	0.91
	安徽省	1.28	1.17	1.11	1.22	1.12	1.07	1.16	1.07	1.02
	江苏省	1.26	1.18	1.15	1.22	1.14	1.12	1.18	1.11	1.09
	山东省	0.74	0.69	0.66	0.71	0.67	0.65	0.69	0.64	0.63
	淮河流域	1.12	1.04	1.00	1.08	1.01	0.97	1.04	0.97	0.94

3. 不同供水保障情景分析

（1）优先保证生产生活用水

若优先保证生产生活用水，则势必会挤占生态用水，由此产生的生态需水缺口见表 5-35 所列，江苏省、安徽省在任何节水模式、任何经济发展水平情景下都会挤占全部生态用水，即使牺牲生态用水发展经济，也不能满足生产生活用水。河南省在一般节水、强化节水模式高经济发展水平情景下会挤占全部生态用水。即使全流域采用超强节水模式，高速发展的经济也会造成生态用水缺口。生态用水和经济发展之间矛盾突出。

表 5-35   优先保证生产生活用水情况下的生态需水缺口   （单位：亿 m³）

水平年/年	分区	一般节水			强化节水			超强节水			生态用水量
		高情景	中情景	低情景	高情景	中情景	低情景	高情景	中情景	低情景	
2030	河南省	3.8	0	0	3.8	0	0	0	0	0	3.8
	安徽省	2.54	2.54	2.54	2.54	2.54	2.54	2.54	2.54	2.24	2.54
	江苏省	5.43	5.43	5.43	5.43	5.43	5.43	5.43	5.43	5.43	5.43
	山东省	0	0	0	0	0	0	0	0	0	0.86
	淮河流域	12.64	12.64	0	12.64	12.64	0	12.64	0	0	12.64

（2）优先保障生态用水

由表 5-36 可以看出缺水引起江苏省、安徽省 GDP 减少最多，在供水不足时，在高经济发展水平情景下水资源对 GDP 影响较大，即经济越发达，水资源对其的制约力越大，加大节水力度能缓解这种制约力。有限的水资源和经济快速增长之间的不协调日益突出。

表 5 - 36　在保证生态用水情况下供水不足引起的 GDP 变化　（单位：亿元）

水平年 /年	分区	一般节水			强化节水			超强节水		
		高情景	中情景	低情景	高情景	中情景	低情景	高情景	中情景	低情景
2030	河南省	−5801	−1018	0	−3479	0	0	−993	0	0
	安徽省	−4856	−2687	−1609	−3982	−1945	−964	−3054	−1166	−292
	江苏省	−11204	−6816	−5041	−9776	−5629	−4021	−8374	−4491	−3037
	山东省	0	0	0	0	0	0	0	0	0
	淮河流域	−19602	−6052	−587	−13318	−876	0	−6813	0	0

5.5　淮河流域水资源与经济社会协调发展战略及对策研究

5.5.1　淮河流域协调发展政策情景的设置

根据 5.3 节制定的生态环境保护目标及重要控制断面下泄流量，结合节水、减污两种水资源管理手段，分别设置 3 套节水方案、3 套治污方案，组成水资源与经济社会协调发展研究的 9 套情景方案。基于低生态环境保护目标情景的方案编码见表 5 - 37 所列。模型、模型边界与参数设定见 5.2 节。

表 5 - 37　基于低生态环境保护目标情景的方案编码

节水	节水编码	治污	治污编码	情景方案编码
一般节水	1	一般治污	1	节水编码＋治污编码
强化节水	2	强化治污	2	如：22 代表强化节水、强化治污
超强节水	3	超强治污	3	……

5.5.2　不同政策情景的比较

1. 基于低生态保护目标情景的分析

（1）情景方案成果

因为模型体系庞大，系统描述变量多，所以为便于成果表达，选取主要特征指标对情景方案成果进行比选和评价（表 5 - 38）。因为数据量大，所以情景方案比选仅在淮河流域总量层面进行，推荐情景将列出各省区特征指标数据。

在满足淮河流域基本生态环境保护目标约束下，到 2030 年，淮河流域 GDP 总量有望达到 15 万亿～17.6 万亿元，年均增长率为 14.90%～18.32%，灌溉面积由现状 12898 万亩增加为 16507 万～16567 万亩，粮食总产量从目前的 10115 万 t 增加到 11639 万～11692 万 t。

2010—2030 年，需要累计投入的节水投资为 1216.3 亿～1774.9 亿元，实现的节水量分别为 81.6 亿～120.7 亿 m^3。值得说明的是，上述节水量指因规划期节水定额较 2010 年节水定额下降而节约的水资源量。

表5-38　基于低生态保护目标的淮河流域发展指标情景预测

节水模式		一般节水	强化节水	超强节水	一般节水	强化节水	超强节水	一般节水	强化节水	超强节水
治污模式		一般治污	一般治污	一般治污	强化治污	强化治污	强化治污	超强治污	超强治污	超强治污
方案代码		11	21	31	12	22	32	13	23	33
GDP/亿元	2010年	37647	37647	37647	37647	37647	37647	37647	37647	37647
	2030年	149839	150555	151999	168280	168933	170315	174142	174936	175564
发展速度/%	10~30	14.90%	15.00%	15.19%	17.35%	17.44%	17.62%	18.13%	18.23%	18.32%
灌溉总面积/万亩	2010年	12898	12898	12898	12898	12898	12898	12898	12898	12898
	2030年	16512	16511	16567	16507	16568	16563	16503	16564	16558
粮食总产量/万t	2010年	10121	10121	10121	10121	10121	10121	10121	10121	10121
	2030年	11643	11643	11692	11641	11692	11690	11639	11690	11687
COD削减量/万t	2030年	95	95	96	112	111	112	121	121	121
节水投资/亿元	2030年	1216.3	1406	1774.9	1216.3	1406	1774.9	1216.3	1406	1774.9
节水量/亿m³	2030年	81.6	95.2	120.7	81.6	95.2	120.7	81.6	95.2	120.7
供水投资/亿元	2030年	7040	7040	7040	7044	7043	7043	7049	7049	7048
供水量/亿m³	2010年	571.7	571.7	571.7	571.7	571.7	571.7	571.7	571.7	571.7
	2030年	643.6	632.5	606.6	650.9	639.4	612.3	654.3	642.6	614.7
污水排放量/万t	2010年	76.3	76.3	76.3	76.3	76.3	76.3	76.3	76.3	76.3
	2030年	122.3	120.3	116.4	126.6	124.1	119.3	128.5	125.8	120.6
治污投资/亿元	2030年	690	678	656	749	734	706	794	776	744
标准处理厂/座	2030年	287	283	273	314	307	296	334	327	313

2030 年在不同经济发展水平和节水减污情景下全流域需要削减的 COD 总量为 95 万～121 万 t，需新建日处理能力 10 万 t 的标准污水处理厂 273～334 座，治污投资 690 亿～744 亿元。

为实现上述经济社会发展指标，2030 年全流域预期供水量为 606.6 亿～654.3 亿 m^3，比 2010 年增加 34.9 亿～82.6 亿 m^3。

（2）节水情景分析

情景分析即为各情景方案成果之间的比较分析，对一些重要调控要素进行敏感性分析，目的是定量辨析系统中若干要素之间的相互关系。

在一般治污模式情景下，全流域一般节水、强化节水和超强节水模式对应的 2030 年 GDP 分别为 149839 亿元、150555 亿元和 151999 亿元。在三种模式下淮河流域 2010—2030 年经济年均发展速度分别为 14.9%、15.0%、15.2%。从"正向预测"看，在中等发展情景下，全流域 2030 年 GDP 为 14.7 万亿元，20 年平均增长率为 14.6%。比较上述数据可见：2030 年全流域 GDP 在一般节水、强化节水和超强节水模式情景下分别比"正向预测"高出 1.7%、2.1% 和 3.1%。由此可以看出，在 2030 年，淮河流域在规划外调水量有保障的基础上，配合节水和治污手段，可使经济发展超出预期发展要求，这表明在各项水资源管理手段综合作用下，淮河流域通过行业结构调整和产业结构优化可实现经济的快速增长。

根据模型计算结果，全流域在一般治污模式情景下的一般节水、强化节水和超强节水模式对应的 2030 年污水排放量分别为 122.3 万 t、120.3 万 t、116.4 万 t。结果显示，节水力度越大，淮河流域污水排放总量越小，即加大节水力度能有效减少污水排放量。

"正向预测"全流域一、二、三产业结构由 2010 年的 14∶54∶32 调整到 2030 年的 5.9∶55.8∶38.3。根据模型计算结果，全流域在一般治污及强化节水下，2030 年的三产结构为 5.9∶54.3∶39.8。比较两者可以发现，在水资源供水不足和保障国家粮食安全生产所要求的基本农田灌溉面积双重约束下，淮河流域经济发展向节水型、高效型产业结构转变。可见，节水有利于淮河流域产业结构升级。为适应水资源的紧缺形势，淮河流域必须大力调整产业结构，建设节水型国民经济发展体系。

综上分析可知：①水资源总量不足对淮河流域经济社会发展制约作用明显，增加外流域调水能有效缓解水资源紧张形势，提升淮河流域水资源承载力；②对于淮河流域而言，节水不仅能够减少水资源有效需求量，还能减少污水排放量，缓解水环境危机，从而变相增加水资源可利用量；③节水有力地促进了淮河流域经济发展和工业结构优化，对产业结构优化有明显作用。

（3）治污情景分析

根据模型边界设定，以满足淮河流域各区域 COD 入河控制量要求为前提。

在一般处理方案情景下，淮河流域 2030 年 GDP 最大（31 方案）和最小（11 方案）分别为 151999 亿元和 148939 亿元；两者相差 2160 亿元；2010—2030 年淮河流域 GDP 平均增速分别为 15.19% 和 14.90%。

在强化处理方案情景下，淮河流域 2030 年 GDP 最大（32 方案）和最小（12 方案）分别为 170315 亿元和 168280 亿元；两者相差 2035 亿元；2010—2030 年淮河流域

GDP 平均增速分别为 17.62% 和 17.35%。

在超强处理方案情景下，淮河流域 2030 年 GDP 最大（33 方案）和最小（13 方案）分别为 175564 亿元和 174142 亿元；两者相差 1422 亿元；2010—2030 年淮河流域 GDP 平均增速分别为 18.32% 和 18.13%。

可以看出，随着治污力度的加强，淮河流域节水治污的边际效益逐渐减少，从一般处理方案的 2200 亿元，降至超强处理方案下的 1422 亿元。

从不同处理方案对比看，相同节水模式下，加强治污处理力度对增加淮河流域经济总量效果显著。例如：2030 年，强化节水模式下，超强治污（23 方案）和强化治污（22 方案）相对于一般治污（21 方案），使淮河流域 GDP 分别增加 24381 亿元和 18378 亿元，增加幅度达 16% 和 12%，取得十分明显的宏观经济效果。

从治污投资看，治污投资因治污力度的加大而增加。例如：2030 年全流域治污投资 12 方案、13 方案分别比 11 方案增加 59 亿元和 104 亿元，而增加的 GDP 分别为 18441 亿元和 24303 亿元；2030 年全流域治污投资 22 方案、23 方案分别比 21 方案增加 56 亿元和 98 亿元，而增加的 GDP 分别为 18378 亿元和 24381 亿元，淮河流域供水总量分别增加 6.9 亿 m^3 和 10.1 亿 m^3，这表明通过加大污水处理力度，辅以高中水回用能够有效推动淮河流域经济发展，增加水资源供给量，提高污水处理及回用水投资回报率。

研究结果表明：水污染治理既可以满足水环境治理目标要求，也有利于促进经济发展，增加淮河流域供水水平。从提升淮河流域水资源承载力角度而言，治污与污水处理回用投资具有较高的宏观经济效果。

（4）节水、治污效果对比分析

通过相同节水模式下治污情景分析和相同治污模式下节水情景分析来对比淮河流域节水与治污两种水资源管理手段的影响。

在强化治污方案情景下，淮河流域 2030 年 GDP 最大（32 方案）和最小（12 方案）分别为 170315 亿元和 168280 亿元，两者相差 2035 亿元，2010—2030 年淮河流域 GDP 平均增速分别为 17.62% 和 17.35%，这说明淮河流域通过深化节水力度，可增加 GDP 2035 亿元。

在强化节水方案情景下，淮河流域 2030 年 GDP 最大（23 方案）和最小（21 方案）分别为 174936 亿元和 150555 亿元，两者相差 24381 亿元，2010—2030 年淮河流域 GDP 平均增速分别为 18.23% 和 15.0%，这表明淮河流域通过加大污水处理力度和提高中水回用水平，可增加 GDP24381 亿元。

由此可见，对于水资源短缺与水环境问题突出的淮河流域，加大节水力度、提高污水处理与回用水平均具有明显的宏观经济效果；相比较而言，加大水环境治理、减少废污水排放有更加显著的效果，即淮河流域水环境问题较水资源短缺问题更为突出。

（5）综合情景分析

根据《淮河流域及山东半岛水资源综合规划》成果，2030 年淮河流域用水总量应不超过 642 亿 m^3。基于这一约束条件，考虑现实可行原则，就低生态保护要求而言，推荐采用强化节水、强化治污模式下的情景方案，推荐方案下基于低生态保护目标的淮河流域发展指标见表 5-39 所列，基于低生态保护目标的淮河流域水资源利用状况见表 5-40 所列。

表5-39 基于低生态保护目标的淮河流域发展指标（推荐情景，22方案）

分区	年份	GDP/亿元	GDP空间结构/%	发展速度/%	人均GDP/万元	一产比例/%	二产比例/%	三产比例/%	消费率/%	积累率/%	能源比重/%	总灌面/万亩	粮食产量/万t	人均粮食/kg
淮河流域	2010	37647	100	8.25	2.26	14	54	32	46.07	54.19	6.5	12898	10121	607
淮河流域	2030	168933	100	8.41	8.82	5.3	54	40.7	51.84	46.75	5.2	16568	11692	611
河南省	2010	12991	34.5	7.06	2.18	15	55	30	52.12	59.66	8.2	4457	3604	604
河南省	2030	47857	28.3	15.62	7.25	6.6	57.9	35.5	60.1	48.08	8.5	6044	4415	669
安徽省	2010	4384	11.6	7.47	1.28	22	46	32	51.47	48.81	9.9	2588	2055	602
安徽省	2030	19427	11.5	16.44	4.88	7.8	48.8	43.4	47.75	54.58	10.8	3126	2398	602
江苏省	2010	11631	30.9	9.20	3.17	13	51	36	41.72	51.01	3.4	3938	2747	749
江苏省	2030	60590	35.9	18.91	12.15	4.4	52.9	42.7	49.43	47.78	2.7	4660	2995	601
山东省	2010	8607	22.9	8.93	2.39	10	60	30	40.05	53.44	6.4	1898	1694	471
山东省	2030	41059	24.3	18.23	11.50	4	53.4	42.6	47.71	39.99	2.5	2738	1884	528

注：人口及城镇化水平为外生成果，因此表中未列出。

表 5 - 40 基于低生态保护目标的淮河流域水资源利用状况（推荐情景，22 方案）

分区	年份	河道外需水/亿 m³						河道外供水/亿 m³			河道外耗水量	污水排放量	COD/万 t		水投资/亿元	节水量/亿 m³	标准污水厂/座
		合计	城乡生活	农业	非农产业	能源工业	生态	地表	地下	其他			排放总量	削减总量			
淮河流域	2010	572.7	49.8	418.0	98.2	50.4	6.7	427.3	142.9	1.5	435	50.0					
	2030	639.4	79.7	425.5	121.6	39.5	12.6	475.4	148.6	15.4	440.6	37.2	74.9	74.9	9554.0	95.2	312
河南省	2010	115.4	15.3	69.2	30.0	7.8	0.9	1.7	117.1	0.4	90.54	17.1					
	2030	149.4	26.9	84.3	34.4	7.2	3.8	85.5	59.3	4.6	88.2	11.7	26.9	26.9	2398.5	20.3	98
安徽省	2010	115.4	15.3	81.3	17.9	36.9	0.9	100.15	24.75	0.2	94.87	12.2					
	2030	138.2	17.4	79.8	38.5	19.8	2.5	110.9	23.5	3.8	87.4	10.7	18.3	18.3	1410.6	26.3	85
江苏省	2010	252.2	14.1	207.6	29.6	19.8	5.5	244.68	7.57	0	191.18	15.4					
	2030	261.1	21.9	197.5	36.2	11.4	1.0	256.1	1.3	3.7	201.5	11.1	22.4	22.4	3748.1	37.7	97
山东省	2010	77.9	8.7	59.1	9.1	2.2	1.0	42.38	34.59	0.94	58.18	5.2					
	2030	90.8	13.5	64.0	12.4	1.1	0.9	23.1	64.5	3.2	63.5	3.7	7.3	7.3	1996.7	10.9	31

基于"以水定发展"的发展思路，2030 年淮河流域 GDP 预期可达到 168933 亿元，计算期内的平均经济发展速度为 17.44％；产业结构调整明显，产业比重由 2010 年的 14∶54∶32 调整到 2030 年的 5.3∶54∶40.7。在水资源短缺制约及经济发展基础地位双重作用下，淮河流域能源工业发展呈现如下特点：能源工业占 GDP 的比重由 2010 年的 6.5％降至 2030 年的 5.2％，能源工业增加值合计从 2010 年 2447 亿元提高至 2030 年的 8784 亿元。2030 年全流域灌溉面积为 16568 万亩，比 2010 年新增约 3670 万亩；2030 年全流域粮食产量可达 11692 亿 kg，人均粮食产量 611kg，比 2010 年的 606kg 略有提高；2010—2030 年全流域包括供水（主要为再生水）、节水和治污投资规模为 8693 亿元，年均节水投资 62 亿元；到 2030 年全流域须新建 307 座日处理能力 10 万 t 的标准污水处理厂。

2030 年全流域预期供水量为 639.4 亿 m³，比 2010 年新增 66.7 亿 m³，以回用水为主的其他供水增加 13.9 亿 m³。从 2030 年的需水量构成看，农业需水量比 2010 年增加 7.5 亿 m³，城乡生活需水量增加 29.9 亿 m³，非农产业需水量增加 23.4 亿 m³，生态需水量增加 5.9 亿 m³。需要说明的是，全流域能源工业需水量由 2010 年的 50.4 亿 m³ 降到 2030 年的 39.5 亿 m³，减少 10.9 亿 m³。

2. 基于不同生态环境保护目标情景分析

（1）经济社会发展指标分析

本研究以宏观经济效果和水资源开发利用为切入点，重点分析不同生态环境保护目标的影响。低生态保护（以下简称低生态）和高生态保护（以下简称高生态）目标情景下的淮河流域发展指标见表 5-41 所列，对应的水资源开发利用状况见表 5-42 所列。

表 5-41 两种生态环境保护目标情景下的淮河流域发展指标

情景方案	年份/年	GDP/亿元	发展速度/%	人均GDP/万元	一产比例/%	二产比例/%	三产比例/%	消费率/%	积累率/%	能源比重/%	总灌面/万亩	粮食产量/万t	人均粮食/kg
低生态	2010	37647	8.25	2.26	14	54	32	46.07	54.19	6.5	12898	10121	607
	2030	168933	17.4	8.82	5.3	54.0	40.7	51.8	46.8	5.2	16568	11692	611
高生态	2010	37647	8.25	2.26	14	54	32	46.07	54.19	6.5	12898	10121	607
	2030	165117	17.2	8.6	5.5	52.6	42.0	52.0	46.7	4.8	16507	11641	608

表 5-42 两种生态环境保护目标情景下的淮河流域水资源开发利用状况

情景方案	年份/年	河道外需水/亿 m³					河道外供水/亿 m³			河道外耗水量	废污水排放量	COD/万 t		水投资/亿元
		合计	城乡生活	农业	非农产业	能源工业	生态	地表	地下	其他			排放总量	削减总量	
低生态	2010	572.7	49.8	418.0	98.2	50.4	6.7	427.3	142.9	1.5	435	63.5	50.0		
	2030	639.4	79.7	425.5	121.6	39.5	12.6	475.4	148.6	15.4	440.6	124.1	35.2	73.9	9540.4
高生态	2010	572.7	49.8	418.0	98.2	50.4	6.7	427.3	142.9	1.5	435	76.3	50.0		
	2030	632.4	79.7	425.4	114.7	36.7	12.6	469	148.6	14.8	438.8	118.7	35.2	73.9	9540.4

从宏观经济效果看（表 5 - 41），在高生态情景下，淮河流域 2030 年 GDP 为 165117 亿元，在低生态情景下，淮河流域 2030 年 GDP 为 168933 亿元，两者相差 3816 亿元，不足 GDP 总量的 2.5%。这表明加大生态环境保护力度从某种程度上制约了经济的发展，但总体制约作用并不明显。

从产业结构调整看，到 2030 年，淮河流域产业结构在高生态情景和低生态情景下分别为 5.5：52.5：42.0 和 5.3：54.0：40.7，其中第三产业比重提升了 1.3 个百分点。受河道内生态环境需水增加影响，河道外供水量相应减少。在供水量有限的条件下，淮河流域经济系统通过产业结构调整，保障了经济的平稳增长。

在不同的生态保护要求下，淮河流域总灌溉面积、粮食产量和能源比重呈现相似的规律：低生态情景下的指标值优于高生态情景。例如：在高生态情景方案中，淮河流域 2030 年总灌溉面积、粮食产量和能源比重分别为 16507 万亩、11641 亿 kg 和 4.8%，在低生态情景方案中这三者分别为 16568 万亩、11692 亿 kg 和 5.2%，两者相差分别为 61 万亩、51 亿 kg 和 0.4%。

综上分析，在高生态情景下，淮河流域经济社会发展将受到一定程度制约，但制约程度并不明显。

（2）水资源开发利用状况分析

对比两种生态环境保护目标情景下淮河流域供用水总量情况（表 5 - 42），可知在 2030 年水平下，高生态情景的淮河流域总用水量比低生态情景减少 7 亿 m³。结果说明在高生态情景下，淮河流域河道外供水较低生态情景减少 7 亿 m³，占淮河流域水资源总量不足 1%，实现了生态系统的健康发展（增加生态系统保护目标）。

从用水角度看，高生态情景方案对淮河流域用水量的影响主要体现在非农行业用水，尤其是能源行业。例如：2030 年高生态情景方案非农行业用水量较低生态情景方案减少 6.9 亿 m³，其中能源行业减少 2.8 亿 m³，占总减少量的 40.5%。

从供水角度看，高生态情景方案对淮河流域用水量的影响主要体现在地表水资源取用量。由于总用水量减少，淮河流域回用水量也相应减少，但减少量并不明显。例如：高生态情景方案下，淮河流域 2030 年供水量较低生态情景方案减少 7 亿 m³，其中地表水减少 6.4 亿 m³，回用水减少 0.6 亿 m³。

分析可知，提高生态保护要求将减少河道外供水量，但减少比例是十分有限的（不足水资源总量的 1%）。就增加河道内用水需求的生态效益而言，该情景方案为推荐方案。

5.5.3 淮河流域水资源与经济社会协调发展的方案选择

根据《淮河流域及山东半岛水资源综合规划》成果，2030 年淮河流域用水总量应不超过 642 亿 m³。结合节水情景、治污情景分析成果，从节水、治污和污水处理回用等技术、经济、投资实施的可行性和可能性进行综合分析，基于"以水定发展"的发展思路，选定淮河流域水资源与经济社会协调发展推荐方案为 22 方案（强化节水强化治污）。该方案是在满足用水总量控制目标前提下，利用有限的可利用水资源得到较优配置的多目标综合方案。

5.5.4 推荐方案的协调度评价

按照协同学理论，分析淮河流域在推荐方案情景下的协调发展程度，分析在经济发展、节水、治污等推荐情景下淮河流域经济社会、水资源与生态环境复合系统协调发展状况。

采用经济社会、水资源与生态环境复合系统协调评价所采用的相关指标，分析淮河流域 2030 年系统协调发展趋势，即与现状相比，未来不同水平年系统的协调程度变化。

根据推荐方案情景，淮河流域二级区经济社会、水资源与生态环境复合系统指标见表 5−43 所列。2030 年规划水平年的水资源量采用淮河流域水资源规划评价二级区多年平均水资源量结果。经济社会发展、用水需求、节水、治污均采用推荐方案设定的情景，分析指标见表 5−43 所列。

表 5−43　淮河流域二级区经济社会、水资源与生态环境复合系统指标

| 年份/年 | 淮河上游 | | | | | |
| | 经济社会子系统 | | 水资源子系统 | | 生态环境子系统 | |
	人均GDP/元	万元GDP用水量/m³	人均水资源量/m³	水资源开发利用率/%	污径比/%	生态用水率/%
2010	14120	133	792	24	4.68	76
2030	55301	54	776	38	3.3	62

| 年份/年 | 淮河中游 | | | | | |
| | 经济社会子系统 | | 水资源子系统 | | 生态环境子系统 | |
	人均GDP/元	万元GDP用水量/m³	人均水资源量/m³	水资源开发利用率/%	污径比/%	生态用水率/%
2010	19887	143	535	53	12.6	47
2030	67837	45	400	76	10.0	24

| 年份/年 | 淮河下游 | | | | | |
| | 经济社会子系统 | | 水资源子系统 | | 生态环境子系统 | |
	人均GDP/元	万元GDP用水量/m³	人均水资源量/m³	水资源开发利用率/%	污径比/%	生态用水率/%
2010	35997	219	625	126	13.27	0
2030	142787	42	468	130	15.8	0

| 年份/年 | 沂沭泗河 | | | | | |
| | 经济社会子系统 | | 水资源子系统 | | 生态环境子系统 | |
	人均GDP/元	万元GDP用水量/m³	人均水资源量/m³	水资源开发利用率/%	污径比/%	生态用水率/%
2010	24742	135	373	89	15.61	11
2030	86428	42	380	95	35.0	5

依据淮河流域各二级区不同子系统指标值进行协调度分析计算（表5-44）。结果显示，淮河流域4个二级区按照推荐情景的发展、节水、治污方式，其2030年社会经济、水资源与生态环境复合系统与2009年相比，均向更加协调的趋势发展，整个流域也向着更加协调的方向发展，整个淮河流域系统趋于稳定协调。淮河流域及各二级区经济社会、水资源与生态环境复合系统协调发展趋势如图5-6所示。

表5-44 淮河流域二级区经济社会、水资源与生态环境复合系统协调度

年份/年	淮河上游	淮河中游	淮河下游	沂沭泗河	淮河流域
2010	0.552	0.512	0.040	0.203	0.3253
2030	0.601	0.450	0.109	0.314	0.3319

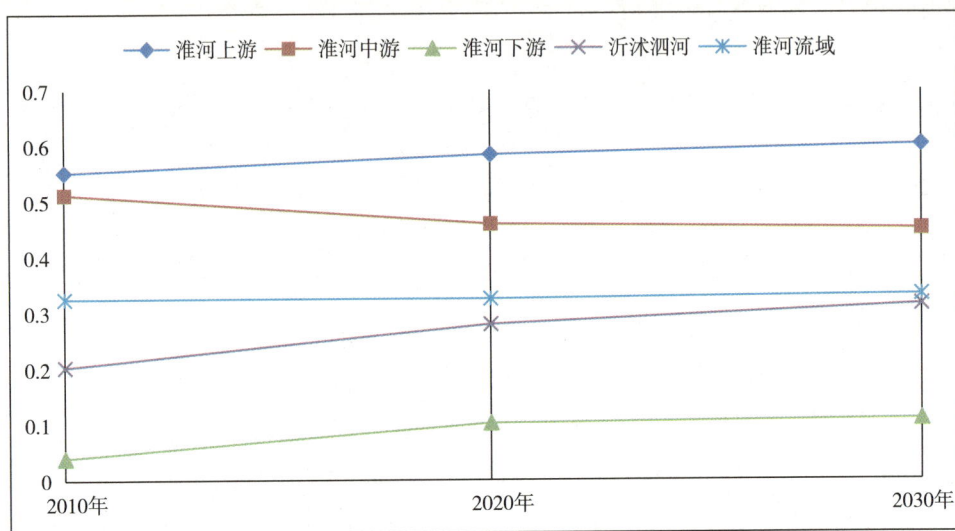

图5-6 淮河流域及各二级区经济社会、水资源与生态环境复合系统协调发展趋势

5.5.5 淮河流域水资源的空间特征预测分析

提高生态环境保护要求，增加河道内生态环境用水，从而影响和改变河道外生产、生活和生态供水水平与规律。通过对长系列模拟结果进行供需缺水比较，识别淮河流域三级区套省的缺水类型与缺水程度。需要说明的是，受资料所限，本次模拟计算单元水平衡基于淮河流域自身水资源条件，未考虑淮河流域外调水量，因此计算单元的缺水指标偏大。

1. 模拟单元缺水分析

根据模型计算成果，在多年平均来水条件下，淮河流域2030年缺水量为28.1亿~49.4亿 m³，这表明考虑外流域调水后淮河流域用水需求基本能得到满足。

由于来水过程的时空差异、用水方式的多样性及来水和用水过程的不同步性，淮河流域在个别年份及个别月出现缺水现象。本研究选取缺水月比例和年平均缺水深度来进行综合分析，即分别从缺水时数和缺水程度角度进行缺水识别。将模拟期计算单

元多年平均缺水量与需水量的比值定义为计算单元年平均缺水深度，将模拟期计算单元缺水月合计数与模拟月合计数（本研究采用45年长系列月模拟）的比值定义为计算单元缺水月比例。

在低生态环境保护目标情景下，淮河流域2030年25个模拟单元中，江苏省的三级区缺水相对严重，其他地区年平均缺水深度多在10%以下，可以被认为基本不缺水；由于用水需求量上升，2030年淮河流域年平均缺水深度较严重，主要被影响的单元为蚌洪区间北岸河南区。与低生态环境保护目标情景相比，在高生态环境保护目标情景下，淮河流域模拟单元中的缺水区明显增加，缺水深度加重，新增缺水地区主要为淮河中游北岸地区。

就缺水月比例指标而言，低生态环境保护目标情景要优于高生态环境保护目标情景。

综合缺水月比例指标与缺水深度指标，发现淮河流域中游地区缺水深度较小，但缺水月比例较高，属于常规性缺水地区，这表明水资源调蓄能力不足及天然来水偏少是该地区主要缺水原因；淮河流域下游尤其是江苏地区，缺水深度较大，缺水月比例较小，属于干旱年缺水地区，这表明该地区受水资源来水变化影响较大，主要缺水原因是水资源调蓄能力不足。

因此，对于淮河中游缺水地区，一方面要加快外流域调水进程，抗御常规性缺水风险；另一方面采用工程手段，增加区域内水库调蓄能力。对于淮河下游地区，要加大水资源调度和调控能力，增强淮河流域抗旱能力，通过规划实施外流域调水工程，缓解淮河流域干旱年水资源短缺问题。

2. 断面生态流量分析

本研究以满足河道内生态环境用水量为前提，以河流纳污能力为控制进行水资源功效最大化模拟，因此，用模型计算河道内重要断面需水量必定优于给定的生态环境保护目标。为进一步制定协调、可行的生态环境保护目标，本研究重点分析高生态环境保护情景下的模型计算结果与生态目标成果。为简便分析，本研究选取2030年强化节水、强化治污模式下，淮河流域6个控制站月平均下泄流量进行对比分析，如图5-9所示。

从王家坝站、蚌埠站、中渡站模拟计算流量与生态环境保护目标要求下泄流量的对比看出，淮河流域上游和淮河流域下游地区有进一步提高生态环境保护要求的空间；除汛期外，蚌埠站亦可适当提高生态环境保护目标。从班台、周口和玄武3站模拟计算流量与生态环境保护目标要求下泄流量看，周口站月平均下泄流量基本上接近生态环境保护目标，这表明周口站上游地区河道外、河道内用水需求竞争激烈，在河道外进一步增加供水量的可能性较小。

蚌埠站和周口站位于淮河流域中游地区，根据模拟结果，两站月平均下泄流量与生态环境保护目标要求下泄量基本接近，这表明该地区经济社会用水对河道内生态环境用水量的挤占倾向性较强，间接说明该类地区的水资源紧张形势，这与本节前述分析结论（淮河流域中游属于水资源紧缺地区，为常规性缺水类型区）相符。

淮河流2030年6个控制站年径流量对比见表5-45所列。模型计算断面下泄流

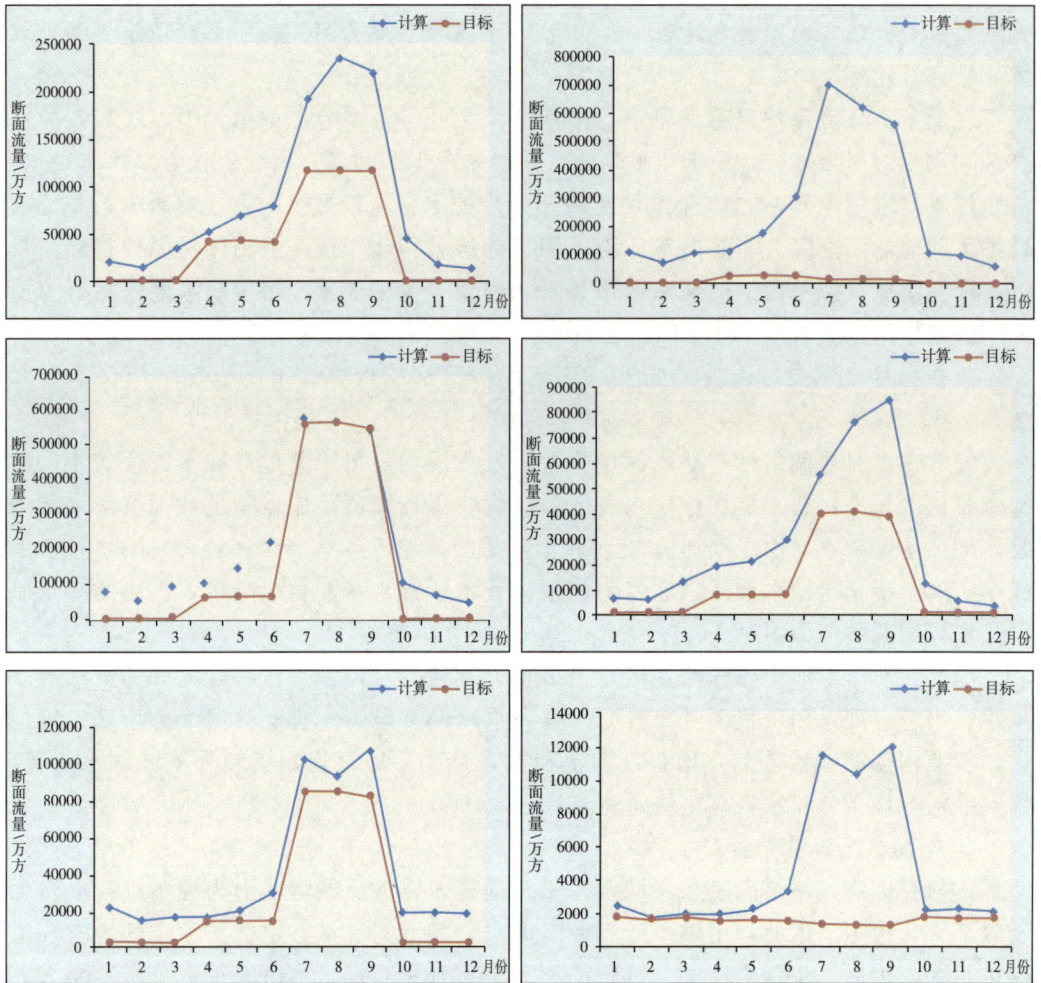

图 5-9 2030 年淮河流域 6 个控制站月平均下泄流量分析

量远高于生态环境保护目标要求下泄流量，超出幅度为 138%～2270%。

表 5-45 淮河流域 2030 年 6 个控制站年径流量对比

控制断面	2030 年径流量		
	计算/亿 m³	目标/亿 m³	比值/%
王家坝站	99.5	48.3	206
蚌埠站	257.6	186.5	138
中渡站	303.5	13.4	2270
班台站	33.7	15.4	219
周口站	48.9	32.4	151
玄武站	5.4	2.0	270

上述结果表明，在高生态环境保护要求下，淮河流域重要控制断面月下泄流量和年径流量均远高于生态环境保护目标要求。该成果可为淮河流域制定行之有效、针对性强的水资源保护政策提供基础。

5.5.6　淮河流域水资源与经济社会协调发展的初步认识和对策建议

1. 淮河流域本地和外调水资源承载能力分析

从宏观经济效果、粮食安全生产、生态安全和环境友好等方面进行承载能力分析，有以下几点认识：

（1）淮河流域水资源短缺对经济社会发展制约作用明显

按"正向预测"方法（即不考虑水资源对经济发展的制约作用），在高经济发展模式下，淮河流域 2030 年 GDP 总量达到 18.23 万亿，2010—2030 年 GDP 平均增长率为 19.2%。在考虑淮河流域水资源制约作用下，推荐方案 2030 年 GDP 总量为 16.9 万亿，比正向预测低 1.27 万亿，相当于 2009 年淮河河南及淮河安徽的地区生产总值之和；即使考虑超强节水、超强治污模式，淮河流域 2030 年 GDP 总量也仅为 17.5 万亿，低于正向预测成果。可见，在统筹考虑淮河流域自身水资源及规划水平年外调水量成果后，水资源对淮河流域经济社会发展的制约仍十分明显。

（2）加强节水、治污和再生水利用，可有效提高淮河流域水资源承载力

根据模型成果：在一般节水、一般治污模式下，淮河流域 2030 年 GDP 为 149839 亿元；在强化节水、强化治污模式下，淮河流域 2030 年 GDP 达到 168933 亿元；而在超强节水、超强治污模式下，淮河流域 2030 年 GDP 为 175564 亿元。由此可以看出，节水和治污对增大淮河流域 GDP 规模有显著作用。加大节水、治污和再生水利用力度能有效提高淮河流域水资源承载能力。除了能有效增大 GDP 规模，加强节水治污力度，还能扩大农田灌溉面积、增加粮食产量，这表明其对淮河流域承载能力的提高是全面的。

（3）治污效益好于节水效益，淮河流域水污染问题突出

淮河流域同时面临水资源短缺与水污染严重问题。加大节水力度、提高污水处理与回用水平具有明显的宏观经济效果，但加大污水处理与再生水回用水平效果更加明显。根据模型计算成果，在强化治污方案下，淮河流域 GDP 最大（32 方案）和最小（12 方案）相差 2035 亿元；在强化节水方案下，淮河流域 GDP 最大（23 方案）和最小（21 方案）相差 24381 亿元；这表明污水治理效果十分明显，并间接反映出淮河流域水污染问题较水资源短缺问题更为突出。

2. 保护要求分析

从宏观经济效果、水资源开发利用状况和计算单元缺水水平进行分析，得出以下结论。

（1）提高生态环境保护目标要求，在一定程度上制约着淮河流域经济社会发展水平

在高生态情景下，淮河流域 2030 年 GDP 为 165117 亿元，灌溉面积为 16507 万亩，粮食产量为 11641 亿 kg；在低生态情景下，淮河流域 2030 年 GDP 为 168933 亿元，灌溉面积为 16568 万亩，粮食产量为 11692 亿 kg。两者各项指标相差分别为 3816 亿元、

61万亩和51亿kg，比重分别为2.4%、0.3%和0.4%；这说明提高生态环境保护目标要求，将在一定程度上影响淮河流域经济社会发展水平。

（2）提高生态环境保护目标要求，引起河道外供水量下降

根据模型计算成果，在2030年水平下，高生态情景的淮河流域总用水量比低生态情景减少7亿 m^3。这表明在高生态环境保护目标下，淮河流域河道外供水较低生态环境情景减少7亿 m^3，占淮河流域水资源总量不足1%。

（3）淮河中下游缺水原因不同，应采取不同的水资源管理措施

根据模型成果分析认为，淮河流域中游地区为常规性缺水地区，淮河下游地区为干旱年缺水地区。因此，对于淮河中游缺水地区，一方面要加快外流域调水进程，抗御常规性缺水风险；另一方面采用工程手段，增加区域内水库调蓄能力。对于淮河下游地区，要加大水资源调度和调控能力，增强淮河流域抗旱能力，通过规划实施外流域调水工程，缓解淮河流域干旱年水资源短缺问题。

5.6 小 结

1. 编制了淮河流域水资源环境经济投入产出表

在国家统计部门颁布的2007年各省区投入产出表基础上，结合2009年国民经济统计数据，采用投入产出表延长技术，编制了淮河流域4省区及淮河流域整体2009年投入产出表。采用水资源投入产出分析方法及水资源利用宏观经济效果评估模型，从流域层面对淮河流域水资源利用现状进行评价，提出了淮河流域逐步压缩第一产业、加快第三产业发展的有利于节水的产业结构调整方向的建议。

参考相关省区行业用水、排污统计信息，通过水量、水质的协调平衡方法，基于投入产出表行业分类，提出了淮河流域及其省区42个经济部门的用水量及用水定额、排污量及排污系数。

2. 评价了淮河流域经济社会发展与水资源利用效果

根据模型测算，2009年淮河流域全部用水产出率为172.5元/ m^3，其中水资源的边际效益为37.8元/ m^3；非农产业单方用水产出率为843.0元/ m^3，其中水资源的边际效益为260.5元/ m^3，即国民经济非农产业增加使用1 m^3 水，GDP产出增加843.0元，其中水的贡献是260.5元。这表明淮河水资源对经济社会发展作用巨大。2011年淮河流域工业水资源边际效益高于黄河流域，而全社会水资源边际效益略低于黄河流域。

3. 对淮河流域近年来经济社会、生态环境与水资源复合系统分区域的协调度指标进行了计算，对系统协调性进行了初步评价

将淮河流域二级区套省各单元经济社会与资源环境子系统2000—2009年的区域经济社会发展、水资源、生态环境样本数据代入建立的模型，计算得到各序参量的有序度，计算12个分析单元经济社会子系统、水资源子系统、生态环境子系统的有序度。以子系统有序度为中间变量，以初始系统有序度为基准，计算得到淮河流域二级区水资源、经济社会与生态环境复合系统协调度。

分析结果显示，淮河上游、中游与下游区域复合系统的协调度尽管有起伏，但是总体趋势是向着好的方向发展，即在经济社会发展的同时，资源环境利用与保护也得到逐步改善，使整个系统向着日益协调的趋势发展。

沂沭泗河区域复合系统的协调度在 2007 年前向协调趋势发展，但是 2007—2009 年该地区生态环境子系统中污径比序量增大，而生态用水率降低，使经济社会发展与生态环境保护的协调性降低，使整个系统的协调性呈下降的趋势。因此，为了促进和谐流域建设，该区域应当加强生态环境保护，减少污水排放，保障生态环境的合理用水。

4. 构建了淮河流域水资源–经济社会–生态环境系统协调发展模拟模型

设定不同的情景方案，制定水资源的开发利用、污染物质入河控制量、投资消费积累率等一系列水资源环境经济参数，设定相关的时空边界条件，采用整体模型技术，构建淮河流域水资源–经济社会–生态环境多过程模拟的协调发展模型，主要包括多目标分析模型、人口预测模型、宏观经济预测模型、土地利用与粮食生产模块、需水节水预测模型、水资源供需分析模型、水污染负荷排放与调控模型、水投资模型和水资源利用模型等模块。运用模型可以分析和回答淮河流域未来发展面临的一系列重大问题，如"在未来经济社会发展下，淮河水资源缺口有多大？未来淮河流域的水资源承载能力多大？破解淮河流域缺水困境、实现经济发展目标的途径有哪些？生态环境的保护目标如何界定？"等。

5. 通过模型分析，发现未来淮河流域在经济社会惯性发展趋势下水资源压力巨大

淮河流域 2010 年需水量为 571.7 亿 m³。由模拟模型分析，考虑不同的节水情景（一般、强化、超强）在不同的经济发展模式下（高、中、低增长速度），淮河流域 2030 年需水量为 617.2 亿～737.1 亿 m³。从预测成果可以看出，无论采取什么样的发展模式和节水措施，淮河流域在 2030 年以前的河道外需水量总体仍呈增长趋势。

根据《淮河流域及山东半岛水资源综合规划》成果，2030 年淮河流域用水总量应不超过 642 亿 m³。因此，根据已有规划外调水安排，淮河流域水资源不能承载高情景方案的发展水平。从经济社会发展、水资源供需平衡及用水总量控制指标约束等角度衡量，推荐方案明显优于中发展方案。

6. 不同情景下模型优化模拟结果分析

根据模型成果，在满足生态环境基本需水要求的情境下，在一般节水、一般治污模式下，淮河流域 2030 年 GDP 为 149839 亿元；在强化节水、强化治污模式下，淮河流域 2030 年 GDP 达到 168933 亿元；而在超强节水、超强治污模式下，淮河流域 2030 年 GDP 为 175564 亿元。由此可以看出，节水和治污对淮河流域 GDP 规模有显著作用，能有效增加 GDP 规模，加强节水治污力度，扩大农田灌溉面积，增加粮食产量。

7. 考虑不同目标要求提出针对性的水资源管理措施

根据模型成果，我们分析认为淮河流域中游地区为常规性缺水地区，淮河下游地区为干旱年缺水地区。因此，对于淮河中游缺水地区，一方面要加快外流域调水进程，抗御常规性缺水风险；另一方面采用工程手段，增强区域内水库调蓄能力。对于淮河下游地区，加大水资源调度和调控能力，增强淮河流域抗旱能力，通过规划实施外流域调水工程，缓解淮河流域干旱年水资源短缺问题。

第6章

淮河流域粮食生产供水安全标准及实现途径

淮河流域水资源总量不足且时空分布不均，水资源供需矛盾突出，城市用水挤占农业用水现象严重，农业供水安全形势不容乐观。淮河流域是我国重要的粮食主产区之一，战略地位十分重要。为保障国家粮食安全，有必要开展淮河流域粮食生产供水安全标准及实现途径专题研究。

本章在对国家粮食安全体系建设情况调研的基础上，重点分析了影响国家粮食安全的因素，提出保障国家粮食安全的各项措施；通过对比不同时期淮河流域及全国粮食生产情况，分析了淮河流域粮食生产在全国粮食生产中的重要战略地位；通过对淮河流域历年粮食产量与灌溉水量数据进行回归分析，确定淮河流域粮食产量与灌溉水量的关系，客观评价农田灌溉对粮食生产的作用；通过粮食作物受旱实验，重点研究亏水灌溉条件对淮河流域各典型农作物产量的影响；从粮食产量、有效灌溉面积、粮食灌溉水量、设计灌溉保证率与灌溉定额4个方面构建淮河流域粮食安全标准体系，在此基础上提出淮河流域农业供水安全保障途径。

6.1　淮河流域粮食生产对国家粮食安全的影响研究

6.1.1　全国粮食生产现状

中华人民共和国成立以来，党和政府高度重视粮食生产，采取一系列政策措施，不断深化农村改革，加强农业基础设施建设，加快农业新品种和新技术推广，调动农民生产积极性，着力提高粮食生产能力。我国粮食产量从1949年的1132亿kg增加到2007年的5016亿kg，实现了由长期短缺向供求基本平衡的历史性跨越，成功地解决了十几亿人口的吃饭问题。回顾历史，我国粮食生产经历了中华人民共和国成立后28年低起点快速发展和改革开放30年高起点波动发展两个阶段。

1949—1977年，我国粮食播种面积从16.5亿亩扩大到18.1亿亩，总产量先后跃上1500亿kg、2000亿kg、2500亿kg 3个台阶，粮食单产从69kg提高到157kg，增长1.28倍。有效灌溉面积由1952年的2.99亿亩扩大到1977年的6.75亿亩，增长了

1.26 倍。但这一时期我国人口增长较快，因此粮食人均占有量仅从 209kg 提高到 298kg，仍然处于较低水平，仍未根本解决温饱问题。

改革开放以来，我国粮食产量总体呈曲线增长趋势，波动比较频繁，目前粮食生产能力基本稳定在 5000 亿 kg 水平，实现了粮食供求基本平衡，满足了日益增加的消费需求，为经济社会发展和深化改革奠定了物质基础。1978—1984 年是改革开放后粮食产量的第一次增长期，尤其从 1980 年开始我国粮食产量连续 5 年增产，由 1980 年的 3206 亿 kg 增加到 1984 年的 4073 亿 kg，平均增长率为 5.4%，增长幅度较大。1984—1999 年，这一时期我国由计划经济向市场经济过渡，市场波动特征明显，频率周期规律性强。通过这段时期的波动性增长，1996 年我国粮食播种面积达到 16.9 亿亩，产量突破 5000 亿 kg。1996—1998 年我国粮食产量基本上保持了 5000 亿 kg 的水平。1999—2003 年，我国对农业结构进行调整，并实施退耕还林、退耕还湖政策，使粮食播种面积大幅度减少，因此粮食产量连续 5 年减产（其中 2002 年产量略有回升），产量由 5123 亿 kg 减少到 4307 亿 kg，低于 1990 年的粮食产量（4462 亿 kg）。2004 年后，党中央、国务院采取一系列惠农政策措施，调动了农民种粮积极性，粮食生产实现恢复性增长。到 2010 年，粮食播种面积恢复到 16.48 亿亩，粮食总产量达到 5464 亿 kg。

6.1.2　淮河流域粮食生产现状

淮河流域位于气候南北过渡带，土地肥沃，光热资源丰富，适合农作物生长，是我国重要的农业生产基地之一，在我国农业生产中占有举足轻重的地位，其主要农作物分为夏、秋两季，夏季主要种植小麦、油菜等，秋季主要种植水稻、玉米、薯类、大豆、棉花、花生等作物。

从中华人民共和国成立到改革开放前后，淮河流域粮食生产处于低起点高发展阶段，而改革开放以后，淮河流域粮食生产呈波动性增长。1980—1999 年，淮河流域粮食产量稳定增长，从 1980 年的 422 亿 kg 增长到 1999 年的 873 亿 kg，实现了粮食产量的翻番；2000—2003 年，因退耕还林和农业种植结构调整，淮河流域粮食产量有所减产，尤其是 2003 年，淮河流域粮食产量为近 20 年的最低值 658 亿 kg（1990 年淮河流域粮食产量为 676 亿 kg）；自 2004 年后，淮河流域粮食产量逐年稳步提高，2009 年、2010 年粮食产量连续两年突破 1000 亿 kg。

2010 年淮河流域农田有效灌溉面积为 14546 万亩，农作物复种指数为 1.70；粮食产量为 1012 亿 kg，约为中华人民共和国成立初期的 7.2 倍；人均粮食产量为 607kg，是 1949 年的 3.2 倍。2010 年淮河流域内河南省粮食产量最高，为 360 亿 kg，其次是山东省、江苏省、安徽省、湖北省。

6.1.3　淮河流域粮食生产对国家粮食安全的影响

粮食安全是关系我国国民经济发展、社会稳定和国家自立的全局性重大战略问题。保障国家粮食安全是治国安邦的头等大事。随着人口的增加，工业化、城镇化的发展及人民生活水平的提高，我国粮食消费呈刚性增长，而耕地减少、水资源短缺、气候变化等对粮食生产的约束日益突出。我国粮食的供需将长期处于紧平衡状态，保障粮食安全面临严峻挑战。

1. 粮食主产区战略地位突出

我国人均耕地面积少，且呈逐年减少趋势，人地矛盾日益尖锐。按照《国家粮食安全中长期规划纲要（2008—2020年）》，到2020年我国粮食需求总量将达到5725亿kg，粮食供需将长期处于紧平衡状态。淮河流域的耕地资源在全国具有举足轻重的地位，是我国重要的粮食产区和商品粮生产基地，主要农产品具有相对优势。按照《全国新增1000亿斤粮食生产能力规划（2009—2020年）》，淮河流域的河南、安徽、江苏和山东4省都是国家确定的粮食核心产区，负担粮食产能建设任务164.5亿kg，占全国粮食产能建设任务的32.9%。黄淮海区划定的300个粮食产能建设核心县（市、区）大多数在淮河流域内，因此淮河流域农业的兴衰影响着我国的粮食安全。另外，淮河流域地处中原和华东地区，距离主要粮食消费地较近，有利于缓解全国粮食供需区域不平衡的矛盾和粮食远距离调运的问题。

2. 粮食产量对全国贡献显著

1980—2010年，淮河流域粮食产量大幅增长，占全国粮食产量的比重逐步增加。2010年淮河流域粮食产量达1185亿kg，较1980年粮食产量422亿kg增加了181%，占全国粮食总产量比重由1980年的1/8左右，上升到2010年的21.7%。淮河流域历年粮食产量与全国粮食产量对比见表6-1和图6-1。

由表6-1可知，1980—1990年，淮河流域粮食增产量为254亿kg，同期全国粮食增产量为1168亿kg，淮河流域粮食增产对全国粮食增产的贡献率为21.7%；2000—2010年，淮河流域粮食增产量为249亿kg，同期全国粮食增产量为839亿kg，淮河流域粮食增产对全国粮食增产的贡献率为29.7%。

表6-1 淮河流域历年粮食产量与全国粮食产量对比

年份/年	淮河流域粮食产量/亿kg	全国粮食产量/亿kg	占全国比重/%
1980	422	3182	13.3
1985	602	3790	15.9
1990	676	4350	15.5
1995	756	4650	16.3
2000	763	4625	16.5
2001	754	4526	16.7
2002	781	4571	17.1
2003	658	4307	15.3
2004	816	4695	17.4
2005	839	4840	17.3
2006	946	4980	19.0

（续表）

年份/年	淮河流域粮食产量/亿 kg	全国粮食产量/亿 kg	占全国比重/%
2007	949	5016	18.9
2008	957	5287	18.1
2009	1014	5308	19.1
2010	1012	5464	18.5

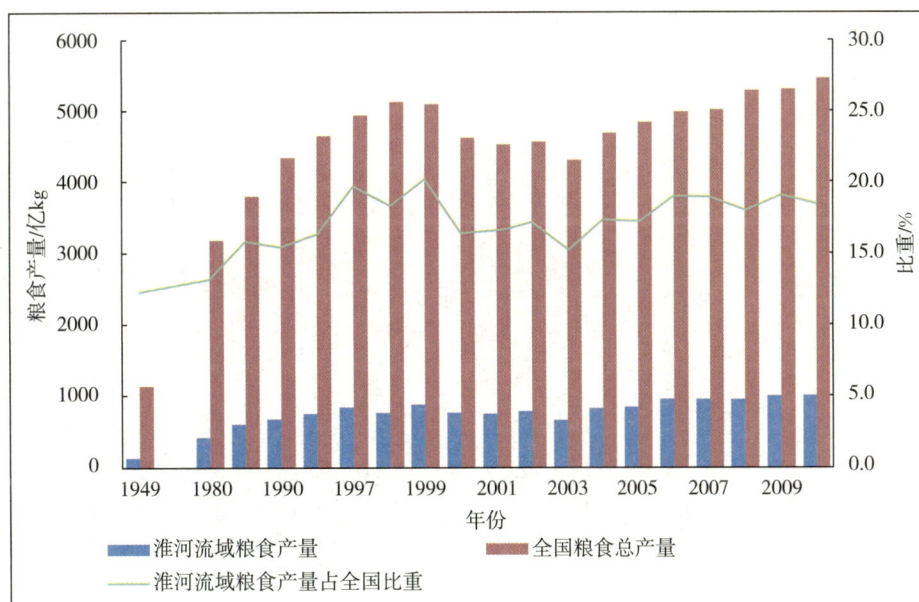

图 6-1　淮河流域历年粮食总产量与全国粮食产量对比

　　1949—1980 年，淮河流域和全国的粮食生产呈低起点、高发展的态势。对 1980—2010 年淮河流域及全国粮食总产量进行综合分析，可以将其分为 3 个阶段：第一阶段是 1980—1999 年，淮河流域和全国粮食产量稳定增长，淮河流域粮食产量占全国粮食产量比重也稳定提高；第二阶段是 2000—2003 年，因退耕还林和农业种植结构调整，淮河流域及全国粮食产量均有所减产，尤其是 2003 年，淮河流域粮食产量占全国粮食产量比重仅为 17.9%；第三阶段为 2004—2010 年，淮河流域和全国粮食产量逐年稳步提高。总体来看，如果淮河流域粮食丰收，则全国粮食丰收；如果淮河流域粮食减产，则全国粮食减产。因此，淮河流域在我国粮食生产中占有举足轻重的地位。

3. 人均粮食产量高于全国平均水平

　　中华人民共和国成立初期，淮河流域人均粮食产量为 190kg，相当于全国人均粮食产量的 91%；从 20 世纪 80 年代开始，淮河流域人均粮食产量由 1980 年的 333kg 上升至 2010 年的 607kg，同期全国人均粮食产量由 322kg 上升到 399kg。淮河流域人均粮食产量与全国人均粮食产量对比见表 6-2 和图 6-2。

表 6-2　淮河流域人均粮食产量与全国人均粮食产量对比

年份/年	1980	1985	1990	1995	2000	2005	2010
淮河流域人均粮食产量/kg	333	448	453	480	462	495	607
全国人均粮食产量/kg	322	358	380	384	365	370	399

由表 6-2 可知，1980 年淮河流域人均粮食产量为全国人均粮食产量的 1.03 倍，而 2010 年淮河流域人均粮食产量为全国人均粮食产量的 1.52 倍。1980—2010 年，在全国人均粮食产量稳定提高的同时，淮河流域人均粮食产量大幅增加。

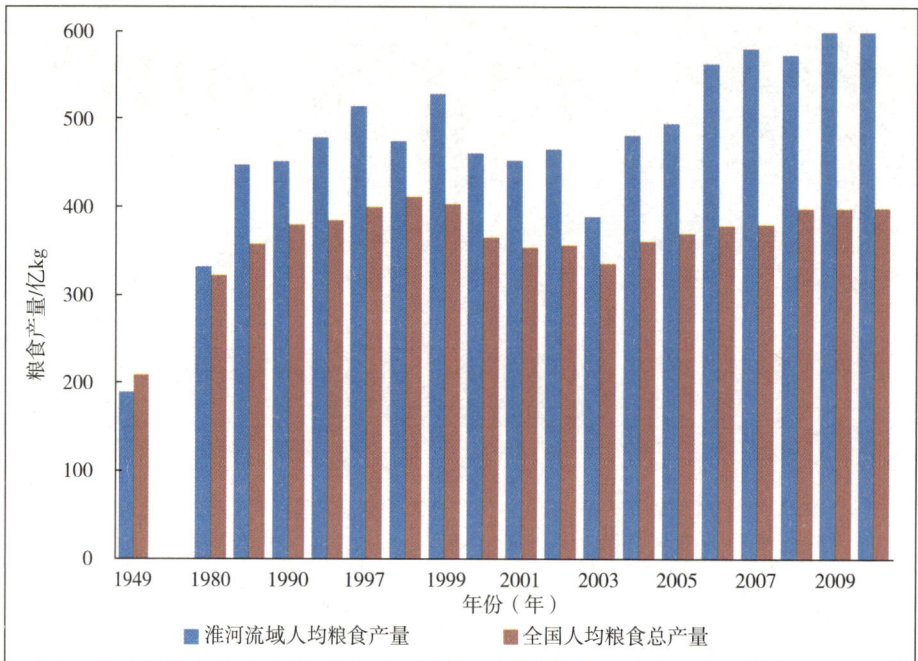

图 6-2　淮河流域人均粮食产量与全国人均粮食产量对比

总体来看，从 1980 年开始，淮河流域人均粮食产量逐步超过全国平均水平，淮河流域成为全国重要的粮食产地，在我国粮食生产中占有举足轻重的地位。淮河流域已成为我国粮、棉、油主产区之一及我国重要的商品粮产生基地。

6.2　农田灌溉对淮河流域粮食生产的作用分析与评价

6.2.1　淮河流域灌溉发展历程与现状分析

中华人民共和国成立以来，淮河流域进行了大规模的农田水利基础建设，全面推进农田水利工程建设，灌溉面积快速增长，已建成库塘灌区、河湖灌区和机电井灌区等灌溉系统，现有耕地总面积约 1.90 亿亩，有效灌溉总面积约 1.45 亿亩。

　　1980 年，淮河流域有效灌溉面积为 1.12 亿亩，实灌面积为 0.78 亿亩，实灌率为 69%；到 2010 年，淮河流域有效灌溉面积为 1.45 亿亩，实灌面积为 1.29 亿亩，实灌率为 89%。淮河流域 2006—2010 年耕地面积均值为 1.87 亿亩，其中有效灌溉面积均值为 1.43 亿亩，耕地灌溉率为 76.4%；实灌面积均值为 1.26 亿亩，实灌率为 88.2%。淮河流域各年有效灌溉面积和实灌面积表见表 6-3 所示，各年有效灌溉面积和实灌率发展趋势图如图 6-3 所示。

表 6-3　淮河流域各年有效灌溉面积和实灌面积表

年份/年	有效灌溉面积/万亩	实灌面积/万亩	实灌率/%
1980	11245	7754	69
1985	11024	7163	65
1990	10920	8113	74
1995	11979	9935	83
1997	12649	11411	90
1998	12971	10860	84
1999	13286	11384	86
2000	13522	11274	83
2001	13431	11434	85
2002	13561	11674	86
2003	13714	11010	80
2004	13872	11548	83
2005	13743	11033	80
2006	14013	11919	85
2007	14044	11967	85
2008	14395	13045	91
2009	14467	13204	91
2010	14546	12898	89

　　1980—1990 年，淮河流域有效灌溉面积基本保持在 1980 年的水平；1995—2010 年，淮河流域有效灌溉面积一直保持稳定增长，到 2010 年，淮河流域有效灌溉面积达 1.45 亿亩。1985—1997 年，淮河流域实灌面积飞速增长，到 1997 年，淮河流域实灌面积为 1.14 万亩，实灌率高达 90%。此后 10 年，由于退耕还林和农业种植结构的调整，淮河流域实灌率有所下降，实灌面积保持在 1.1 万～1.2 万亩。2006 年后，淮河流域实际灌溉面积逐年稳定增长，2008—2010 年实灌面积保持在 1.3 亿亩左右，实灌率平均值约为 90.2%。

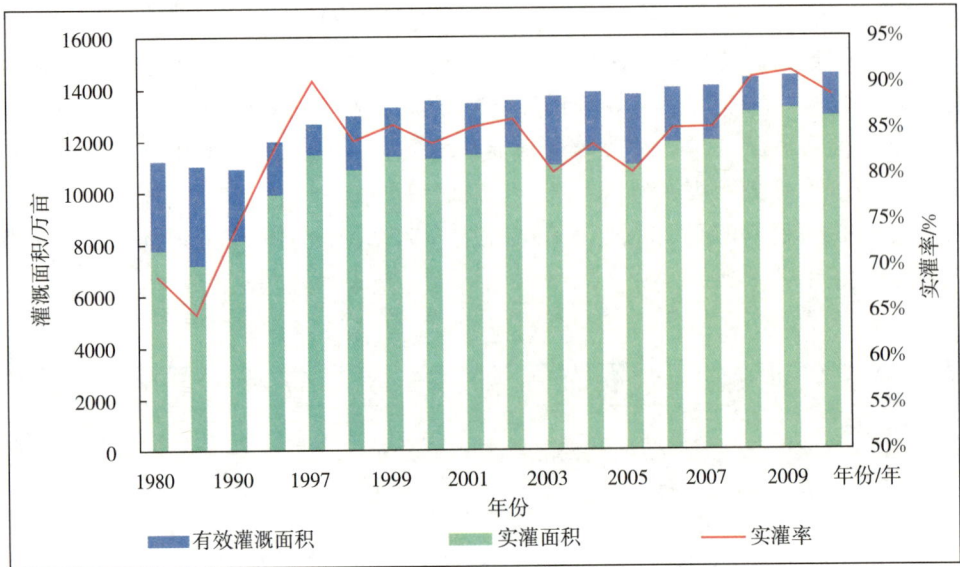

图 6-3 淮河流域有效灌溉面积和实灌率发展趋势图

6.2.2 水旱灾害对淮河流域粮食安全的影响

淮河流域位于我国南北气候过渡带，具有降雨量、水资源量变化大、自然灾害频繁的特点。根据淮河流域统计资料，分析说明水旱灾害对淮河流域粮食安全的影响。

1949 年以来，淮河流域先后发生了 1950、1954、1991 年流域性大水。淮河水系发生过 1968 年淮河上游洪水，1969 年淮河中游滍、史河洪水，1975 年洪汝河、沙颍河洪水，1963 年平原大面积积涝等。沂沭泗水系发生过 1957、1974 年洪水等。以上洪水均造成严重的洪涝灾害。

1949—2000 年的 52 年中，淮河流域旱灾年成灾农田在 2000 万亩以上的有 21 年，占统计年数的 40.4%；旱灾年成灾农田在 3000 万亩、4000 万亩、5000 万亩以上的分别有 14 年、11 年和 7 年，分别占统计年数的 26.9%、21.2% 和 13.5%。可见淮河流域旱灾出现的频率很高，20 世纪 50、60、70、80、90 年代年均旱灾成灾农田面积分别占同年代年均耕地面积的 1%、3.8%、8.6%、13.4% 和 21%。

表 6-4 淮河流域各时期旱灾成灾农田统计表

时期	旱灾累计成灾农田/万亩	年均旱灾成灾农田/万亩	年均旱灾成灾农田面积占年均耕地面积的比重/%
20 世纪 50 年代	2229	223	1
20 世纪 60 年代	74059	741	3.8
20 世纪 70 年代	164391	1643	8.6
20 世纪 80 年代	25061	2506	13.4
20 世纪 90 年代	38452	3845	21.0

注：耕地面积为统计亩。

　　由此可见淮河流域旱灾呈逐步加剧的趋势。20 世纪 90 年代，淮河流域先后出现了 1991 年、1994 年、1997 年、1999 年、2000 年 5 个大旱年份，20 世纪 90 年代淮河流域大旱灾出现的频率已由 20 世纪 70、80 年代的每 5 年出现一次，增加到每 2 年出现一次。淮河流域 20 世纪 90 年代累计旱灾成灾农田面积达 38452 万亩（年均旱灾成灾农田 3845 万亩，占全流域耕地面积的 21%），较淮河流域 20 世纪 80 年代旱灾累计成灾农田面积增加了 13391 万亩，增加了 53%。1991—2001 年淮河流域有 1994 年、1997 年、1999 年、2000 年、2001 年 5 个年份旱灾成灾农田在 6000 万亩以上（占全流域耕地面积 30% 以上），并造成淮河流域农业严重减产。

6.2.3　农田灌溉对粮食产量的影响

　　淮河流域是我国水资源供需矛盾突出的地区之一。水资源短缺问题是影响淮河流域粮食生产安全的重要因素。淮河流域多年平均降雨量为 898mm，其中汛期降雨量为 569mm，占全年降雨量的 63%。汛期中大部分降雨不能被农作物所利用，因此农田灌溉对淮河流域粮食生产的作用十分重要。

　　统计 1985—2010 年的淮河流域农田有效灌溉面积、灌溉水量和粮食产量，淮河流域粮食产量与灌溉水量统计表见表 6-5 所列。1985—2010 年，淮河流域农田有效灌溉面积从 11024 万亩增长到 14546 万亩，增长了约 31.9%；粮食产量从 602 亿 kg 增长到 1012 亿 kg，增长了 68.2%；灌溉水量基本保持在 210 亿～338 亿 m³。淮河流域 1985—2010 年粮食产量和灌溉水量关系图如图 6-4 所示。

表 6-5　淮河流域粮食产量与灌溉水量统计表

年份/年	农田有效灌溉面积/万亩	灌溉水量/亿 m³	粮食产量/亿 kg
1985	11024	255	602
1990	10920	270	676
1995	11979	290	756
1998	12971	286	777
1999	13286	338	873
2000	13522	279	763
2001	13431	323	754
2002	13561	322	781
2003	13714	210	658
2004	13872	281	816
2005	13743	259	839
2006	14013	291	946
2007	14044	269	949
2008	14395	309	957
2009	14467	331	1014
2010	14546	327	1012

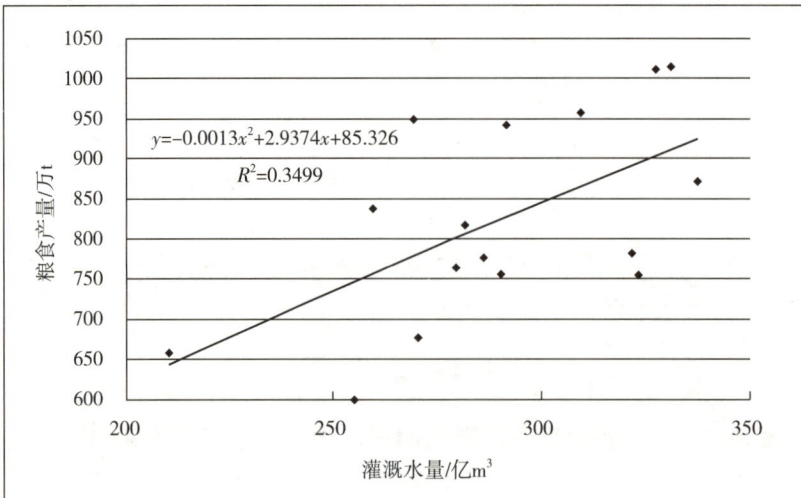

图 6-4 淮河流域 1985—2010 年粮食产量与灌溉水量关系图

从图 6-4 中可以看出，1985—2010 年淮河流域的粮食产量与灌溉水量的相关关系并不显著，相关系数仅为 0.349。分析具体数据，图 6-4 中拟合曲线斜上方的数据均为 2003—2010 年的粮食产量与灌溉水量数据；而图 6-4 拟合曲线斜下方的数据均为 1985—2003 年的粮食产量与灌溉水量数据。可见，在较长时期内，影响粮食产量的主要因素是农业生产科技水平的提升和粮田灌溉面积的增长；但较短时期内，农田有效灌溉面积增长幅度不大，且农业生产科技水平的提高对粮食增产的作用并不显著，粮食产量与灌溉水量的相关关系比较显著。

以 2003 年为节点，将 1985—2010 年淮河流域粮食产量与灌溉水量数据分为两个系列，分别采用多项式进行拟合，得到粮食产量与灌溉水量的关系曲线图（一），如图 6-5 所示。

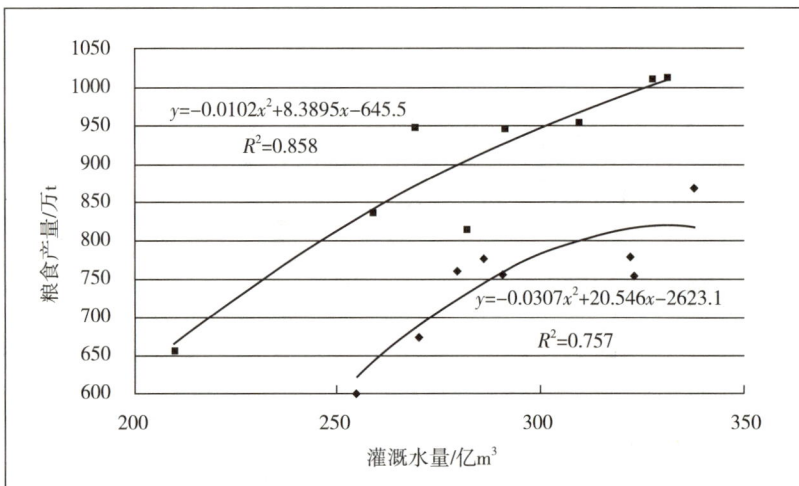

图 6-5 1985—2010 年淮河流域粮食产量与灌溉水量关系曲线图（一）

从图 6-5 可以看出，2003—2010 年数据系列的拟合曲线较为合理，相关系数达到
0.858，拟合曲线表达式如式 6-1 所示；1985—2003 年数据系列的拟合曲线的相关系数只有
0.757，并且在灌溉水量超过 320 亿 m^3 后粮食产量呈下降趋势，这显然与实际情况不符。

$$Y = -0.010X^2 + 8.389X - 645.5, R^2 = 0.858 \qquad (6-1)$$

$$Y = -0.030X^2 + 20.54X - 2623, R^2 = 0.757 \qquad (6-2)$$

通过分析点据，可以看出拟合曲线主要受 2001—2002 年数据影响较大。根据之前
的内容分析，2000—2003 年，我国进行了退耕还林和农业种植结构调整。现分别对
1985—2000 年系列与 2003—2010 年系列进行拟合，1985—2010 年淮河流域粮食产量
与灌溉水量关系曲线图（二）如图 6-6 所示。

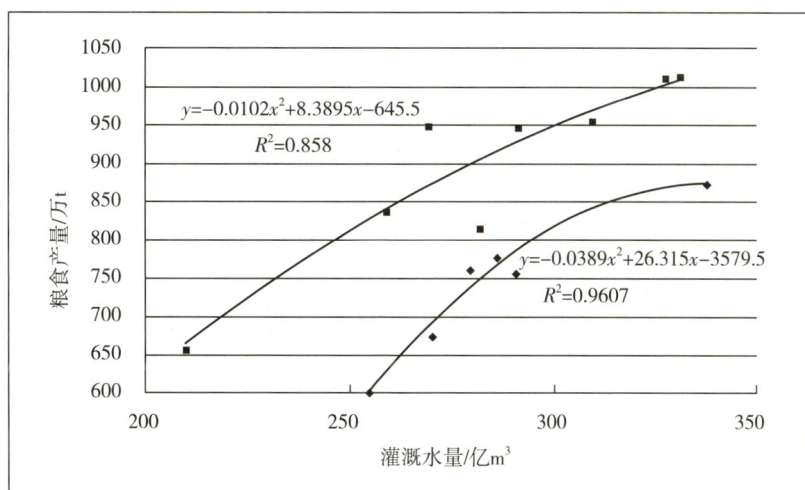

图 6-6　1985—2010 年淮河流域粮食产量与灌溉水量关系曲线图（二）

将 2001—2002 年的数据提出后，1985—2000 年数据系列的拟合曲线较为合理，其
相关系数达 0.971，拟合曲线表达式如式 6-3 所示。

$$Y = -0.038X^2 + 26.31X - 3579, R^2 = 0.960 \qquad (6-3)$$

考虑到未来农业技术水平的提升和发展，采用 2003—2010 年灌溉水量与粮食产量
数据拟合的曲线，即式 6-1 更能代表未来一定时期内淮河流域灌溉水量与粮食产量的
关系。从该曲线不难看出，随着灌溉水量的加大，粮食产量会相应提高，而单位灌溉
水量的粮食增产量会逐渐降低。

6.3 农田灌溉对粮食产量影响的实验研究

6.3.1 试验处理设计

本项试验主要在安徽省·水利部淮河水利委员会水利科学研究院新马桥农水综合

试验站进行。该站位于黄淮海平原南端、皖北平原中南部，地处东经 117°32′、北纬 33°09′，海拔 19.7m，属暖温带半湿润季风气候区。该站多年平均降水量为 911mm、多年平均蒸发量为 916mm；地下水埋深在 1.0～2.0m，暴雨后往往升至地表。本项试验分别布置在面积为 4～6.67m² 的有底测坑中和大田小区内，小区面积 20m²（长 5m，宽 4m，小区间隔离带宽 2m）。试验区均设有灌排水系统，其中测坑区还配置有移动遮雨棚。试验区土壤为典型的中低产田土壤-砂姜黑土，其理化性质均属不良，土质黏重，具有湿时泥泞、干时坚硬、胀缩率大、垂直和水平排水不良、易旱易涝等特点。该种土壤的田间持水量为 28%，土壤容重为 1.36～1.50g/cm³。试验站的地理环境、自然条件和作物种植等均具有较好的代表性。

本项试验主要针对小麦和玉米两种大宗粮食作物。试验控制因素为土壤水分和作物生育时期。根据试验区的作物种植、气象、水文条件及受试作物的受旱敏感特性和需水规律，选定小麦的受旱时期为分蘖期、拔节期、抽穗灌浆期和乳熟期；玉米的受旱时期为苗期、拔节期、抽雄灌浆期和乳熟期。对于土壤水分设计 3 个控制下限，即轻旱、中旱、重旱 3 个受旱水平，另设全生育时期各阶段供水充足的对照处理 1 个。每项处理重复 2～3 次。具体试验设计方案见表 6-6～表 6-9 所列。

表 6-6　小麦受旱试验处理设计（测坑，2011—2012 年）

处理号	测坑号	生 育 阶 段 （i）				备　注
		分蘖期	拔节期	抽穗灌浆期	乳熟期	
一	CK（X3、X5、Z3、S3）	65%（18.2）	70%（19.6）	70%（19.6）	65%（18.2）	不受旱对照
二	X1、Z1	50%	/	/	/	分蘖期轻旱
三	X2、X18、S2	40%	/	/	/	分蘖期中旱
四	X11、Z2	30%	/	/	/	分蘖期重旱
五	X10、Z4	/	55%	/	/	拔节期轻旱
六	X4、X9、S5	/	45%	/	/	拔节期中旱
七	X12、S7	/	35%	/	/	拔节期重旱
八	X7、S6	/	/	55%	/	抽灌期轻旱
九	X6、X17、Z5	/	/	45%	/	抽灌期中旱
十	X14、S8	/	/	35%	/	抽灌期重旱
十一	X13、S4	/	/	/	50%	乳熟期轻旱
十二	X8、X15、Z6	/	/	/	40%	乳熟期中旱
十三	X16、S1	/	/	/	30%	乳熟期重旱

注：①中数值为试验控制的 40cm 土层的土壤水分下限占田间持水量的比重，"/" 者均同对照处理控制土壤水分下限，苗期各处理的土壤水分下限均为 65% 左右；②各处理的土壤水分均达到控制下限，即应灌至田间持水量（28%，占干土重）；③X 代表需水量测坑（面积 6.67m²），Z 代表蒸渗仪（面积 4.0m²），S 代表新建砂姜黑土测坑（面积 4.0m²）。

表 6-7　大田冬小麦灌溉制度试验设计（2011—2012 年）

处理号	分蘖期	拔节期	抽穗灌浆期	乳熟期	小区编号	备注
一	50 (14.0)	/	/	/	4、14、21	分蘖期受旱
二	40 (11.2)	/	/	/	9、17、25	分蘖期受旱
三	/	55 (15.4)	/	/	6、16、26	拔节期受旱
四	/	45 (12.6)	/	/	12、20、28	拔节期受旱
五	/	/	55 (15.4)	/	8、15、19	抽灌期受旱
六	/	/	45 (12.6)	/	1、11、24	抽灌期受旱
七	/	/	/	50 (14.0)	3、7、29	乳熟期受旱
八	/	/	/	40 (11.2)	10、23、30	乳熟期受旱
九	65 (18.2)	70 (19.6)	70 (19.6)	65 (18.2)	2、13、27	充分灌溉
十					5、18、22	自然状态

注：①表中数值为设计土壤水分下限，占田间持水量的比重（括号内为实际含水量，占干土重，田间持水量取 28.0%）达到下限即应灌水，通过计算确定灌水量，一般为 30m³/亩；②"/"者均同充分灌溉处理控制土壤水分下限，苗期各处理的土壤水分下限均为 65%左右；③平时 5～10 天测量土壤水分一次，当水分接近控制下限时增加观测频次，取土深度平时为 40cm，在播前、收后及生育时期转折时为 100cm。采用仪器测量的深度为可观测的最大值，且与取土同步。

大田试验小区布置示意图如图 6-7、图 6-8 所示。

北			
西	1# (六)	2# (九)	3# (七)
	4# (一)	5# (十)	6# (三)
	7# (七)	8# (五)	9# (二)
	10# (八)	11# (六)	12# (四)
	13# (九)	14# (一)	15# (五)
	16# (三)	17# (二)	18# (十)
	19# (五)	20# (四)	21# (一)
	22# (十)	23# (八)	24# (六)
	25# (二)	26# (三)	27# (九)
	28# (四)	29# (七)	30# (八)
南			东

注：大田玉米试验小区面积为 5m×5m。

图 6-7　大田冬小麦试验小区布置示意图（2011—2012）

表6-8 小区玉米受旱试验处理设计（2012年）

处理号	测坑号	生育时期（i）				备 注
		苗期	拔节期	抽雄灌浆期	乳熟期	
一	CK（X7、X17、Z3、S4）	65%(18.2)	65%(18.2)	70%(19.6)	60%	对照
二	X1、S2、S3	/	55%(15.4)	/	/	拔节期受旱
三	X3、S5、Z1	/	45%(12.6)	/	/	拔节期受旱
四	X12、S6、X5	/	35%(9.8)	/	/	拔节期受旱
五	X2、S7、Z4	/	/	55%(15.4)	/	抽雄灌浆期受旱
六	X10、X8、Z5	/	/	45%(12.6)	/	抽雄灌浆期受旱
七	X14、X9、Z6	/	/	35%(9.8)	/	抽雄灌浆期受旱
八	X6、X4、S1	/	/	/	55%(15.4)	乳熟期受旱
九	X13、X15、S8	/	/	/	45%(12.6)	乳熟期受旱
十	X11、X16、X18、Z2	/	/	/	35%(9.8)	灌浆成熟期受旱

注：①X、Z、S分别代表需水、蒸渗仪、新建砂姜黑土测坑；②"/"处各处理的水分控制均同对照（即处理一），表中数值为设计土壤水分下限（括号内为实际含水量）占田间持水量的比重；田间持水量取28.0%；湿润层深度取40cm。

表6-9 大田玉米灌溉制度试验设计（2012年）

处理号	苗期	拔节期	抽雄灌浆期	乳熟期	小区编号	备注
一	50（14.0）	/	/	/	4、14、21	苗期受旱
二	40（11.2）	/	/	/	9、17、25	苗期受旱
三	/	55（15.4）	/	/	6、16、26	拔节期受旱
四	/	45（12.6）	/	/	12、20、28	拔节期受旱
五	/	/	55（15.4）	/	8、15、19	抽雄灌浆期受旱
六	/	/	45（12.6）	/	1、11、24	抽雄灌浆期受旱
七	/	/	/	50（14.0）	3、7、29	乳熟期受旱

（续表）

处理号	苗期	拔节期	抽雄灌浆期	乳熟期	小区编号	备注
八	/	/	/	40（11.2）	10、23、30	乳熟期受旱
九	65（18.2）	70（19.6）	70（19.6）	65（18.2）	2、13、27	充分灌溉
十					5、18、22	自然状态

注：①表中数值为设计土壤水分下限占田间持水量的比重（括号内为实际含水量，占干土重，田间持水量取28.0%），达到下限应灌水，通过计算确定灌水量；②"/"者均同充分灌溉处理控制土壤水分下限，苗期各处理的土壤水分下限均为65%左右；③平时5~10天测量土壤水分一次，当水分接近控制下限时增加观测频次，取土深度平时为40cm，在播前、收后及生育时期转折时为100cm。采用仪器测量的深度为可观测的最大值，且与取土同步。

	北			
西	1#（六）	2#（九）	3#（七）	东
	4#（一）	5#（十）	6#（三）	
	7#（七）	8#（五）	9#（二）	
	10#（八）	11#（六）	12#（四）	
	13#（九）	14#（一）	15#（五）	
	16#（三）	17#（二）	18#（十）	
	19#（五）	20#（四）	21#（一）	
	22#（十）	23#（八）	24#（六）	
	25#（二）	26#（三）	27#（九）	
	28#（四）	29#（七）	30#（八）	
	南			

注：大田玉米试验小区面积为5m×5m。

图6-8　大田玉米试验小区布置示意图（2012年）

6.3.2　试验观测项目及观测方法

1. 试验场地基础数据

试验基础数据包括试验区的经度、纬度和海拔高度，土壤类型，土壤养分状况（包括有机质、全N、全P、全K和有效N、有效P含量）。试验之前还应测定土壤的容重、饱和含水量、田间持水量、凋萎含水量、土壤盐分含量、灌溉水质等基本数据。

在试验过程中要详细记录种植的作物及使用的品种，施肥时间、种类、数量，灌溉日期及灌水定额，降水时间及降水量。

2. 气象数据观测

无论是采用当地气象站的观测数据，还是自行观测，都要求以旬为单元，对以下几个方面的数据进行系统的整理：①平均温度；②平均最高温度；③平均最低温度；④相对湿度；⑤风速；⑥日照时数；⑦降雨量；⑧蒸发量。

收集年度气象观测资料完成后，还要对以下项目进行统计分析：①年平均温度；②全年降水量；③全年蒸发量；④≥0℃积温；⑤≥10℃积温；⑥初霜日期；⑦终霜日期；⑧无霜期。

3. 土壤含水量及作物耗水量测定

对于防雨棚下的测坑或自然条件下大田中的土壤含水量应采用定点测定（TRIME 或中子水分仪），每 5～10 天测定一次。每个测坑或小区中的测定样点数应不少于两点，采用平均值确定土壤含水量。土壤含水量的测定深度测坑中为 40～100cm，大田中为 40～150cm。测定 0～20cm 土层的含水量应用取土法，测定 20cm 以下土壤含水量用 TRIME 或中子水分仪。测定时可以每 10～20cm 为一个测定段，最后用加权平均法计算整个土体的含水量。测定作物实际耗水量应根据前后两次测定的土体含水量的差值，并考虑灌水、降水、渗漏等过程造成的水量变化，用水量平衡法进行计算。

4. 棵间蒸发量测定

对于棵间蒸发量应用埋设在作物行间的特制小型蒸发器，采用换土称重法测定。灌水或降水后的 1～5 天内，每天 8 时称重，然后换取原状土称重后将蒸发器置于作物行间的固定部位；在其他时间可每隔 2～3 天观测一次。对于棵间土壤蒸发量可通过蒸发器内土壤重量的变化来确定。

5. 作物生长发育进程调查

作物生长发育进程调查包括以下几个方面。

（1）生育期调查

对作物生长过程中一些重要特征的出现时间进行调查记录，以反映作物的生长发育进程。对于不同作物记录的特征内容有较大的差别，需要分别确定相应的记录内容，并按有关的标准进行观测记录。以冬小麦为例，一般记录的生长发育特征时期为：播种、出苗、三叶、分蘖、越冬开始、返青、起身、拔节、孕穗、抽穗、开花、乳熟、成熟（收获）。

（2）作物群体密度、株高、叶面积指数调查

作物群体密度、株高和叶面积指数是反映作物群体发育程度的 3 个重要的形态指标。对于作物群体密度、株高和叶面积指数的调查应每旬进行一次，固定在各旬的第一天或中间一天进行，同时进行人工观测与仪器检测。

6. 作物水分生理指标观测

作物水分生理指标主要包括作物叶片光合速率、蒸腾速率、气孔导度、叶水势等。对于叶片光合速率和蒸腾速率可用便携式光合作用测定系统测定，对于气孔导度可用稳态气孔计测定，对于叶水势可用压力势仪或露点水势仪测定。

在作物生长发育的每个时期，选择晴朗无云的 2～3 天，从日出前后至日落时观测作物各生理指标的日变化，每小时测定 1 次。测定前应有所选择，使土壤水分能形成一个比较理想的梯度，以便于进行分析。

7. 作物产量及产量构成因子的调查

作物产量的调查包括两个方面，一个是生物产量，另一个是经济产量。生物产量一般指作物地上部分的总收获量，包括秸秆和籽粒。经济产量是指目标收获物的产量，大多数作物为籽粒产量，少部分作物为块根、块茎。一般情况下，生物产量或经济产量都以作物在天然条件下完全晒干后的重量为计量值。经济产量占生物产量的比率称为经济系数。

产量构成因子指构成作物最终产量的几个要素的情况，不同作物构成最终产量的要素是有差别的，因此需要区别对待。以冬小麦为例，产量构成要素包括 3 个方面，即亩成穗数，每穗粒数和千粒重。

6.3.3　试验结果与分析

1. 水分亏缺对作物生长的影响

在水、肥、气、热诸肥力因素中，水是主要影响因素。作物对养分的吸收和运转、光合作用、干物质的制造和积累等都需要水的参与。只有根系吸水和蒸腾失水协调一致，即供需相对动态平衡，作物才能正常地生长发育并获得高产。虽然在长期的进化过程和人工培育中，作物已形成了一定的调节水分吸收和消耗、维持其水分适当平衡的能力，但这种能力在时间上和数量上（程度上）都是有限度的。因此，一旦因水分亏缺吸水与失水而打破平衡，并超出了作物自我调节的限度，作物的生长发育就要受到影响。但这种影响就其程度而言，在不同的作物类别、不同生育时期和不同土壤水分状况下并不相同，水分亏缺对作物各生理活动的影响和对作物干物质积累与产量的影响也有较大的差异。

作物的生长发育过程是一个细胞不断分裂和扩张生长，从而使其组织器官和植株体体积不断增长的过程。作物扩张生长对缺水比较敏感，因此，作物水分亏缺时首先表现出来的是植株矮小、叶片稀疏，其次才是产量的降低。水分亏缺总的影响趋势是延缓、停止或破坏作物正常的生长发育；加快或促进组织、器官、植株体的衰老、脱落和死亡，并且随着水分亏缺程度的增加或时间的延长，这种趋势也随之加剧。轻度或中度缺水、历时较短时，一般恢复供水后作物生长可得到恢复，甚至短时期能超过原来的水平，补偿大部分在缺水期间的损失，但会不同程度地增加全生育时期或生育时期的生长发育天数；而长时期重度缺水，将造成作物不可逆转的代谢失调，使作物停止生长，甚至造成作物局部或整体植株体死亡，严重影响作物的发育和最终产量，往往导致大幅减产甚至绝收。

从表 6-10 和表 6-11 中可以看出：对于小麦和玉米作物来说，水分亏缺对其株高影响最大的时期均为拔节期，其最终株高只有对照的 80%～90%；水分亏缺对作物的叶片、穗部性状、粒重等也有影响，且受旱程度越重影响越大，对生长盛期或以生殖生长为主的时期的影响重于其他时期。相关研究表明，小麦的叶面积指数随水分胁迫的加大而变小，但土壤相对湿度介于 56%～60% 时，仅比对照减小 5%。水分胁迫对干物质影响不显著，只有在土壤相对湿度<50% 时干物质才明显减少。水分胁迫解除后，短期内各种受旱处理的干物质增长量均大于对照，土壤相对湿度为 56%～60% 的处理最明显，复水后第 1 旬内，作物日增长量均为对照的 1.28 倍；其次是 51%～55% 的处理。

表 6-10　水分亏缺对小麦生长发育的影响　　　　　　（单位：%）

生育时期	情景	株高	穗长	千粒重	叶面积指数	产量
播种～拔节	轻　旱	97.2	96.4	95.8	94.0	99.3
	中　旱	95.3	89.4	94.9	87.4	92.2
	重　旱	92.6	91.1	93.4	90.6	85.3
拔节～抽穗	轻　旱	90.5	88.5	81.5	88.0	88.0
	中　旱	88.7	82.1	82.9	83.5	87.7
	重　旱	80.0	83.7	74.9	83.2	88.3
抽穗～乳熟	轻　旱	93.5	96.5	99.2	94.5	90.1
	中　旱	90.7	98.3	96.6	92.8	87.9
	重　旱	86.8	95.0	95.6	92.5	84.8
乳熟～收割	轻　旱	98.7	98.4	97.8	104.5	97.4
	中　旱	101.5	100.6	99.3	97.0	95.8
	重　旱	96.8	97.3	99.3	100.2	92.7

表 6-11　水分亏缺对玉米生长发育的影响　　　　　　（单位：%）

生育时期	情景	株高	穗长	穗粒数	百粒重	产量
拔节～抽雄	轻　旱	93.2	90.0	88.3	96.5	82.3
	中　旱	88.3	89.4	83.5	97.8	81.5
	重　旱	80.0	84.3	72.9	95.4	87.5
抽雄～灌浆	轻　旱	92.8	96.9	89.8	84.7	79.4
	中　旱	91.0	86.4	79.6	84.4	76.2
	重　旱	95.6	92.0	85.1	82.0	78.1
灌浆～收获	轻　旱	97.0	92.9	85.9	98.6	97.5
	中　旱	93.7	83.5	75.3	95.0	95.0
	重　旱	90.1	93.7	85.9	95.1	94.9

2. 水分亏缺对作物产量的影响

（1）旱作物

旱作物各处理的耗水量与产量见表 6-12、表 6-13 所列。

表 6-12　小麦各处理的耗水量与产量

处理编号	耗水量/mm						产量/(kg/亩)
	苗期	分蘖期	拔节期	抽穗灌浆期	乳熟期	合计	
一	45.98	103.52	104.10	111.11	59.46	424.16	524.70
二	47.98	90.75	96.84	103.16	59.90	398.63	521.03
三	47.17	72.50	87.02	100.75	57.87	365.30	483.77
四	48.58	56.91	82.74	101.31	58.40	347.94	447.57
五	49.27	101.29	89.41	99.13	48.13	387.23	461.74
六	48.03	103.20	60.74	93.54	45.16	350.66	460.16
七	49.77	101.10	49.84	82.70	41.50	324.91	463.31
八	43.27	102.69	102.03	97.59	50.12	395.69	472.75
九	43.21	103.73	101.17	86.39	46.60	381.11	461.21
十	45.55	101.26	103.78	72.74	46.01	369.34	444.95
十一	45.52	103.17	100.02	102.08	53.38	404.17	511.06
十二	47.69	101.00	99.11	102.73	45.94	396.46	502.66
十三	45.16	101.92	100.64	101.94	33.25	382.91	486.40

表 6-13　玉米各处理的耗水量与产量

处理编号	耗水量/mm					产量/(kg/亩)
	苗期	拔节期	抽雄灌浆期	乳熟期	合计	
一	64.97	85.62	103.82	54.28	308.68	501.67
二	58.74	65.09	97.31	52.53	273.68	412.87
三	61.72	61.80	85.63	40.20	249.35	408.86
四	63.70	48.51	84.01	41.63	237.85	438.96
五	58.55	84.49	98.65	33.55	275.24	398.33
六	57.97	84.41	83.28	35.84	261.50	382.27
七	60.96	81.65	57.20	22.88	222.68	391.80
八	61.45	83.27	103.40	43.87	292.00	489.13
九	64.89	85.56	102.06	29.70	282.20	476.59
十	62.65	82.66	103.65	28.77	277.73	476.08

充分灌溉（对照处理）的小麦耗水量为 424.16mm，非需水关键期（分蘖期和乳熟期）各受旱处理的耗水量在 347.94～404.17mm，相应的缺水率为 4.71%～17.97%，减产率为 0.70%～14.70%；需水关键期（拔节期和抽穗灌浆期）各受旱处理的耗水量在

324.91~395.69mm，相应的缺水率为6.71%~23.40%，减产率为9.90%~15.20%。

充分灌溉（对照处理）的玉米耗水量为308.68mm，非需水关键期（乳熟期）各受旱处理的耗水量在277.73~292.00mm，相应的缺水率为5.40%~10.03%，减产率为2.50%~5.10%；需水关键期（拔节期和抽雄灌浆期）各受旱处理的耗水量在222.68~275.24mm，相应的缺水率为10.83%~27.87%，减产率为12.50%~23.80%。

（2）水稻

对水稻各时期的受旱敏感分析及减产状况做了系统的实验研究。水分胁迫对水稻生长发育的影响最终综合反映在产量上，相关研究结果表明：水稻各生育时期的耐旱程度是不一样的，分蘖期和乳熟期较为耐旱，抽开期最不耐旱，拔孕期稍好于抽开期。本项试验设置3个水分亏缺处理，处理二为浅湿间歇灌，缺水率为7.5%，相对产量为0.97；处理三为短期受旱，缺水率为16.5%，相对产量为0.81；处理四为长期受旱，缺水率为25.6%，相对产量为0.67。水稻不同受旱程度与产量关系见表6-14所列。

表6-14　水稻不同受旱程度与产量关系

处理号	灌溉方式	耗水量/ cm	缺水率/ %	产量/ (kg/亩)	相对产量/ %
一	常规灌溉	511.9	0.0	728.2	100.0
二	浅湿间歇灌溉	473.6	7.5	708.3	97.3
三	短期受旱	427.2	16.5	591.8	81.3
四	中期受旱	380.6	25.6	491.5	67.5

3. 作物的需水量及需水规律

安徽淮北地区各分区在不同降水频率下小麦的需水量为370~500mm，因时空变化而变化；总体变化趋势表现为同一地域小麦需水量因降水频率的增加而增大，同一降水频率对应的小麦需水量北部大、南部小，由北向南呈递减变化。在整个生育时期内，小麦各生育时期的需水差异较大，其阶段需水量和需水强度随时间的变化表现为一条单峰曲线，即中间大、两头小，抽穗~乳熟时期的需水量一般要占总需水量的1/3，需水强度平均达到4.3mm/d，是生长初期的6倍多。小麦的这一需水规律是其本身的生物学特性及其生理发育特点和气象、土壤条件等外部因素共同作用的结果。

在安徽淮北地区秋季作物中，玉米的种植比重较大，其产量和经济价值也较高。玉米的生长期正值盛夏高温天气，加之本身株高叶大，相对而言其需水量和需水强度较大，对水肥条件的要求较高。安徽淮北地区玉米多年平均需水量在390~420mm，呈南部较小、北部较大，丰水年较小、枯水年较大趋势，北部地区大旱年（95%）玉米的需水量约520mm。玉米阶段需水量以拔节~抽雄期为最大，需水模比系数达到30%左右，而需水强度则以抽雄~灌浆期最大，平均为5.23mm/d，阶段需水量和需水强度均呈"中间大、两头小"的变化趋势。

采用测定土壤含水率方法来测定作物蒸发蒸腾量时，可按式（6-4）计算蒸发蒸腾量。

$$ET_{1-2} = 10\sum_{i=1}^{n} \gamma_i H_i (W_{i1} - W_{i2}) + M + P + K - C \tag{6-4}$$

式中，ET_{1-2} 表示阶段蒸发蒸腾量，单位为 mm；i 表示土壤层次号数；n 表示土壤层次总数目；γ_i 表示第 i 层土壤干容重，单位为 g/cm³；H_i 表示第 i 层土壤的厚度，单位为 cm；W_{i1} 表示第 i 层土壤在时段初的含水率（干土重的百分率）；W_{i2} 表示第 i 层土壤在时段末的含水率（干土重的百分率）；M 表示时段内的灌水量，单位为 mm；P 表示时段内的降水量，单位为 mm；K 表示时段内的地下水补给量，单位为 mm，有底测坑 $K=0$；C 表示时段内的排水量（地表排水与下层排水之和），单位为 mm。

旱作物全生育时期需水量及需水规律见表 6-15、表 6-16 所列。

表 6-15　2012 年小麦全生育时期需水量及需水规律

生育时期	苗期	分蘖期	拔节孕穗期	抽穗灌浆期	乳熟期
天数	42	119	19	22	20
阶段需水量/mm	45.98	103.52	104.10	111.11	59.46
需水强度/（mm/d）	1.09	0.87	5.48	5.05	2.97
模比系数/%	10.84	24.41	24.54	26.20	14.02

表 6-16　2012 年玉米全生育时期需水量及需水规律

生育时期	苗期	拔节期	抽雄灌浆期	乳熟期	合计
天数	30	20	42	20	112
阶段需水量/mm	64.97	85.62	103.82	54.28	308.68
需水强度/（mm/d）	2.17	4.28	2.47	2.71	2.76
模比系数/%	21.05	27.74	33.63	17.58	100

2012 年度测坑小麦全生育时期共需水 424.17mm，平均需水强度为 1.91mm/d。小麦阶段需水量以抽穗灌浆期最大，模比系数达 26.20%；苗期最小，模比系数为 10.84%。小麦需水强度以拔节期最大，达 5.48mm/d；分蘖期最小，为 0.87mm/d。玉米全生育期共需水 308.68mm，平均需水强度 2.76mm/d。玉米阶段需水量以抽雄灌浆期最大，模比系数达 33.63%；成熟期最小，模比系数为 17.58%。玉米需水强度以拔节期最大，达 4.28mm/d；苗期最小，为 2.17mm/d。

4. 作物水分生产函数

表征作物产量与其耗水量之间定量关系的数学表达式一般称为作物水分生产函数。它是进行灌溉工程规划、设计与用水管理的基本依据，也是建立经济灌溉模式的必要内容之一。目前，较常用的作物水分生产函数模型有以下几种。

（1）Jensen 模型：

$$\frac{Y_a}{Y_m} = \prod_{i=1}^{n} \left(\frac{ET_{ai}}{ET_{mi}}\right)^{\lambda_i} \tag{6-5}$$

（2）Blank 模型：

$$\frac{Y_a}{Y_m} = \sum_{i=1}^{n} A_i \cdot \frac{ET_{ai}}{ET_{mi}} \tag{6-6}$$

（3）Stewart 模型：

$$\frac{Y_a}{Y_m} = 1 - \sum_{i=1}^{n} B_i \left(\frac{ET_{mi} - ET_{ai}}{ET_{mi}} \right) \tag{6-7}$$

（4）Singh 模型：

$$\frac{Y_a}{Y_m} = \sum_{i=1}^{n} C_i \left[1 - \left(1 - \frac{ET_{ai}}{ET_{mi}} \right)^2 \right] \tag{6-8}$$

式中，Y_m、ET_{mi} 分别为充分供水条件下的最大产量和相应的第 i 阶段的最大腾发量；

Y_a、ET_{ai} 分别为各受旱处理的产量和相应的第 i 阶段的腾发量。

旱作物各生育期受旱的水分敏感指数见表 6-17～表 6-19 所列。

表 6-17　淮北地区小麦和玉米各生育时期受旱的水分敏感指数（系数）

生育时期（i）	1	2	3	4
作物名称	小　麦			
λ_i	0.0651	0.1493	0.4938	0.0293
A_i	0.1350	0.2344	0.5894	0.0680
B_i	0.0358	0.1658	0.5927	0.0252
C_i	−0.1945	0.2361	0.6064	−0.1918
作物名称	玉　米			
λ_i	0.1771	0.5741	0.6156	0.1797
A_i	0.0886	0.5228	0.4546	0.1840
B_i	0.2208	0.5787	0.5399	0.1873
C_i	−0.1046	0.1082	−0.0377	0.0976

表 6-18　2012 年小麦各生育时期受旱的水分敏感指数（系数）

模　型	分蘖期	拔节期	抽穗灌浆期	乳熟期	R
Jensen	0.1693	0.0179	0.3399	0.1096	0.8460
Minhas	0.6458	0.1003	1.2993	0.4437	0.6538
Blank	0.3188	0.0143	0.4762	0.2312	0.7626
Stewart	0.1866	0.0223	0.3594	0.1282	0.8493
Singh	0.2310	0.0907	0.5759	0.0435	0.7095

表 6–19　2012 年玉米各生育时期受旱的水分敏感指数（系数）

模　型	拔节期	抽雄灌浆期	乳熟期	R
Jensen	0.1963	0.2724	0.1585	0.5360
Minhas	0.8128	0.3389	0.5108	0.5360
Blank	0.3290	0.5078	0.1756	0.3279
Stewart	0.1951	0.3389	0.1881	0.5900
Singh	0.1807	0.7535	−0.0366	0.5212

根据历史资料分析，小麦的水分敏感指标以抽穗灌浆期最大，其次为拔节期、分蘖期和乳熟期；玉米的水分敏感指标最大为抽雄灌浆期，拔节期略小，苗期和灌浆成熟期比较接近为最小。

2012 年度小麦和玉米水分生产函数规律性较差，表中计算结果表明小麦在抽穗灌浆期和分蘖期对水分亏缺较为敏感，玉米在抽雄灌浆期和拔节期对水分亏缺较为敏感。各种回归模型中，Stewart 和 Jensen 模型的敏感指数（系数）规律性相对较好，复相关系数较高。

6.4　淮河流域农业供水安全标准及供水安全保障途径研究

6.4.1　淮河流域农业供水安全现状分析

1. 农业用水权保障程度低

淮河流域作为我国粮食的主要产地之一，担负着保障国家粮食安全的重任，而我国粮食需求则一直处于刚性需求状态，到 2030 年，淮河流域需要保证粮食产量达到 1366 亿 kg。淮河流域水资源短缺，人均耕地少、水土资源匹配不佳，再加上缺乏完善的水权制度，因此农业用水权不够明晰且保障程度较低，受非农业用水挤占严重。随着城镇化进程的加快、工业化的发展，工业和城市用水挤占农业用水的现象更加严重。农业用水权保障程度低是干旱年份粮食减产的主要原因，是威胁淮河流域乃至全国粮食安全的重要因素。

2. 供水不足

（1）水资源严重短缺。淮河流域水资源总量少，人均水资源量仅为 500m³。淮河流域 70％左右的径流集中在汛期（6—9 月），最大年径流量是最小年径流量的 6 倍，水资源的时空分布不均和变化剧烈，使水资源短缺的形势更加突出。淮河流域多年平均缺水量达 51 亿 m³，缺水率达 8.6％，遇干旱年缺水形势更加严重，旱灾发生的频率和范围有增加的趋势。

（2）水土资源不匹配。淮河流域山丘区水资源量相对丰富，而用水需求相对较小，平原地区人均和亩均水资源量小，调蓄条件差，但用水需求大。水资源分布与淮河流域人口和耕地分布、矿产和能源资源开发等生产力布局不协调，加剧了淮河流域水资源供需矛盾。

（3）水资源配置体系尚不完善。淮河流域蓄水、调水、引水等水资源配置骨干工程建设滞后，水资源配置工程体系尚不完善，水资源配置能力不足，缺乏有效的水资源调度手段，难以实施水资源的合理配置。

（4）用水效率和效益不高。淮河流域农业灌溉方式仍有待改进，节水潜力较大；许多工业企业设备陈旧、工艺落后，取用水量大、重复利用率低；城市用水存在节水意识不强、节水设施不足和管理落后等现象。建设节水型社会的任务很艰巨。

6.4.2 淮河流域农业供水安全标准体系建设

1. 粮食产量

根据人口增长趋势，预测 2030 年前后中国将达到人口高峰，总量为 15.4 亿人左右，按照人均粮食 400kg 计算，每年需要粮食 6160 亿 kg。按照自给率 98％考虑，需生产粮食 6040 亿 kg，比现有粮食生产能力多出 580 亿 kg 左右。

根据 1990—2010 年全国与淮河流域粮食产量数据分析，淮河流域粮食产量约占全国总产量的 18％～19％。考虑到我国粮食生产格局呈重心北移、向粮食主产区集中的态势，预测淮河流域作为我国重要的粮食主产区之一，到 2030 年粮食产量占全国总产量的比重将会进一步提升，约占全国粮食总产量的 19.3％。因此，为保障国家粮食安全，2030 年淮河流域粮食产量须保证 1169 亿 kg，比淮河流域现有粮食生产能力多 157 亿 kg。

从淮河流域历年粮食单产情况看，2000—2005 年淮河流域亩均粮食产量从 338kg/亩提高到 446kg/亩，年均增长率为 5.6％；2005—2010 年淮河流域粮食亩均产量提高到 533kg/亩，年均增长率为 3.6％。未来 20 年，在保持淮河流域耕地面积稳定不变的情况下，新增粮食产量 157 亿 kg，粮食单产年均增产 1.30％。考虑到农业种植技术的发展和灌溉水量保证率的提高，通过加大投入、改善农业生产条件、增强科技支撑能力，可以实现粮食增产目标。

2. 有效灌溉面积

（1）灌区及灌溉设施现状

2010 年淮河流域灌排设施标准偏低、配套不全，且老化失修，威胁到粮食安全。尤其是灌溉设施，大部分渠道为土渠，没有衬砌，渗漏严重；许多灌区仅修建了渠首、干渠和支渠，支渠以下的斗、农、毛渠和相应的建筑物修建不全，有的配套率不到 20％；这些设施不但未能充分发挥效益，而且经过 30～40 年的运行，已达到或超过了使用年限，逐步进入老化期。由于先天不足（质量不好，配套不全），后天失调（维修管理跟不上），灌溉设施普遍老化破损严重，效益衰减，直接威胁到农业生产的稳定。通过大型灌区改造与节水配套工程建设，逐步恢复现有灌区灌溉工程功能。

从灌溉面积发展来看，淮河流域在新增灌溉面积方面尚有潜力。一是耕地灌溉率不高，具有新增有效灌溉面积的潜力。淮河流域现有耕地面积 18977 万亩，有效灌溉面积 14519 万亩，耕地灌溉率仅为 76.6％，尚有进一步发展灌溉面积的潜力，到 2030 年，在安徽、河南淮北及山东南四湖等地区发展灌溉面积的潜力较大。淮河流域尚有增加 800 多万亩有效灌溉面积的潜力。二是水资源条件允许，有水资源保障。通过兴建本流域水资源开发利用工程、实施跨流域调水工程，未来淮河流域农业用水可在2010 年基础上增加 10％～15％。

（2）有效灌溉面积

随着人口增长、工业化和城镇化发展，耕地减少，水资源供需矛盾日益突出，全国粮食供给仍面临着需求刚性增长和生产资源不足的双重压力，粮食安全问题将长期存在。新中国成立之初，淮河流域粮食总产量仅有 150 亿 kg，占同期全国粮食总产量的 12％左右，2010 年上升至 20％左右；淮河流域人均粮食已由 1949 年的 190kg，上升到 2008 年的584kg 以上，已由昔日的缺粮地区转变为我国粮、棉、油主产区和商品粮基地之一。

淮河流域涉及的湖北、河南、安徽、江苏、山东 5 省全部在《全国新增 1000 亿斤粮食生产能力规划》确定的粮食主产省范围内。

围绕《全国粮食生产发展规划（2006—2020 年）》提出"大力改造中低产田，完善农田水利基础设施，逐步增加高产稳产粮田的比重"目标，按照建设高标准农田的要求，旱涝兼治，排灌并举，加大改造中低产田力度，加强农业灌溉，提高灌溉保证率。

新中国成立以来，淮河流域的粮食播种面积从 36176 万亩下降到 20 世纪 80 年代的24500 万亩左右，20 世纪 90 年代的粮食播种面积稳定在 24150 万亩左右，2000 年后粮食播种面积继续下滑。近年来，淮河流域粮食播种面积开始逐年小幅增长，2010 年为27454 万亩。目前淮河流域的退耕还林（环湖）和农业种植结构调整已经完成。考虑土地整理、复耕和后备耕地开发等潜力，预测淮河流域粮食播种面积仍会保持小幅度增长的趋势，到 2030 年前后，淮河流域粮食播种面积将达到 28827 万亩，有效灌溉面积为 16568 万亩。

3. 农田灌溉供水量

淮河流域是我国重要的粮食主产区，依据《全国新增 1000 亿斤粮食生产能力规划》，黄淮海区定位是粮食生产核心区，担任的产能任务为全国三大核心区之首，占全国新增产能的 32.9％。考虑到未来粮食需求和现阶段淮河流域在全国粮食安全生产体系中的重要作用，预计到 2030 年，为保障全国粮食安全，淮河流域须生产粮食 1169亿 kg，根据公式确定的粮食产量与灌溉水量关系，考虑到未来农业科技水平和农田灌溉水利工程配套设施的完善，作物水分生产率和灌溉水利用系数将进一步提高，如果2030 年淮河流域单方水粮食产出比 2010 年高出 10％，则为保障这一目标，多年平均条件下淮河流域 2030 年粮食灌溉水量至少为 355 亿 m^3。

根据农田灌溉试验结果，充分灌溉的小麦在非需水关键期（分蘖期和乳熟期）缺水率为 4.71％时，减产率在 0.7％左右；充分灌溉的玉米在非需水关键期（乳熟期）缺水率为 5.40％时，减产率为 2.50％；充分灌溉的水稻在非需水关键期（分蘖期和乳熟期）缺水率为 7.50％时，减产率在 3％左右。因此，当淮河流域粮食灌溉水量缺水4.71％时，如果淮河流域 2030 年粮食灌溉水量为 338 亿 m^3，则 3 种主要粮食作物综合减产率小于 3％。

因此，本研究确定 2030 年淮河流域粮食安全充分保障供水量为 355 亿 m^3，基本保障灌溉水量为 338 亿 m^3。

4. 农田灌溉保证率及灌溉定额

淮河流域以淮河和苏北灌溉总渠为界，被划分为南、北两大片，北部属暖温带半湿润区，南部属亚热带湿润区。不同的气候区，形成了淮河流域降水分布不均的特性，总体来说，淮河流域降水总的趋势是南部大、北部小，同纬度山区大于平原，平原地区沿海大、内陆小。受降水分布不均的影响，淮河流域农田灌溉保证率差异较大，淮河以南及上游山丘区农田灌溉保证率可达80%，淮河流域北部沿黄河地区及沂沭泗河下游地区灌溉保证率仅在50%左右。过低的灌溉保证率影响了粮食单产。为保障淮河流域粮食供给安全，制定合理的农田灌溉保证率与灌溉定额是必要的。

(1) 灌溉保证率

灌溉保证率是指预期灌溉用水量在多年灌溉中能够得到充分满足的年数的出现概率。灌溉保证率是灌溉工程设计标准的一项重要指标，以百分率（%）表示。

在实际生产中，由于各年降水量、蒸发量、气温、湿度等气象和水文条件的不同，水源供水量和灌溉用水量都有差异。在设计灌溉工程时，如果按最干旱年份情况计算供需水量，则可供取用的来水量少，相应确定的设计灌溉面积小。在这种情况下虽然工程运行期间农田受旱缺水的概率较小，但在不太干旱的年份，无法充分利用水源，出现不经济的现象。相反，如果按水源较丰富年份进行设计，则确定的灌溉面积大，但农田受旱缺水的概率较大。为了挑选一个适当年份作为设计灌溉工程供需水量的依据，应采用数理统计方法，根据以往若干年份的气象、水文等观测资料，通过统计分析，选出有一定概率的水文年份，作为灌溉设计标准。1984年，我国规定在大、中型灌区设计中统一采用灌溉设计保证率作为灌溉设计标准，并规定灌溉设计保证率指设计灌溉用水量的保证程度，用设计灌溉用水量全部获得满足的年数占计算总年数的百分率表示，即

$$P = \frac{m}{n+1} \times 100\% \qquad (6-9)$$

式中，p 表示灌溉设计保证率；m 表示设计灌溉用水量全部获得满足的年数；n 表示计算总年数（按时历年法，系列一般不少于15年）。

依据《灌溉与排水工程设计规范》（GB 50288—99）及《淮河流域及山东半岛水资源综合规划》，参考淮河流域各省不同区域设计灌溉保证率，结合各地区农田灌溉实际状况，按照保障淮河流域粮食生产安全的要求，制定淮河流域不同地区设计灌溉保证率，见表6-20所列。

表6-20 淮河流域不同地区设计灌溉保证率

地区	作物种类	灌溉设计保证率/%
淮南及淮河上中游山丘区	以旱作为主	70～80
	以水稻为主	75～85
沿淮、淮北及沂沭泗水系下游平原区	以旱作为主	65～75
	以水稻为主	70～80

（续表）

地区	作物种类	灌溉设计保证率/%
沿黄河地区	以旱作为主	55～65
	以水稻为主	65～75
沂沭泗水系上游山丘区	以旱作为主	65～75
	以水稻为主	70～80
苏北灌溉总渠以北地区	以旱作为主	65～75
	以水稻为主	70～80
里下河地区	以旱作为主	75～80
	以水稻为主	80～90
山东半岛	以旱作为主	55～65
	以水稻为主	65～75

（2）灌溉定额

灌溉定额是衡量灌溉用水科学性、合理性、先进性、可比性的准则，是农业用水管理的微观指标。灌溉用水的科学性表现为水的输送、分配符合渠道特征，补充土壤水分符合作物需水要求，强调灌溉用水符合客观规律；合理性表现为技术、经济的可行性，强调灌溉用水符合现有的技术水平、经济条件、工程现状；先进性表现为技术和管理的前瞻性，强调高效利用灌溉用水；可比性表现为灌溉用水定额是一个具有普遍意义、客观的比较标准。显然灌溉用水的科学性、合理性、先进性、可比性既是一个统一的整体，又是相互影响、相互制约的不同侧面。有时强调灌溉用水科学性，但又有悖合理性；有时强调灌溉用水合理性，但又有悖先进性；有时强调灌溉用水先进性，但又有悖可比性。因此，灌溉定额应该在灌溉用水的科学性、合理性、先进性、可比性中寻求一个平衡点，成为客观评价灌溉用水的准则。

影响灌溉定额的因素很多，有工程方面的也有非工程方面的。工程方面的因素包括土地平整、畦田化耕作、采用喷灌或微喷灌等，非工程方面的因素包括调整作物种植结构、优化灌溉制度、改良物种等。在制定农田灌溉定额时要充分考虑未来工程方面及非工程方面因素对灌溉定额的影响。

根据国家对淮河流域粮食生产的要求及"三条红线"对用水总量的限定，参考《淮河流域及山东半岛水资源综合规划》及粮食生产受旱试验成果，结合淮河流域农田实际灌溉情况，制定保障粮食安全农田灌溉定额：基本保障灌溉定额为 217m³/亩，充分保障灌溉定额为 227m³/亩。

6.4.3　淮河流域农业供水安全保障途径

1. 落实"三条红线"，保障农业生产用水供给

（1）"三条红线"制度

水是生命之源、生产之要、生态之基。水资源是事关国计民生的基础性自然资源

和战略性经济资源，也是生态环境的控制性要素。近年来，随着我国人口不断增长、经济规模不断扩大、工业化和城市化进程加快，社会对资源环境造成的压力加大。因为采用不合理的水资源利用方式，所以出现用水浪费、水污染、水资源过度开发和水生态环境恶化、水资源短缺等问题。

为应对新形势下我国面临的水资源短缺问题，国务院发布了《关于实行最严格水资源管理制度的意见》，对实行最严格水资源管理制度工作进行全面部署和具体安排。

最严格水资源管理制度的主要内容是确立"三条红线"，实施"四项制度"，即建立水资源开发利用红线，建立用水效率控制红线，建立水功能区限制纳污红线；实施用水总量控制制度、用水效率控制制度、水功能区限制纳污制度、水资源管理责任和考核制度。最严格水资源管理制度不仅是缓解我国面临的突出水资源问题的重要措施，还是面向今后较长一个时期内经济社会发展任务和要求的水资源管理方略。

（2）细化"三条红线"，保障农业用水

① 农业用水处于弱势地位。就目前淮河流域现状而言，在工业、农业及第三产业中，农业用水的单方水产出价值相对较低。通过近期对淮河流域典型地区的单方水产出价值分析，农业用水单方水产出价值为 4.5 元/m³，不足工业的 1/4，不足第三产业的 1/8。除用水消耗高于其他行业、产品价值低于其他行业等因素外，农业自身用水效率低下也是农业用水处于弱势地位重要原因之一。

自 20 世纪 80 年代以来，随着我国工业化、城市化进程的加快，工业和城市用水一直保持持续增长势头，很多地区（特别是北方缺水地区）将原供农业使用的水源转供城市和工业。据统计，淮河流域淮河以北地区及沂沭泗水系地区挤占农业用水约 15 亿 m³。

② 细化红线指标，保障农业用水。以"三条红线"为核心的最严格水资源管理制度是国家层面关于水资源开发利用的顶层设计，从根本上为未来水资源开发利用指明了方向，是水资源管理方面的强大抓手，对于强化水资源统一管理，遏制局部地区水资源无序开发、用水浪费，促进区域水资源高效利用与保护及水资源的整体优化配置具有重要的时代意义。

但是，目前国务院批复的各省级行政区的"三条红线"中用水总量控制红线，没有细化到各行各业，对于现状处于弱势地位的农业用水来说尤为不利。为切实保障农业用水，用水总量控制红线应进一步细化到各主要行业，并严格考核。只有细化红线指标，才能倒逼高效用水，只有按行业考核红线指标，才能切实保障农业用水安全。

2. 强化节水，提高农业用水效率

淮河流域的水资源空间分布极不均衡，山丘区水资源相对丰富，而用水需求相对较小；平原地区人均和亩均水资源量小，调蓄条件差，但用水需求大。淮北平原、沂沭泗河区和山东半岛等地区的资源性缺水问题十分突出。要缓解缺水矛盾，必须坚持"开源节流并举，节水优先"的方针，大力发展节水高效农业，扩大节水灌溉面积，提高农业用水效率和效益，合理控制农业用水总量。

从 20 世纪 70 年代初开始，政府在自流灌区推广渠道衬砌，提高渠系水利用率，推广平整土地、改大畦为小畦、改长畦为短畦、改宽畦为窄畦、改长沟为短沟、改一般沟灌为膜上灌，改农毛沟输水灌为低压管道输水灌，从单一提高渠系水利用率到提高灌溉水利用率。20 世纪 80 年代到 90 年代初，非工程的农业节水技术获得很大发展。大力推广水稻"浅、湿、晒"等科学控制灌溉技术，取得了节水增产的效果。从 20 世纪 90 年代开始，逐步推行灌溉工程节水与农业节水技术、管理节水技术的有机结合，形成配套技术。20 世纪 90 年代中期，提出了发展农业高效用水技术集成化的概念及其技术体系，实现了农业用水的高效利用、低消耗、低灌溉定额、高生产效率。

2010 年，淮河流域有效灌溉面积达 1.65 亿亩，总节水灌溉面积已发展到 0.48 亿亩，占农田灌溉面积的 29%，其中渠道防渗节灌面积占 40.6%，低压管道节灌面积占 41.7%，喷灌微灌面积占 15.4%，其他节水灌溉面积占 2.3%，全国平均灌溉水利用系数为 0.54。

根据灌区节水改造规划，到 2030 年，淮河流域工程节水灌溉面积将发展到 0.71 亿亩以上，灌溉水利用系数提高到 0.60 以上。通过工程和非工程措施及调整作物结构，到 2030 年，淮河流域农业节水潜力可达 71.5 亿 m^3。

3. 增加供给，提高农业灌溉保证率

在节水的前提下努力增加农业供水水源。为保障国家粮食安全，中央和地方各级政府不断加大农业和农村水利投入，增加农业供水水源、完善农田水利基础设施。针对农业用水季节性强、短时间用水量大的特点，结合水资源工程加大水资源调配能力，建立适合农业生产的抗旱应急调度方案，提高农业用水抗旱应急能力，提高农业灌溉保证率。

淮河流域地表水资源开发利用程度较高，地下水超采严重，当地水挖潜改造潜力不大。这些因素决定了跨流域调水工程是解决淮河流域水资源缺口的重要途径。依据规划，到 2030 年，利用南水北调东中线工程、引江济淮工程、引黄工程，通过增加引水、水量置换、再生水利用等途径，可为淮河流域提供粮食灌溉用水约 45 亿 m^3，从而满足保障国家粮食安全的需要。

在特枯干旱年及连续干旱年，在加强水资源监测预报的同时，充分利用大、中、小蓄水工程多蓄洪水，充分利用地下水具有多年调节的自然属性，适度超采地下水，满足灌溉高峰需求，加强淮河、沂沭泗水系水资源调度和管理，充分利用南靠长江北临黄河的区位优势，适时扩大引江引黄水量，完善调配工程体系配套建设，提高农田抗旱减灾能力。

4. 调整作物种植结构，提高耐旱作物种植比例

淮河流域降水时空分配不均，在不同时期、不同地区均存在不同程度的旱情。淮河以北，包括沂沭泗地区总体上降水较南方少，水资源缺乏。为确保农业可持续发展，必须大力发展耐旱作物节水农业。

在淮河流域农业用水结构中，种植业比重过大，林、牧、渔业比重相对偏小，粮食作物比重偏大，经济作物比重偏小。淮河流域应实现耗水型农业向节水型农业的转变，调整农业种植结构。目前淮河流域水田、水浇地、菜田的比例分别为 29%、61%、10%。在地域分布上，淮河以北地区以水浇地和菜田为主，淮河以南地区水资源条件相对较好，以水田为主。淮河以南地区粮食作物所占的比重较高，经济作物较少，淮

河以北地区特别是山东省经济作物所占的比重相对较高。

合理调整农作物布局，优化种植业结构，就是要按照自然规律和经济规律，坚持以市场为导向，以增加农民收入为目的，依靠科技，因地制宜，发挥区域优势，调整生产力在不同区域、不同作物和不同品种的布局，使其与整个国民经济结构调整和发展相适应，培育主导产业和主导产品，推动农业向优质、节水、高效化方向发展。

种植业结构调整是一个长期的、动态的过程，贯穿于种植业发展的全过程。在农业不同的发展阶段，种植业结构调整的目标和重点有所不同。积极推进农业结构的战略性调整，是一项涉及面广、工作量大的系统工程，需要对管理体制、运行机制、农业技术、管理方式等进行一系列的调整和创新，采取综合配套措施加以推进。具体包括以下4个方面：①坚持不放松粮食生产原则，保障粮食安全；②坚持因地制宜原则，突出区域资源优势和特色；③创新农业技术，提高种植业结构调整的科技含量；④加强引导服务，促进种植业结构调整顺利展开。

6.5 小　结

（1）在对国家粮食安全体系建设情况调研的基础上，重点分析了影响国家粮食安全的因素，提出保障国家粮食安全的各项措施；通过对比不同时期淮河流域及全国粮食生产情况，分析了淮河流域粮食生产在全国粮食生产中的重要战略地位。

（2）调查分析了不同年份淮河流域有效灌溉面积、实际灌溉面积、旱灾情况及粮食产量；提出了提高农业灌溉用水效率、加强大中型灌溉续建配套和节水改造建设，依托跨流域调水合理配置水资源等措施，保障淮河流域农业灌溉持续发展；在对淮河流域历年粮食产量与灌溉水量数据回归分析的基础上，分析确定淮河流域粮食产量与灌溉水量的关系。

（3）通过粮食作物受旱试验，分析了淮河流域典型地区、典型农作物的需水量与需水规律，提出了淮河流域典型农作物的水分生长函数；通过对照试验，重点研究亏水灌溉条件对淮河流域各典型农作物产量的影响。试验结果表明，当淮河流域粮食灌溉水量缺水 4.71% 时，3 种主要粮食作物综合减产率小于 3%。

（4）为保障淮河流域粮食安全，在分析淮河流域农业供水安全现状的基础上，从粮食产量、农田有效灌溉面积、粮食灌溉水量和设计灌溉保证率与灌溉定额 4 个方面构建了淮河流域农业供水安全标准体系：①2030 年淮河流域粮食产量 1169 亿 kg；②2030 年淮河流域农田有效灌溉面积 16568 万亩；③2030 年淮河流域粮食灌溉供水量 355 亿 m^3，在淮河流域发生干旱时，若要控制粮食减产率使之低于 3%，则至少保证粮食灌溉供水量为 338 亿 m^3；④2030 年淮河流域农业基本保障灌溉定额 217m^3/亩，充分保障灌溉定额 227m^3/亩。从保障农业用水供给、提高农业用水效率和灌溉保证率 3 方面提出了淮河流域农业供水安全保障途径。

第7章
城乡饮水安全供水预警技术研究

　　水资源作为重要的基础性自然资源、战略性经济资源和公众性社会资源，是短缺且受公众关注的资源之一。城乡饮水安全是保障人民生存的最基本条件，关系着居民生命安全和生活质量。如何保证城乡居民的生活用水安全，在其受到威胁时及时预警，采取有效应对措施，并逐步提高城乡居民的生活用水水平，使其与经济社会的发展相协调，具有重要的社会意义。

　　本章主要从水量安全角度进行研究，在流域层面上搭建城乡饮水安全供水预警体系框架，构建淮河流域城乡饮水安全供水预警模型，选取淮河流域典型城市进行实例研究，在分析供用水现状和社会经济指标、水源地、重要工程等情况的基础上，应用城乡饮水安全供水预警模型，建立相应的城乡饮水安全供水预警体系，并提出具体的警戒指标和保障措施，从而为进一步研究淮河流域城乡饮水安全供水预警技术提供支撑。

　　在充分收集淮河流域水资源状况、城乡供用水情况的基础上，对规划水平年的城乡供需水（重点是生活供需水）进行预测，确定城乡生活供水的不同程度的保障线，选取不同类型的预警标示。在此基础上，构建城乡饮水安全供水预警模型，对不同程度的危害，采取相应的工程及非工程措施，从而建立淮河流域城乡饮水安全供水预警体系框架，并选取典型城市，做体系运行的重点分析。

7.1　城乡居民生活供水警戒线制定方法

　　城乡居民生活供水安全是人们生活的基本保障。供水安全主要由水质安全和水量安全所组成，本研究主要研究水量安全。受气候、水源供水次序等因素的影响，城乡居民生活的可供水量会发生一定的变化，供水量对生活用水需求的保障程度也会相应发生变化。

　　生活用水定额和生活需水量具有直接的联系，不同标准的生活用水定额，对应不同的生活供需水量，而不同的生活供水量对生活需水量的保障程度不同。因此，本节对生活用水定额进行分析，分析其需供水量，从而制定城乡居民生活供水量警戒线。

7.1.1　生活用水定额的分析

影响生活用水定额的因素很多，主要影响因素有：居民住房的卫生器具及用水设备的完善程度、器具类型和器具负荷人数，居民生活习惯和经济水平，气候条件，用水计量收费办法及售水水价，给水设备维护管理，供水资源满足程度等。淮河流域面积较广，不同地区的水资源条件、社会发展程度不一，其生活用水定额也存在差异，在制定城乡居民生活供水警戒线时，应对不同地区的生活用水定额进行分析。

1. 现状居民生活用水定额分析

（1）生活用水定额调查

生活用水定额调查可采用面上统计和典型调查相结合的方法。

面上统计以历年水资源公报为主，主要整理该地区近3年的水资源公报中的城镇生活和农村生活的用水量及相应的用水人口，分析其平均生活用水定额。典型调查采取发放用水调查表的形式进行调查。

（2）用水定额分析

针对典型用水调查表的统计结果，计算各样本的人均生活用水定额及总样本的平均生活用水定额，分析不同定额区间的样本数量表。

2. 规划年居民生活用水定额分析

规划年居民生活用水定额以现状水平年定额为基础，以淮河流域水资源综合规划为依据，在分析居民生活水平的提高、区域生活条件的改善、城市供水管网的改造、节水器具的普及等因素后提出。

3. 公共生活用水定额分析

现状水平年的公共生活用水定额主要依据近年水资源公报中的城镇公共用水量和城镇人口分析计算而来。规划水平年的公共生活用水定额以现状水平年定额为基础，以淮河流域水资源综合规划为依据，在分析城市化进程加快、区域经济水平提高、城市供水管网改造、节水器具普及等因素后提出。

4. 生活用水综合定额分析

生活用水综合定额主要为城镇综合生活用水定额，包括居民生活用水定额和公共用水定额。居民生活用水定额有着不同的区间分布，而公共用水定额可视为人均平均分布。因此，生活用水综合定额为居民生活用水定额和公共用水定额之和，有着不同的区间分布。

现状年的生活用水综合定额采用上述的分析结果，将固定的公共用水定额加入不同区间分布的居民生活用水定额中，得出不同的区间分布的生活用水综合定额，并统计其区间的分布规律，计算其平均值。

规划年生活用水综合定额是在考虑平均值的前提下，直接采用规划年居民生活用水定额和公共用水定额之和。

7.1.2　生活供水警戒线的制定

生活供水警戒线的制定是建立在用水额分析的基础上的。在城乡供水中，公共生活用水与居民家庭生活用水有着共同的供水水源和供水管网，因此，在制定生活供水警戒线时，城乡生活用水定额应按生活综合用水定额考虑。

通过对现状生活用水定额区间分布的调查分析及规划年生活用水定额的预测，确定生活用水的节水潜力和应急状况下须满足的基本生活保障用水。供水警戒线分为 4 级，分别为蓝色警戒线、黄色警戒线、橙色警戒线和红色警戒线。

1. 蓝色警戒线

供水量能满足不实行节水措施的生活综合用水定额对应的生活需水量时，为蓝色警戒线。此时若未来时期供水量持续减少，需采取节水和启用备用水源地等保障方案来保障人民群众的生活用水安全。

2. 黄色警戒线

供水量能满足实行一般节水措施的生活综合用水定额对应的生活需水量时，为黄色警戒线。此时已采取节水措施，若未来一段时间供水量持续减少，则须采取进一步强化节水和启用备用水源地等保障方案来保障居民生活用水安全。

3. 橙色警戒线

供水量能满足实行强化节水措施的生活综合用水定额对应的生活需水量时，为橙色警戒线。此时节水潜力已经被完全挖掘，若未来一段时间供水量持续减少，则将无法保障居民生活用水，必须采取启用备用水源地等保障方案来保障居民生活用水安全。

4. 红色警戒线

供水量仅能满足居民基本生活保障用水时，为红色警戒线。此时供水量严重不足，只能保障居民基本的生活用水，若未来一段时间供水量持续减少，则将无法保障居民基本生活用水，严重威胁居民生活用水安全，必须采取启用备用水源地、从外地买水等应急保障方案。

7.1.3 不同警戒线危害程度分析

1. 供水量低于蓝色警戒线、高于黄色警戒线

当供水量低于蓝色警戒线、高于黄色警戒线时，已无法完全保障城乡居民生活用水，但是通过节水措施可以保障节水后的居民生活用水。

2. 供水量低于黄色警戒线、高于橙色警戒线

当供水量低于黄色警戒线、高于橙色警戒线时，城乡居民生活用水开始紧缺，通过强化节水措施可以保障居民生活用水。

3. 供水量低于橙色警戒线、高于红色警戒线

当供水量低于橙色警戒线，高于红色警戒线时，城乡公共用水和部分居民生活将受到影响，仅实行强化节水措施已经不能保障居民生活用水安全。

4. 供水量低于红色警戒线

当供水量低于红色警戒线时，居民最基本生活用水将受到影响，此时可能出现限制供水，将带来一定的社会不稳定因素。

7.2　城乡饮水安全供水预警模型

7.2.1　模型思路及总体设计

城乡饮水安全供水预警模型框架由大量相似的子模型组成。子模型以地市为单元，建立各地市的水文预报、水资源数量、经济社会需水量、水源地、水资源工程分布及供水量等各项指标与预警标志之间的逻辑关系，把人口和不同保障程度的用水定额作为预测规划水平年城乡居民生活用水警戒线的输入量，分析规划水平年各地市城乡饮水安全供水保障程度，当供水量达到各级警戒线时，分析其危害程度，判定应采取的工程及非工程措施，并对采取措施后的条件重新进行模型分析。城乡饮水安全供水预警模型流程图如图7-1所示。

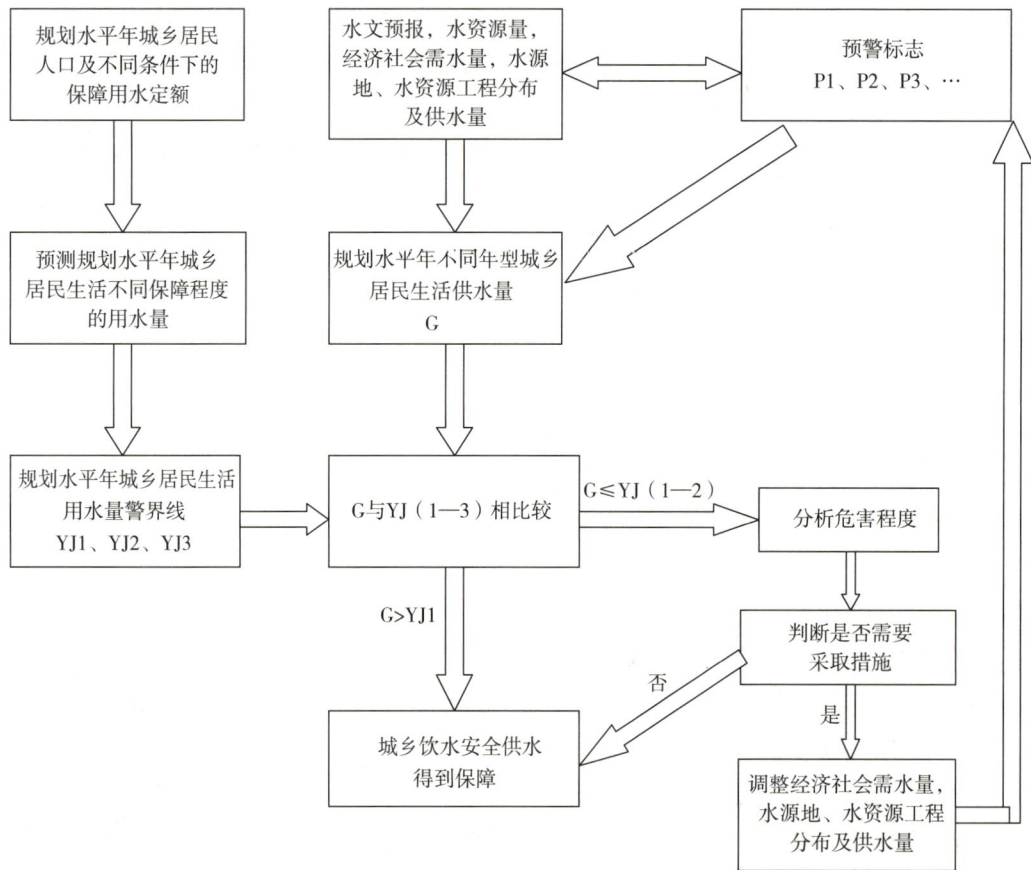

图7-1　城乡饮水安全供水预警模型流程图

城乡饮水安全供水预警模型各部分间的逻辑关系为：以水资源综合数据库为基本信息支持，以各种预测和调度子模块为手段，通过总控程序构筑系统的运行环境，辅以友好的人机界面和人机交互过程，实现信息服务和供水调度决策。模型逻辑结构图如图 7-2 所示。

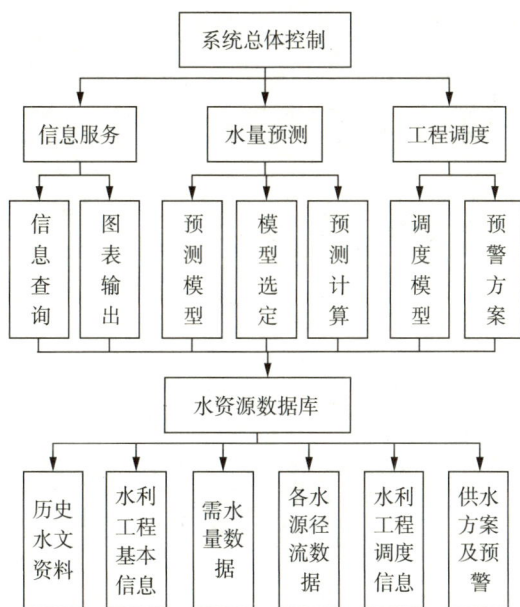

图 7-2　模型逻辑结构图

7.2.2　枯水期径流预报子模块

来水预测模型为整个模型框架中的重点组成部分。以淮河流域鲁台子站枯水期实测径流系列为例进行预报分析，可为淮河流域下游水量调度和水资源合理配置提供参考依据。

1. 径流序列的 Mann-Kendall 检验

采用 Mann-Kendall 法检验鲁台子站实测径流系列的突变及变化趋势。在 Mann-Kendall 检验中，原假设 H_0 为时间序列数据 $(x_1, x_2, \cdots, x_n)$ 是 n 个独立的、随机变量同分布的样本；备择假设 H_1 是双边检验。构造秩序列

$$S_k = \sum_{i=1}^{k} r_i \quad (k=2, 3, \cdots, n) \tag{7-1}$$

式中，当 $x_i > x_j$ 时，$r_i = +1$；当 $x_i < x_j$ 时，$r_i = 0 (j=1, 2, \cdots, i)$。

在时间序列随机独立的假定下，定义统计量：

$$UF_k = \frac{[S_k - E(S_k)]}{\sqrt{Var(S_k)}} \quad (k=1, 2, \cdots, n) \tag{7-2}$$

式中，$E(S_k) = k(k+1)/4$，$Var(S_k) = k(k-1)(2k+5)/72$。

UF_i 为标准正态分布，它是按时间序列 $x_1, x_2, \cdots, x_n$ 计算出的统计量序列，给

定显著性水平 α，若 $|UF_i| > U_{\alpha/2}$，则表明序列存在明显的趋势变化。按时间序列逆序 x_n，…，x_2，x_1，再重复上述过程，同时使

$$UB_k = -UF_k, \ k = n+1-k, \ (k = 1, \ 2, \ \cdots, \ n) \qquad (7-3)$$

通过分析绘制出的 UF_k、UB_k 曲线发现，超过临界线表明序列上升或下降趋势显著。如果 UF_k、UB_k 两条曲线出现交点，且交点在临界线之间，则交点对应值为突变开始的时间。

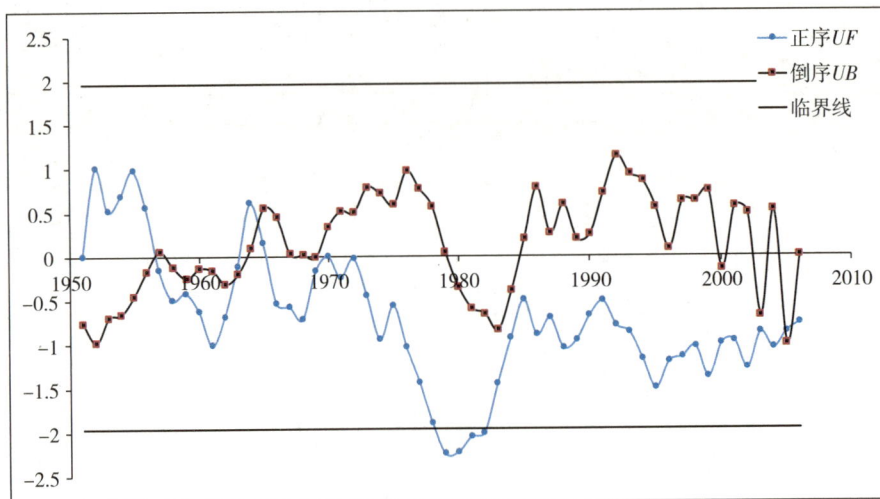

图 7-3 鲁台子站枯水期实测径流 Mann-Kendall 检测曲线

根据 Mann-Kendall 统计量的意义可知，UF 值大于 0 表明序列呈上趋势，小于 0 表明序列呈下降趋势。由图 7-3 分析可知，鲁台子站枯水期实测径流在 1950 后基本呈下降趋势，基本上未超过 95% 的临界线，即下降趋势不显著。

Mann-Kendall 突变分析表明：突变发生在 1960—1970 年，主要是由人类活动和下垫面条件的变化所引起的。因此，可以认为 1970—2007 年径流系列中没有突变，可以将其用于预报分析。

2. 周期组合预报

可以将水文要素（如降水、径流等）随时间变化的过程看成是由有限个具有不同周期的周期波互相重迭而形成的过程，其数学模型为

$$x(t) = \sum_{i=1}^{n} p_i(t) + \varepsilon(t) \qquad (7-4)$$

根据实测水文要素资料，分析识别水文要素所含的周期，如果这些周期在预报区间内仍然保持不变，就可将其外延再叠加进行预报，这种方法称为"周期叠加"。

（1）应用方差分析周期

如果水文要素存在周期性变化，则按其存在周期进行分组排列时，处在同一组内的各数据应该是在同一位相下的观测值，不同组的数据则为不同位相下的观测值。在各周

期高峰时出现的观测值的平均值是比较大的，而在各周期低谷时出现的观测值的平均值则是比较小的。因此，同组之内的数据差异相对较小，而组与组之间的数据差异较大。

对于组间与组内数据差异的情况，可以分别采用计算离差平方和（组间和组内）的方法来反映，并且进行比较，从而推断是否有周期存在。

若把 n 个观测数据 x_1，x_2，…，x_n 排列成 b 组，每组 a 项数，x_j 为每组平均值，$\bar{x}$ 表示系列的平均值，则组间离差平方和与组内离差平方和的计算公式为

组间离差平方和

$$s_1 = a \sum_{j=1}^{b} (x_j - \bar{x})^2 \tag{7-5}$$

组内离差平方和

$$s_2 = \sum_{j=1}^{b} \sum_{i=1}^{a} (x_{ij} - x_j)^2 \tag{7-6}$$

可以证明：如果将 n 个观测数据排列成试验周期分组的情形，则这组数据总的离差平方和应为它可以分解成的组间离差平方和与组内离差平方和。

（2）方差比 F 的确定与 F 检验

分析周期时，需要从可能存在的周期中反复排列出各种数值的周期试验表，同时计算各种周期的 S_1 和 S_2，然后加以比较分析，决定存在哪种周期。但不同的试验周期分组数目和每组含有的项数都不同，因此为了能够互相比较，还要计算其平均情况，公式如下。

$$组间方差 = S_1 / f_1 \tag{7-7}$$

$$组内方差 = S_2 / f_2 \tag{7-8}$$

f_1，f_2 分别为组间离差平方和和组内离差平方和的自由度。组间离差平方和的自由度 $f_1 = b-1$，而组内离差平方和的自由度为 $f_2 = n-b$，总的离差平方和的自由度为 $n-1$。

有了组间方差与组内方差后，就可对各试验周期的组间、组内数据离散的情况进行比较。选取方差比 $F = (S_1/f_1)/(S_2/f_2)$ 作为判别标准。在一定条件下可以证明方差比 F 是服从 F 分布的随机变量。因此可以用 F 检验的方法来检验组间方差是否显著地大于组内方差。

在实际应用中，可以先根据实测资料计算出方差比 F，选择一信度 α，当 $F > F_\alpha$ 时，表明在这一信度水平上方差比差异显著，有周期存在，反之则无周期存在。作为一种改进，将周期均值序列看作因子进行线性回归，即

$$x(t) = \sum_{i=1}^{k} b_i \cdot p_i(t) + \varepsilon(t) \tag{7-9}$$

可以应用线性回归方法来估计 b_i。

（3）实例分析

经过组内和组间的方差比 F 分析计算，以 1970—2004 年的资料率定模型参数，预

报 2005—2007 年的枯水期径流。应用方差分析周期，挑选周期为 4、6、7、12、13、14、16、17 的均值作为回归因子，其系数见表 7-1 所列。

表 7-1　周期回归方程系数表

回归因子	x_4	x_6	x_7	x_{12}	x_{13}	x_{14}	x_{16}	x_{17}
系数	−0.96	−.41	0.63	0.76	0.24	−0.34	0.65	0.44

根据《水文情报预报规范》（SL250—2000），相对误差≤±20%为合格。模型拟合合格率为 65%。预报结果见表 7-2 所列。

表 7-2　周期回归模型预报结果表

枯水期/年	径流量/亿 m³	预报值/亿 m³	相对误差/%	是否合格
2004—2005	49.65	46.3	7	√
2005—2006	113.8	91.6	19	√
2006—2007	66.04	85.7	30	×

3. 局域相似预报

（1）局域相似模式

局域相似预报指在预报时不是利用空间所有状态点的信息而只是利用预报状态点邻域内部分点的信息。

基于混沌系统有一个特点：用足够长的时间序列可以构造出吸引子上几乎稠密的向量序列 $\{x_k\}_{k=1}^N$，也就是说对于待预报的向量 X_k 来说，如果样本点很多，则总会有现成的观测点接近 X_k，这使预报模型的逼近成为可能。

提前预报的时间 T 一般与重建相空间所用的延滞时间 τ 及时间间隔 Δt 同量级，它们相对时间序列的长度很小，因此假设给定时间序列的结构在预报区内不变。

为进行预报，引进最近邻态和参考态的概念。用 $\parallel \cdots \parallel$ 表示 d 维 Euclidean 模型，则 $\parallel Y(t_i) - Y(t_j) \parallel$ 表示在 d 维相空间里状态 $Y(t_i)$ 到状态 $Y(t_j)$ 的距离。当 $L_{nb} = \min \{\parallel Y(t_i) - Y(t_j) \parallel\}$ （$i \neq j$）时，称 $Y(t_i)$ 和 $Y(t_j)$ 为相似点。当已知 $Y(t_i)$、要预报 $Y(t_i + \tau)$ 时，称 $Y(t_i)$ 为 $Y(t_i + \tau)$ 的参考态。

由序列 $x(t_i)$（$i = \overline{1, n}$）构造的 R^m 相空间中，$x(t+\tau) = F_\tau \{(x(t), x(t-\tau), \cdots, x(t-(m-1)\tau)\}$ 在空间 R^m 中寻找点 $X(t)$ 的最近邻点。最近即两者间的欧氏距离最短。假定距离 $X(t)$ 最近的点是 $X(t_{nb})$，则 $x(t_{nb}+\tau) = F_\tau (X(t_{nb}))$ 就可以作为 $x(t+\tau)$ 的预报。

（2）相似模式的推广

推广上述思路，对于水文时间序列可以构造一个三参数的模型，称为 $D(m, \tau, k)$ 模型。该模型可以用于资料比较少，无法准确计算 m，τ，k 的水文时间序列，从最优化的角度确定模型的参数。具体步骤如下。

① 给定参数范围 $3 \leq m \leq m_{\max}$，$1 \leq \tau \leq \tau_{\max}$，$1 \leq k \leq k_{\max}$，具体数值视资料的长短而

定，然后建立多维时间序列

$$(x_1, x_{1+\tau}, x_{1+2\tau}, \cdots, x_{1+(m-1)\tau}, \cdots,) \tag{7-10}$$

$(x_{n-(m-1)\tau}, x_{n-(m-2)\tau}, \cdots, x_n)$ 设定率定参数的年份，以及预报年份。

② 寻找预报参考态的相似点，进行时间序列的滚动拟合（所谓滚动，就是可选相空间数随着预报年数的推移而增加），选出拟合年份比较好的参数组。

③ 运用确定的参数进行预报。

（3）实例分析

以 2002—2006 年的枯水期径流资料率定模型参数，预报 2006—2007 年枯水期径流。经过参数优选，确定模型参数为（3，7，2）。根据《水文情报预报规范》（SL250—2000），相对误差≤±20%为合格，模型拟合合格率达 75%，结果见表 7-3 所列。

表 7-3　相似预报模型率定结果表

枯水期（年）	径流量/亿 m^3	预报值/亿 m^3	相对误差/%	是否合格
2002—2003	89.1	96.8	9	√
2003—2004	101.3	104.76	3	√
2004—2005	115.87	49.65	57	×
2005—2006	100.21	113.8	14	√

预报 2006—2007 年枯水期径流量为 66.77 亿 m^3，实际发生值为 66.04 亿 m^3，因此模型预报准确。

4. 权马尔可夫链预报

河川径流量是相依的随机变量，各阶自相关系数刻画了各种滞时的径流量间的相关关系及其强弱。因此，可先分别依该时段前面若干时段的径流量，对该时段径流量状况进行预报，然后，按前面各时段与该时段相依关系的强弱加权求和，即达到充分、合理利用信息进行预报的目的。这就是权马尔可夫链预报的基本思想。

（1）马尔可夫链

马尔可夫过程是随机过程的一个分支，它的最基本特征是"无后效性"，即在已知某随机过程"现在"的条件下，判断其"将来"与"过去"是独立的。马尔可夫链是状态与时间参数都离散的马尔可夫过程，其数学表达如下。

定义在概率空间(Ω, F, P)上的随机序列$\{X(t), t \in T\}$，如果其中 $T = (0, 1, 2, \cdots)$，状态空间 $I = (0, 1, 2, \cdots)$，称为马尔可夫链，如果对任意正整数 l、m、k 及任意非负整数$j_l > \cdots > j_2 > j_1 (m > j_l)$，$i_{m+k}$，$i_m$，$i_{j_l}$，$\cdots$，$i_{j_2}$，$i_{j_1}$ 有

$$P\{X_{(m+k)} = i_{m+k} \mid X_m = i_m, X_{j_l} = i_{j_l}, \cdots, X_{j_2} = i_{j_2}, X_{j_1} = i_{j_1}\}$$

$$= P\{X_{(m+k)} = i_{m+k} \mid X_m = i_m) \tag{7-11}$$

成立。要求上式左端有意义，即假定

$$P\{X_m = i_m,\ X_{j_l} = i_{j_l},\ \cdots,\ X_{j_2} = i_{j_2},\ X_{j_1} = i_{j_1}\} > 0$$

在实际应用中，一般考虑齐次马尔可夫链，即对任意 $k,\ n \in \mathbf{N}^+$，有

$$P_{ij}(n,\ k) = P_{ij}(k) \quad (i,\ j = 0,\ 1,\ \cdots) \tag{7-12}$$

式中，$P_{ij}(n,\ k)$ 表示"n 阶段状态为 i，经 k 步转移至状态 j 的概率"；$P_{ij}(k)$ 表示"从状态 i 经 k 步转移至状态 j 的概率"。

齐次的马尔可夫链 $\{X(t)\}$ 完全由其初始分布 $\{P_{(i)},\ i = 0,\ 1,\ \cdots\}$ 及其状态转移概率矩阵[状态转移概率 $P_{ij}(i,\ j = 0,\ 1,\ \cdots)$ 所构成的矩阵]所决定。

（2）权马尔可夫链预报的方法

基于以上思路，权马尔可夫链预报的具体方法如下。

① 计算径流量序列各阶自相关系数

$$r_k = \sum_{t=1}^{n-k} (x_t - \bar{x})(x_{t+k} - \bar{x}) / \sum_{t=1}^{n} (x_t - \bar{x}) \tag{7-13}$$

式中，r_k 表示第 k 阶（滞时为 k 的）自相关系数；x_t 表示第 t 时段的径流量；$\bar{x}$ 为径流量序列的均值；n 为径流量序列的长度。

② 对各阶自相关系数的规范化，即

$$\omega_k = |r_k| / \sum_{k=1}^{m} |r_k| \tag{7-14}$$

将它们作为各种滞时（步长）的马尔可夫链的权（m 为按预报需要计算到的最大阶数）。

③ 建立径流量的分级标准（相当于确定马尔可夫链的状态空间），根据资料序列的长短及具体问题的要求建立分级标准。

④ 按所建立的分级标准，确定资料序列中各时段径流量的状态。

⑤ 对所得结果进行统计分析，可得到不同步长的马尔可夫链的转移概率矩阵，它决定了径流量状态转移过程的概率法则。

⑥ 以其前面若干时段各自的径流量为初始状态，结合其相应的状态转移概率矩阵即可预报该时段径流量的状态概率 $P_i^{(k)}$[i 为状态，$i \in I$；k 为滞时（步长），$k = 1,\ 2,\ \cdots,\ m$]。

⑦ 将同一状态的各预报概率加权，作为径流量处于该状态的预报概率，即

$$P_i = \sum_{k=1}^{m} \omega_k P_i^{(k)} \tag{7-15}$$

式中，符号意义同上。$\max(P_i,\ i \in I)$ 所对应的 i 即为该时段径流量的预报状态，待该时段径流量发生后，将其加入原序列。重复上述步骤，可进行下一时段径流量的预报。

（3）实例分析

由于系列长度有限，只预报 2006—2007 年的枯水期径流状态。前 5 阶自相关系数为：$R_1=0.106$，$R_2=-0.150$，$R_3=0.017$，$R_4=-0.042$，$R_5=-0.054$。将各阶自相关系数规范化后作为各种步长的马尔可夫链的权，有 $\omega_1=0.2868$，$\omega_2=0.4068$，$\omega_3=0.0453$，$\omega_4=0.1153$，$\omega_5=0.1459$。

根据《水文情报预报规范》（SL250—2000）将该枯水径流系列划分为 5 个级别，对应马尔可夫链的 5 个状态，枯水期径流量分级表见表 7-4 所列，预报 2006—2007 年枯水期径流状态，见表 7-5 所列。

表 7-4　枯水期径流量分级表

状态	级别	分级标准（距平值/%）
1	丰水年	距平>20
2	偏丰年份	10<距平≤20
3	平水年	−10≤距平≤10
4	偏枯年份	−20≤距平<−10
5	枯水年	距平<−20

表 7-5　2006—2007 年枯水期径流状态预报表

初始年/年	滞时/年	权重	1	2	3	4	5
2005	1	0.2868	0.3636	0.0909	0.0909	0.0000	0.4545
2004	2	0.4068	0.4375	0.0000	0.0625	0.0625	0.4375
2003	3	0.0453	0.4000	0.0000	0.1000	0.2000	0.3000
2002	4	0.1153	0.2222	0.0000	0.0000	0.2222	0.5556
2001	5	0.1459	0.2667	0.0667	0.0667	0.1333	0.4667
加权和			0.3649	0.0358	0.0657	0.0796	0.4540

根据分级标准，可确定序列中各枯水期的状态。经统计分析，可得到各种步长的马尔可夫链的状态转移概率矩阵，依前 5 个枯水期的径流量及其相应的状态转移概率矩阵对 2006—2007 年枯水期的状态进行预报，结果为枯水年份，实际为偏枯年份，定性基本一致。

7.2.3　需水预测子模块

1. 生活需水预测

生活需水在一定范围内的增长速度是比较有规律的，因此可以用定额法推求未来需水量。对总需水量的预测，考虑因素主要有用水人口和用水定额。生活需水分为城镇生活需水和农村生活需水两部分。本研究生活需水预测考虑经济社会发展条件下的人口及城市化水平，采用用水定额法进行预测。

对人口增长进行预测的方法主要有趋势法、人口自然增长率法、灰色系统模型 GM（1，1）方法等。

以现状调查数据为基础，分析定额的历年变化情况，拟定一个不同水平年的用水定额。

采用用水定额法进行预测，公式如下

$$W_i = n_i \times K_i \qquad (7-16)$$

式中，W_i 为某水平年城镇/农村生活需水量（m^3/d）；n_i 为需水人数（人）；K_i 为某水平年拟定的人均用水综合定额（$m^3/人 \cdot d$）。

2. 城镇生产需水预测

城镇生产主要为工业生产，而工业分为一般工业和火电业。火电厂用水量较大，而消耗水量较小，因此分别预测火电厂用水量和一般工业用水量。

（1）一般工业需水预测

工业需水预测的计算公式为

$$W_t = \frac{X_t \times A_t}{g_t} \qquad (7-17)$$

式中，t 为规划水平年序号；W_t 为 t 规划水平年工业总需水量（亿 m^3）；X_t 为 t 规划水平年工业发展指标；A_t 为规划水平年工业取水定额；g_t 为 t 规划水平年工业供水系统水利用系数。

（2）火电行业需水预测

火电业主要采用循环式供水，水资源重复利用率达到 95%。确定火电业需水定额，根据单位千瓦净需水量、发电量、5% 的管网漏失率可确定各规划水平年火电业需水量。

引用公式形式与一般工业需水预测公式相同。

（3）工业发展预测

工业发展预测包括一般工业和建筑业预测两部分。工业发展预测方法是在对工业的时间序列数据进行分析的基础上，得出长期时间序列数据遵从固定不变的增长率发展趋势，通过回归分析方法求出一定时间内工业经济指标年均增长速度，预测规划水平年内工业经济指标的发展状况。

3. 河道外生态需水预测

河道外生态环境需水量，是指保护、修复或建设某区域的生态环境需要人工补充的绿化、环境卫生需水量和维持一定水面、湖泊、沼泽、湿地的补水量，主要按城镇生态环境分析计算。

城镇生态需水量是指为保持城镇良好的生态环境所需要的水量，主要包括城镇绿地建设需水量和城镇环境卫生需水量。

（1）城镇绿地生态需水量采用定额法进行计算。

$$W_G = S_G \times q_G \qquad (7-18)$$

式中，W_G 为绿地生态需水量（m^3）；S_G 为绿地面积（hm^2）；q_G 为绿地灌溉定额（m^3/hm^2）。

（2）城镇环境卫生需水量采用定额法计算。

$$W_c = S_c \times q_c \qquad (7-19)$$

式中，W_c 为环境卫生需水量（m^3）；S_c 为城镇市区面积（hm^2）；q_c 为单位面积的环境卫生需水定额（采用历史资料和现状调查法确定）。

7.2.4　地下水预警子模块

地下水的开采必须遵循"适度开采"的原则，也就是开采地下水后必须使地下水得到补充，包括在当年和一个小的气象水文周期内得到补充。实际上就是利用地下含水介质的巨大存储容量作为"地下水库"，调节在当地或附近入渗的大气降水和地表水，控制地下水位在合理的范围内波动，既满足供水的水量需求，又不致引起相应的环境问题。

地下水水量预警不仅包含对某一时刻的预警，还包括对某段时间变化趋势的预警；采用地下水季变幅 ΔH 和地下水开采潜力指数 P 作为区域地下水水量监测的预警指标。

（1）季变幅 ΔH。

$$\Delta H = H_{n+1} - H_n \qquad (7-20)$$

式中，H_n 为第 n 季地下水埋深（m）；H_{n+1} 为第 $n+1$ 季地下水埋深。主要根据单个地下水埋深监测井监测数据进行预警，从而对地下水开采量进行控制。

（2）地下水开采潜力指数 P。

$$P = Q_{可} / Q_{采} \qquad (7-21)$$

式中，P 为地下水开采潜力指数；$Q_{可}$ 为地下水可开采量（万 m^3/a）；$Q_{采}$ 为地下水已开采量（万 m^3/a）。P 的判别指标为：$P > 1.2$ 时，表明有开采潜力，可适当扩大地下水开采；$1.0 \leqslant P \leqslant 1.2$ 时，表明采补平衡，需控制地下水开采；$0.8 \leqslant P < 1.0$ 时，表明开采潜力不足，地下水已超采；$P < 0.8$ 时，表明严重超采。该指标主要用于对区域地下水开采量进行总体控制。

警限划分关系到预警的敏感性和准确性。根据研究区域实际情况，结合国际、国家、区域标准，综合分析相关研究成果，借鉴其他水资源评价标准，并通过纵向比较和横向分析，确定地下水水量预警指标的警限值，见表 7-6 所列。

表 7-6　预警指标警限划分值

预警指标	无警	轻警	中警	重警
$\Delta H/m$	<0.5	0.5~1.0	1.0~1.5	>1.5
P	>1.2	1.0~1.2	0.8~1.0	<0.8

7.2.5 供水工程调度子模块

按照水源的类别，城乡多种水源供水系统可分为地下水系统和地表水系统。地表水系统还可细分为无控地表水系统和有水库控制地表水系统。供水水源如下组合类型。

（1）完全由无控地表水进行供水。充分利用地表水，也就是说城乡供水首先采用地表水。当丰水期某个阶段可引用的地表水能够满足需水要求时，就不需要引用地表库水和开采地下水。这时城乡供水完全来自无控地表水水源。

（2）无控地表水和地表库水联合供水。当单独使用地表水不能满足用水需求时，可调节性地利用地表库水，联合利用地表水和地表库水供应城市用水。

（3）由无控地表水、地表库水和地下水共同供水。当地表水的水量不能满足需水要求时，就需要开采地下水补充供水缺口，必要时可以加大地下水开采量，在短期内超采，过后进行回补。

（4）当遇到突发性水污染事件或出现其他紧急状况时，可启用应急备用水源。供水工程调度子模块的主要任务是在对城市用水量分析和预测的基础上，根据各水源供水的调配原则、自身的供水能力和相应的供水配套设施，确定最合理的各水源供水量，以满足城乡用水需求，达到综合利用水资源的目的。

7.2.6 供水方案制定子模块

分析规划现状、近期和远期或者实际预测条件下的工程运行调节方案，并得出水资源供需平衡结果，判别城乡饮水安全供水预警级别，提出相应的工程措施和非工程措施，即对水源工程进行调度或限制城乡用水需求，进行水资源供需平衡的再分析和城乡饮水安全供水预警级别的再判别，分析其危害程度，给出城乡供水不足时可采取的供水应变措施。

7.3 淮河流域城乡饮水安全供水预警体系框架

7.3.1 城乡饮水安全供水预警体系框架构建理念

（1）体现节水优先、人民利益至上的理念。
（2）健全城乡饮水安全供水预警体系与其他安全体系的有机结合。
（3）重视将工程措施和非工程措施相结合，强化非工程体系的建设。

7.3.2 城乡饮水安全供水预警体系框架

淮河流域城乡饮水安全供水预警体系框架应包含3大部分：一是制度体系，二是预警体系，三是措施体系。制度体系是城乡饮水安全供水预警体系框架的基础，预警体系是整个体系框架的核心内容，措施体系是整个体系框架的保障（图7-4）。

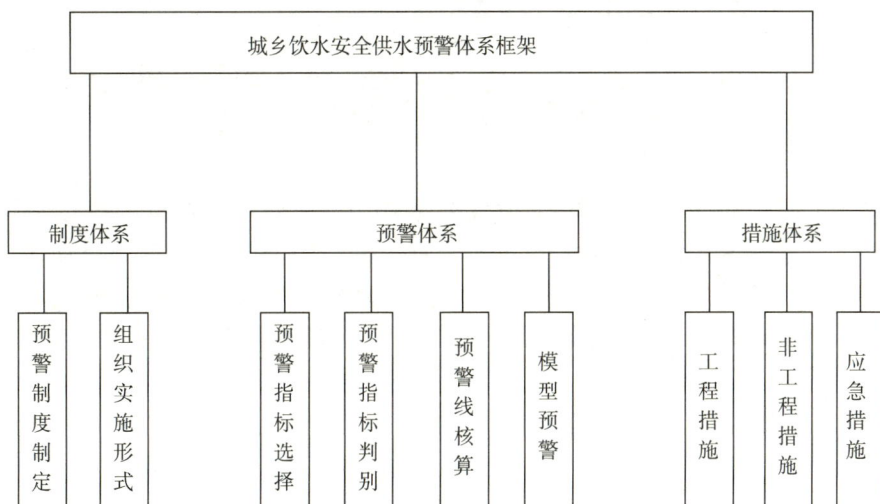

图 7-4 城乡饮水安全供水预警体系框架

7.3.3 制度体系

制度体系是城乡饮水安全供水预警体系框架的基础，主要是城乡饮水安全供水预警制度的建设，包括预警制度的制定，组织实施的形式。

1. 制度体系制定的目的、依据及适用范围

（1）制定目的

建立健全城乡供水应急预警机制能够提高城乡供水工程突发事件的应急处置能力，有效预防、及时控制和最大限度消除城乡供水突发事件带来的危害，最大限度地减少损失，保障城乡居民的饮水安全，维护人民生命健康和社会稳定，从而促进城乡经济社会全面、协调地可持续发展。

（2）制定依据

制定城乡饮水安全供水应急预警机制要全面了解国家的法律法规，主要参考《中华人民共和国水法》《中华人民共和国水污染防治法》《中华人民共和国安全生产法》《国家突发公共事件总体应急预案》《国务院办公厅关于加强饮用水安全保障工作的通知》《生活饮用水卫生监督管理办法》《中华人民共和国抗旱条例》及地方性的法律法规和政策文件。

（3）适用范围

所建立的机制主要用于城乡水利行业主管的供水突发性事件的预防和应急处理，由于供水涉及的因素很多，建立预警机制所涉及的突发性事件主要有：一是饮用水源保护区或供水设施遭受生物、化学、毒剂、病毒、油污、放射性物质等污染，致使水质不达标，从而使供水量不足；二是因地震、洪灾等自然灾害而使供水水源枢纽工程、净水构筑物、供水工程构筑物或输配水管网遭到破坏，从而导致供水量不足；三是因经济因素变化或人口变化引起需水量的增加，而使供水量不足。

2. 城乡供水水量预警机制及应急预案的建立

（1）组织机构

城乡饮水安全供水应急工作具有较强的政治性、政策性和整体协调性，该项工作必须由政府统一领导并组织实施，成立城乡供水应急领导小组。

（2）预测供水水量预警机制的建立

对于一个地区的供水量的预警，其实就是看其供水能力是否能够满足正常生活、生产的用水需求。在来水频率为50％的平水年，供水量一般可以满足用水需求，此时基本不用启动预警；在来水频率为75％的一般枯水年和来水频率为95％的特枯水年，当供水量出现不足时，启动预警就显得十分重要。可以根据预测供水量与预测需水量比值的大小，进行分级预警。

（3）供水突发事件预警机制的建立

① 信息监测和收集。对供水工程安全事件信息的监测、收集、检查和预警工作应该由城乡水务局负责，并设立供水安全事故公开报警电话，多渠道获取饮水安全相关信息，对监测信息进行汇总分析，及时向政府及上级应急领导机构报告。

② 预警分级。根据预测分析结果，对可能发生和可以预警的突发事件进行预警，一般可分为4级：特别严重为Ⅰ级、严重为Ⅱ级、较严重为Ⅲ级、一般情况为Ⅳ级，分别用红色、橙色、黄色及蓝色来表示。通过对城乡近年供水安全的调查，结合水利工作人员的经验，对预警情况进行判别。

③ 预警的发布及应急预案。预警信息包括突发供水事件的类别、预警级别、起始事件可能影响的范围、警示事项、应采取的措施和发布机关等。出现供水安全突发事件的时候，供水单位要立即上报并且做好前期处理。对于特别严重的供水安全事故，应立即发布相应预警，并启动相应的应急预案。如果居民生活用水得不到保障，则要启用备用水源或异地调水，并且尽快组织技术人员对工程建筑物抢修以保障受灾居民的基本生活用水。与此同时，医疗保障机构也应加强对传染病的监测和报告，以确保受灾群众的生命安全。

7.3.4　预警体系

预警体系是整个预警体系框架中的核心内容，主要包括预警指标的选择、预警指标的判别、预警线的核算及模型预警。

1. 预警指标的选择

城乡饮水安全供水预警体系框架中的预警指标与生活供水相关的指标，主要分为自然指标、工程指标、社会指标三大类。

（1）自然指标

自然指标包括实测径流、水位、地下水水位等。

在以地表水为主要供水水源的区域，以供水水源地所处的河流的实测径流、水位，或所处湖库的实测入湖库径流、水位作为预警指标。

在以地下水为主要供水水源的区域，以供水水源地的地下水水位及地下水利用量占可开采量的比例作为预警指标。

（2）工程指标

工程指标包括水源地数量、供水工程数量、供水能力等。

（3）社会指标

社会指标包括人口、经济社会发展情况（GDP、工业增加值）等。

2. 预警指标的判别

预警指标具有多样性和变化性，如果每一个指标发生变化时，都对其进行安全评价，则会带来繁重的工作量。因此，首先需要对每类预警指标进行判别，判断其是否有可能给供水安全带来不利影响。

（1）自然指标

当供水地表水水源地来水实测径流低于多年平均径流的 50% 或水位持续降低或地下水水源地监测水位的季变幅大于 1m 时，可能给供水安全带来不利影响。

（2）工程指标

供水水源地数量减少、供水工程数量减少、供水能力降低时，可能给供水安全带来不利影响。

（3）社会指标

供水范围扩大、人口增加、新增用水企业等，可能对供水安全带来不利影响。

3. 模型预警

通过对预警指标的初步判别，当供水安全有可能受到不利影响时，利用模型对相应区域的城乡饮水安全供水保障程度进行评价，当可供水量到达不同的警戒线时发出相应级别的预警，并分析其可能造成的危害程度。

（1）生活用水典型调查

采用典型调查的方式，确定不同生活水平下的居民生活用水量。

（2）不同用水水平定额的确定

根据典型调查结果，分析影响居民生活用水定额的因素，确定不同用水水平的定额。

（3）供水警戒线的制定

通过对居民生活用水定额区间分布的调查分析及规划年居民生活用水定额的预测，确定居民生活用水的节水潜力和应急状况下须满足的居民基本生活保障用水，以此将供水警戒线分为 4 级，分别为蓝色警戒线、黄色警戒线、橙色警戒线和红色警戒线。

（4）供需及配置计算

根据城乡饮水安全供水预警模型，计算出区域现状及规划水平年城乡供需水量及配置成果，并进行安全评价。

（5）实时预警

根据各预警指标的实时变化，随时进行模型分析，提出预警。

7.3.5　措施体系

措施体系是预警体系框架的保障，主要包括发出预警后采取的工程措施和非工程措施及应急措施。

1. 工程措施

工程措施主要针对的是规划水平年，主要包括以下几个方面。

（1）供水工程规划。

（2）城市备用水源地规划。

（3）农村饮水安全规划。

（4）城市管网改造。

（5）跨区域调水。

2. 非工程措施

非工程措施主要包括意识形态的培养和水价机制的完善。

（1）强化节水意识。

（2）完善水价机制，采取阶梯水价。

3. 应急措施

水资源的丰、枯随机性很大，这决定了水供给的不稳定，而经济社会的建设与发展要求高保证率的稳定供水。在遇到特殊干旱年或者连续干旱年的情况、出现生活供水预警时，应根据不同的预警级别，采取相应的应急措施，保障居民生活用水不受到影响，并将可能带来的损害降到最低。应急措施主要包括以下几个方面。

（1）限制高耗水企业及一些中小型企业的用水，必要时要采用分时段供水、对超额用水部分大幅提高水价等手段抑制用水，确保城乡生活用水。

（2）适当限制农田灌溉用水，采用灌溉"救命水"等方式提高用水效率，确保农村居民生活用水。

（3）将深层承压水作为战略储备资源，只有在特定的条件下，才能对该资源进行开采利用。当淮河流域或局部区域遭遇特枯干旱年份、城乡居民饮用水遭到严重威胁时，可开采使用深层承压水。

（4）遇枯水年份时，可利用地下水含水层多年调节能力强的特点，适当增加地下水的开采量，但不得出现地下水超采漏斗，避免造成生态环境恶化。

（5）启用备用水源和应急水源，并对水质进行检测，确保达到相应供水水质标准。

7.4 典型城市城乡饮水安全供水预警体系

根据淮河流域的用水现状及缺水特点，选取具有代表性的城市进行介绍，经初步分析，选取蚌埠市和亳州市作为典型城市。

（1）蚌埠市。蚌埠市是资源型缺水、工程型缺水和水质型缺水兼有的缺水城市之一，城乡生活供水水源以地表水为主，农村生活供水水源以地下水为主。近几年来，随着经济社会的快速发展和城市化进程的加快，蚌埠市对水资源的需求量大幅度增加，加上地下水水源的退减，使水资源供求矛盾较为突出。

（2）亳州市。亳州市供水水源单一，对地表水资源的开发利用程度较低，其城区生活和工业用水多单一依赖深层地下水。随着经济社会和城市化的不断发展，亳州市对水资源的需求量将越来越大，供需矛盾较为突出。

7.4.1　蚌埠市城乡饮水安全供水预警体系

1. 蚌埠市城乡居民供用水现状

（1）蚌埠市水资源状况

蚌埠市多年平均水资源可利用总量为 9.80 亿 m^3，水资源可利用率为 48.0%。其中地表水资源可利用量为 4.86 亿 m^3，占水资源可利用总量的 49.6%，水资源可利用率为 35%；浅层地下水可开采量为 5.72 亿 m^3，占水资源可利用总量的 58.4%，水资源可开采率为 56.1%；重复计算量占水资源可利用总量的 8.0%。

蚌埠市 20%、50%、75%、95% 频率下的水资源可利用总量分别为 12.42 亿 m^3、9.17 亿 m^3、7.02 亿 m^3、4.61 亿 m^3。

（2）供用水情况

蚌埠市供水以地表水为主，其水源主要为淮河干流水源。2010 年全市实际总供水量 14.40 亿 m^3，其中地表水源供水量 12.09 亿 m^3，占总供水量的 83.9%；地下水源供水量 2.31 亿 m^3，占总供水量的 16.1%。

2010 年蚌埠市总用水量 14.40 亿 m^3，其中城镇生活用水量为 1.13 亿 m^3，占总用水的 7.8%；农村生活用水量为 0.66 亿 m^3，占总用水量的 4.6%；工业用水量为 3.56 亿 m^3，占总用水的 24.7%；农田灌溉用水量为 8.73 亿 m^3，占总用水的 60.7%；林牧渔用水量为 0.32 亿 m^3，占总用水的 2.2%。

（3）生活用水水平

2010 年蚌埠市生活用水量为 1.76 亿 m^3，城镇居民平均生活用水量为 102L/（人·d），农村居民生活用水平均为 68L/（人·d）。相比于淮河流域平均水平，蚌埠市城镇居民生活用水定额处于中等水平，农村居民生活用水定额比较低。

（4）水源地现状

蚌埠市城区供水水源地有 2 处，常规水源地为淮河蚌埠闸以上水源地，备用水源地为蚌埠市支流河道天河湖水源地。

农村集中供水水源一般是地下水。

2. 生活供水预警指标的判别

（1）自然指标

蚌埠市城市生活供水水源地主要在淮河干流蚌埠闸以上，因此，选取淮河干流鲁台子站的实测径流及蚌埠闸闸上水位作为预警指标。

农村生活集中供水水源基本为地下水，因此，选取水源地地下水取水井的水位作为预警指标。

（2）工程指标

工程指标主要选取自来水供水工程和农村饮水安全工程。

① 自来水供水工程。据统计，蚌埠市 2010 年共有县级以上自来水厂 7 座，其中蚌埠市区 2 座，怀远县 3 座，固镇县 1 座，五河县 1 座。

② 农村饮水安全工程。蚌埠市农村饮水安全工程 2005—2010 年共建成 87 处，全

部取用地下水进行集中式供水。

（3）社会指标

① 人口。蚌埠市 2010 年人口为 362.2 万人，预测到 2030 年人口将增加至 411.3 万人。根据蚌埠市经济社会发展趋势，预测蚌埠市 2030 年城镇化率将达到 72.8%。

② 国民经济发展。蚌埠市 2010 年 GDP 为 636.9 亿元，三产比例为 18.8：47.3：33.9。预测到 2030 年蚌埠市 GDP 将增长为 3652.9 亿元，2010—2030 年蚌埠市 GDP 年均增长率约 9.6%。预测 2030 年蚌埠市工业增加值将达到 2459.9 亿元，占 GDP 的 67.3%。预测蚌埠市农田有效灌溉面积将由 2010 年的 271.1 万亩增长为 2030 年的 328.8 万亩左右，农田有效灌溉面积增加约 57.7 万亩。

3. 模型预警

（1）生活用水典型调查

通过面上统计和典型调查相结合的方法，确定蚌埠市城镇生活用水综合定额平均值为 160L/（人·d），其区间分布见表 7-7 所列。

表 7-7　蚌埠市城镇生活用水综合定额分析表

人均日用水定额范围/L	120～140	140～150	150～180	180～210	210 以上	小于平均值（160）
户数	105	67	163	19	6	220
所占百分比/%	29.17	18.61	45.28	5.28	1.67	61.11

农村居民生活用水定额平均值为 75L/（人·d），其区间分布见表 7-8 所列。

表 7-8　蚌埠市农村居民生活用水定额调查表

人均日用水定额范围/L	40～55	55～65	65～90	90～100	100 以上	小于平均值（75）
户数	24	55	238	36	27	218
所占百分比/%	6.32	14.47	62.63	9.47	7.11	57.37

（2）不同用水水平定额的确定

通过对生活用水定额区间分布的调查分析及规划年生活用水定额的预测，确定生活用水的节水潜力和不同用水水平的生活用水定额。

2010 年蚌埠市充分用水水平下的城镇生活用水定额平均值为 175L/（人·d），农村生活用水定额平均值为 85L/（人·d），节水后城镇生活用水定额平均值为 160L/（人·d），农村生活用水定额平均值为 75L/（人·d），强化节水后城镇生活用水定额平均值为 145L/（人·d），农村生活用水定额平均值为 70L/（人·d），只保障基本生活需要的城镇生活用水定额平均值为 130L/（人·d），农村生活用水定额平均值为 60L/（人·d）。

2030 年蚌埠市充分用水水平下的城镇生活用水定额平均值为 180L/（人·d），农村生活用水定额平均值为 90L/（人·d），节水后城镇生活用水定额平均值为 165L/（人·d），农村生活用水定额平均值为 80L/（人·d），强化节水后城镇生活用水定额平均值为 150L/（人·d），农村生活用水定额平均值为 75L/（人·d），只保障基本生活需要的城镇生活用水定额平均值为 135L/（人·d），农村生活用水平定额平均值为 65L/（人·d）。

（3）供需及配置计算

① 区域供需及配置计算。将蚌埠市与用水相关的各项指标，代入城乡饮水安全供水预警模型，计算出蚌埠市规划水平年城乡水资源供需及配置成果（表 7-9～表 7-12）。

表 7-9　基准年水资源供需分析成果　（单位：万 m³）

行政分区	保证率	基准年			
		需水量	可供水量	缺水量	缺水率
蚌埠市	50%	184742	156832	27910	15%
	75%	195678	157667	38010	19%
	95%	215375	153852	61523	29%

表 7-10　2030 年水资源供需分析成果　（单位：万 m³）

行政分区	保证率	2030 年			
		需水量	可供水量	缺水量	缺水率
蚌埠市	50%	210719	210719	0	0.0%
	75%	222337	222337	0	0.0%
	95%	242503	219549	22954	9.5%

表 7-11　基准年水资源配置成果　（单位：万 m³）

行政分区	保证率	生活		生产			生态
		城镇生活	农村生活	第一产业	第二产业	第三产业	
蚌埠市	50%	6500	5461	135051	33312	2431	1988
	75%	6500	5461	145987	33312	2431	1988
	95%	6500	5461	165684	33312	2431	1988

表 7-12　2030 年水资源配置成果　（单位：万 m³）

行政分区	保证率	生活		生产			生态
		城镇生活	农村生活	第一产业	第二产业	第三产业	
蚌埠市	50%	13574	3448	131120	53897	6071	2608
	75%	13574	3448	142738	53897	6071	2608
	95%	13574	3448	143258	53897	6071	2608

② 蚌埠闸上供需计算。根据模型计算 2010 年蚌埠闸上不同保证率（50%、75%、95% 和 97%）年来水量分别为 231.06 亿 m³、131.3 亿 m³、65.29 亿 m³ 和 52.18 亿 m³，多年平均年来水量为 269.18 亿 m³。2030 年蚌埠闸上不同保证率（50%、75%、95% 和 97%）年规划来水量分别为 182 亿 m³、107 亿 m³、48 亿 m³ 和 44 亿 m³，多年平均年来水量为 208 亿 m³。

淮河蚌埠闸上水源在 2010 年蓄水位和不考虑水质因素的情况下，在 50％、75％、95％和 97％保证率下可分别向蚌埠市城市供水 23800 万 m³、23800 万 m³、14500 万 m³ 和 13100 万 m³；规划到 2030 年在 50％、75％、95％和 97％保证率下可分别向蚌埠市城市供水 23800 万 m³、23800 万 m³、14500 万 m³ 和 13100 万 m³。

（4）供水警戒线的制定

根据典型调查的分析和模型计算成果，确定生活用水的节水潜力和应急状况下须满足的基本生活保障用水，以此将供水警戒线分为四级（表 7-13）。

表 7-13　蚌埠市城乡生活供水警戒线　（单位：万 m³）

分类		2010 年	2030 年
城镇生活	蓝色警戒线	7150	14931
	黄色警戒线	6500	13574
	橙色警戒线	5850	12217
	红色警戒线	5200	10859
农村生活	蓝色警戒线	6007	3793
	黄色警戒线	5461	3448
	橙色警戒线	4915	3103
	红色警戒线	4369	2758
总生活	蓝色警戒线	13157	18724
	黄色警戒线	11961	17022
	橙色警戒线	10765	15320
	红色警戒线	9569	13618

（5）安全评价及实时预警

在不限制农业用水的条件下，同时不考虑水质性缺水因素，在 50％、75％年型淮河蚌埠闸上水源能够满足蚌埠用水量要求。在 95％、97％的干旱年份，蚌埠市将严重缺水。在规划水平年由于淮河上游用水量的增加，蚌埠市用水缺口还将增大。虽然供水次序是生活优先，居民生活用水量基本能够得到保障，但生活用水具有特殊性，是人们生活的基本保障，对保证率的要求极高，且一旦遭遇突发事件无法保障时，会带来较大的社会不稳定因素，因此需要采取预警保障机制，以保障生活供水安全。

在各规划水平年，应根据各预警指标的实时变化，随时进行模型分析，提出预警。

4. 保障措施

1）工程措施

（1）备用水源地工程。规划新建及扩建的水源地有：芡河备用水源地工程、天河应急水源地续建工程、沱湖应急水源地建设。

（2）城市供水工程。规划兴建的供水工程有：怀远县扩建芡河水厂、马城工业园区水厂；五河县规划建设园集水厂、西坝口水厂；固镇县城规划供水采用地表水，水源为怀洪新河。

（3）农村饮水安全工程。目前大部分乡镇居民采用小口井、手压井分散取用浅层地下水，因此饮用水源及其质量没有保证。为了提高农村居民生活水平、保障用水安全、促进节约用水，在继续实施农村饮水安全工程的基础上，遵循因地制宜、城乡供水水源共享的原则，积极推进规模化集中供水。在城市近郊推行城乡供水一体化，在远郊逐步推进农饮水厂供水管网串联、合并供水，实现村镇集中供水，加强村镇供水工程管理，提高供水保证率及供水质量。

（4）节水工程。蚌埠市城镇供水管网漏失率偏高，节水器具普及率较低，生活节水有一定的潜力。在规划水平年应通过改造供水体系和改善城市供水管网有效降低渗漏损失和能耗，减少二次污染，提高服务水平，大力推广节水器具，从而提高城市供水效率。

（5）调水工程。从整体上考虑，应加快实施引江济淮工程和江巷水库调水工程，向蚌埠供水。

2）非工程措施

（1）强化节水意识。

① 生活节水。在非工程方面加强节水宣传，实行阶梯式水价，全面推广节水器具，减少生活用水浪费。

② 工业节水。对于规划水平年工业节水应采取以下措施：①创新科技，大力发展和推广节水工艺，降低万元增加值工业用水量；②调整产业结构，大力发展低能耗工业和绿色环保工业。

3）应急措施

（1）预警级别高于蓝色警戒线、低于黄色警戒线。当预警级别高于蓝色警戒线、低于黄色警戒线时，已无法完全保障城乡生活用水，但是通过节水措施可以保障节水后的城乡生活用水。推行生活及工业节水，大幅提高超额用水部分的水价，适当限制农田灌溉用水。

（2）预警级别高于黄色警戒线，低于橙色警戒线。当预警级别高于黄色警戒线，低于橙色警戒线时，城乡生活用水开始紧缺。此时应限制蚌埠闸上农业用水，停止茨淮新河上桥翻水站及怀洪新河何巷闸抗旱翻水。

（3）预警级别高于橙色警戒线，低于红色警戒线。当预警级别高于橙色警戒线，低于红色警戒线时，城镇公共用水和部分居民生活用水将受到影响。此时应停止蚌埠闸上农业用水，保证大、中型重点工业的用水，限制高耗水企业及一些中小型企业的用水，限制高用水量的三产用水，同时启用备用水源。

（4）预警级别高于红色警戒线。当预警级别高于红色警戒线时，居民最基本生活用水将受到影响。此时应限制除电力、能源等重点工业以外的非生活用水，实施分时段供水，开采深层水，超采浅层水，跨区域紧急调水、购水。

5. 制度建设

（1）组织机构

成立城乡供水应急领导小组。城乡供水应急领导小组是处置供水应急事件的具体指挥机构，建议由市长或分管副市长任组长，由水利局、公安局、建设局、卫生局、城管局、供电局、环保局、广电局等主要领导担任组员，负责水源供水应急事件的组织协调、决策指挥和处置。

（2）建立预测供水水量预警机制

在一般枯水年和特枯水年，当供水水量出现不足、发生以下情况之一时，启动供水预警机制。

① 淮干鲁台子站的实测径流小于75％年份的流量。

② 蚌埠闸闸上水位低于17.0m。

③ 任何一个供水工程出现无法正常供水情况。

④ 人口或城镇化率发生突变。

⑤ 新增从蚌埠闸上取水的高用水工业企业。

（3）建立供水突发事件预警机制

① 信息监测和收集。对供水突发安全事件信息的监测、收集、检查和预警工作由蚌埠水利局负责，并设立供水安全事故公开报警电话，多渠道获取相关饮水安全信息，对监测信息汇总分析，及时向政府及上级应急领导机构报告。

② 预警分级。根据预测分析结果，对可能发生和可以预警的突发事件进行预警和分级。

③ 预警的发布及应急预案。预警信息包括突发供水事件的类别、预警级别、起始事件可能影响范围、警示事项、应采取的措施和发布机关等。出现饮水安全突发事件的时候，供水单位要立即上报并且应做好可能的前期处理。对于特别严重的供水安全事故，立即发布相应预警，并启动相应的应急预案。如果造成居民的生活基本用水得不到保障时，要启用备用水源或异地调水，并且尽快组织技术人员对工程建筑物抢修以保障受灾居民的基本生活用水。与此同时，医疗保障也应加强对传染病的监测和报告，以确保受灾群众的生命安全。

7.4.2 亳州市城乡饮水安全供水预警体系

1. 亳州市城乡居民供用水现状

（1）亳州市水资源状况

亳州市多年平均水资源可利用总量为13.00亿 m³，水资源可利用率为52.3％。其中地表水资源可利用量为5.48亿 m³，占水资源可利用总量的42.1％，水资源可利用率为40.0％；浅层地下水可开采量为8.49亿 m³，占水资源可利用总量的65.3％，水资源可开采率为56.3％；重复计算量为0.96亿 m³，占水资源可利用总量的7.4％。

亳州市20％、50％、75％、95％频率下的水资源可利用总量分别为16.92亿 m³、11.95亿 m³、9.04亿 m³、6.65亿 m³。

（2）供用水情况

亳州市用水包括以开采中、深层地下水为主的工业生产、城市生活用水，以及以开采浅层地下水和地表水为主的农田灌溉、生态环境、乡镇工业及煤矿生产部分用水等。2010年全市实际总供水量11.35亿 m³，其中地表水供水量2.75亿 m³，占总供水量的24.2％；地下水供水量8.60亿 m³，占总供水量的75.8％。2010年亳州市总用水量 11.35 亿 m³，其中城镇生活用水量占总用水的 4.0%；农村生活用水量占总用水量的 13.7%；工业用水量占总用水量的 20.5%；农田灌溉用水量占总用水量的 59.2%；林牧渔用水量占总用水量的 2.7%。

2010 年亳州市城镇居民平均生活用水量为 117.71L/（人·d），农村居民生活用水平均为 71.54L/（人·d）。相比于淮河流域平均水平，亳州市城镇居民生活用水定额处于中等水平，农村居民生活用水定额比较低。

（3）水源地现状

亳州市生活供水水源主要为深层地下水，有 8 个集中式饮用水水源地，均为地下水水源地。

2. 生活供水预警指标的判别

（1）自然指标

亳州市生活供水水源基本为深层地下水，开采地主要集中在谯城区。因此，选取谯城区一水厂和三水厂水源地地下水水位及区域地下水开采潜力指数作为预警指标。

（2）工程指标

工程指标主要选取自来水供水工程和农村饮水安全工程。

（3）社会指标

① 人口。截至 2010 年末，亳州全市总人口 588.8 万人，城镇人口 184.9 万人，城镇化率为 31.4%。预测到 2030 年亳州市总人口为 656.41 万人，城镇化水平达到 60%。

② 国民经济发展。亳州市 2010 年 GDP 为 496.94 亿元，三产比例为 28.1∶36.4∶35.5。预测到 2030 年亳州市 GDP 将增长为 1885.28 亿元，三产结构比例被调整为 16∶45∶39。2010 年，亳州市耕地面积为 752.3 万亩，有效灌溉面积为 469.3 万亩，预期到 2030 年，有效灌溉面积达到 571.7 万亩。

3. 模型预警

（1）生活用水典型调查

通过面上统计和典型调查相结合的方法，确定亳州市城镇生活用水综合定额平均值为 145L/（人·d），其区间分布见表 7-14 所列。

表 7-14　亳州市城镇生活用水综合定额分析表

人均日用水定额范围/L	120～140	140～150	150～180	180～210	210 以上	小于平均值（145）
户数	146	43	70	16	5	162
所占百分比/%	52.14	15.36	25.00	5.71	1.79	57.86

农村居民生活用水定额平均值为 70L/（人·d），其区间分布见表 7-15 所列。

表 7-15　农村居民生活用水定额调查表

人均日用水定额范围/L	30～40	40～55	55～65	65～90	90～100	100 以上	小于平均值（70）
户数	8	51	78	152	8	23	187
所占百分比/%	2.50	15.94	24.38	47.50	2.50	7.19	58.44

（2）不同用水水平定额的确定

通过对 2010 年生活用水定额区间分布的调查分析及规划水平年生活用水定额的预测，确定生活用水的节水潜力和不同用水水平的生活用水定额。

2010 年亳州市充分用水水平下的城镇生活用水定额平均值为 160L/（人·d），农村生活用水定额平均值为 80L/（人·d），节水后城镇生活用水定额平均值为 145L/（人·d），农村生活用水定额平均值为 70L/（人·d），强化节水后城镇生活用水定额平均值为 130L/（人·d），农村生活用水定额平均值为 65L/（人·d），只保障基本生活需要的城镇生活用水定额平均值为 115L/（人·d），农村生活用水定额平均值为 55L/（人·d）。

2030 年亳州市充分用水水平下的城镇生活用水定额平均值为 170L/（人·d），农村生活用水定额平均值为 85L/（人·d），节水后城镇生活用水定额平均值为 165L/（人·d），农村生活用水定额平均值为 75L/（人·d），强化节水后城镇生活用水定额平均值为 145L/（人·d），农村生活用水定额平均值为 70L/（人·d），只保障基本生活需要的城镇生活用水定额平均值为 125L/（人·d），农村生活用水定额平均值为 60L/（人·d）。

（3）供需及配置计算

将亳州市与用水相关的各项指标，代入城乡饮水安全供水预警模型，计算出亳州市规划水平年城乡水资源供需及配置成果（表 7-16～7-19）。

表 7-16　基准年水资源供需分析成果　（单位：万 m³）

行政分区	保证率	基准年			
		需水量	可供水量	缺水量	缺水率
亳州市	50%	81622	78921	2701	3%
	75%	94992	82567	12425	13%
	95%	109508	81253	28255	26%

表 7-17　2030 年水资源供需分析成果　（单位：万 m³）

行政分区	保证率	2030 年			
		需水量	可供水量	缺水量	缺水率
亳州市	50%	127710	130050	0	0.0%
	75%	145259	145259	0	0.0%
	95%	162436	150131	12305	7.3%

表 7-18　基准年水资源配置成果　（单位：万 m³）

行政分区	保证率	生活		生产			生态
		城镇生活	农村生活	第一产业	第二产业	第三产业	
亳州市	50%	7610	9582	38712	23068	2259	391
	75%	7610	9582	52082	23068	2259	391
	95%	7610	9582	66598	23068	2259	391

表 7‑19　2030 年水资源配置成果　　　　　　（单位：万 m³）

行政分区	保证率	生活		生产			生态
		城镇生活	农村生活	第一产业	第二产业	第三产业	
亳州市	50%	20125	9584	37468	53722	5343	1469
	75%	20125	9584	55017	53722	5343	1469
	95%	20125	9584	72194	53722	5343	1469

（4）供水警戒线的制定

根据典型调查的分析和模型计算成果，确定生活用水的节水潜力和应急状况下须满足的居民基本生活保障用水，以此将供水警戒线分为 4 级，分别为蓝色警戒线、黄色警戒线、橙色警戒线和红色警戒线（表 7‑20）。

表 7‑20　亳州市城乡生活供水警戒线　　　　　　（单位：万 m³）

分类	2010 年	2030 年	
城镇生活	蓝色警戒线	8371	22138
	黄色警戒线	7610	20125
	橙色警戒线	6849	18113
	红色警戒线	6088	16100
农村生活	蓝色警戒线	10540	10542
	黄色警戒线	9582	9584
	橙色警戒线	8624	8626
	红色警戒线	7666	7667
总生活	蓝色警戒线	18911	32680
	黄色警戒线	17192	29709
	橙色警戒线	15473	26738
	红色警戒线	13754	23767

（5）安全评价及实时预警

① 安全评价。在 2010 年水资源开发利用格局和发挥现有供水工程潜力的情况下，亳州市按照用水水平发展，在 50% 保证率平水年份即出现缺水，在 75% 保证率枯水年份缺水加剧，在 95% 保证率特枯水年份缺水将更加严重，难以完全保障生活用水。到2030 年，在配置了各供水工程的情况下，亳州市按既定的社会经济发展目标，95% 保证率特枯水年份时仍有一定的用水缺口，虽然供水次序是生活优先，能够优先保障生活用水，但生活用水是人们生活的基本保障，对保证率的要求极高，且一旦遭遇突发事件无法保障时，会带来较大的社会不稳定因素，因此需要采取预警保障机制，以保障生活供水安全。

② 实时预警。在各规划水平年，应根据各预警指标的实时变化，随时进行模型分析，提出预警。亳州生活供水水源基本为深层地下水。地下水的过度开采会带来各类

环境问题。因此，在预警时不仅要考虑可供水量，还要遵循"适度开采"的原则，将地下水季变幅 ΔH 和地下水开采潜力指数 P 两个指标作为各供水警戒线的直接确定依据，分别划分具体警戒限度，如表 7 - 21 所示。

表 7 - 21　地下水预警指标警戒线划分值

预警指标	无警（蓝色）	轻警（黄色）	中警（橙色）	重警（红色）
$\Delta H/\mathrm{m}$	<0.5	0.5～1.0	1.0～1.5	>1.5
P	>1.2	1.0～1.2	0.8～1.0	<0.8

4. 保障措施

1）工程措施

（1）水源地工程建设。亳州市水源工程建设项目共 29 个，其中新增水源工程 18 个，改扩建项目 11 个。

（2）农村饮水安全工程。规划 2030 年全面建成乡镇供水水源工程。将井位选择在人口密集区或中心区，并与新农村建设相结合。水厂规模一般为 8000～15000 人。

（3）调水工程。应加快实施"引淮入亳"跨区域调水工程建设。调水主要用于城市工业发展需求，用地表水置换出中深层、深层地下水，增加地下水存储量，将其作为城市应急和储备水源。

（4）应急和备用水源。2030 年通过"引淮济亳"工程向亳州市调水，同时取用部分水质较好河段的地表水作为供水水源。封停企业的自备水源，用地表水进行沿河农业灌溉，用地表水置换出优质的中深层、深层地下水，增加地下水存储量，将亳州市中深层、深层地下水作为应急和备用水源。

2）非工程措施

（1）强化节水意识

① 生活节水。2010 年亳州市城镇生活用水定额平均值为 145L/（人·d），用水水平较高，但是水资源浪费现象较为严重。2010 年亳州市各县市农村生活用水平均值为 70L/（人·d），生活用水水平较低，安全保障程度较低，同时存在浪费现象，须在合理提高用水水平的基础上减少水资源浪费。

根据城镇建成区调查资料分析，亳州市生活节水器具甚少，因此应大力推行节水器具，提高生活用水利用率；加大城市供水管网改造，降低输配水管网漏失率；加大城镇生活污水处理和回收力度，积极推广"中水道"技术；加强节水宣传，实行阶梯式水价，减少生活用水浪费。

② 工业节水。2010 年，亳州市工业用水占用水总量的 24.9%。工业用水往往和生活用水共用管网。因此，工业节水也是亳州市节水的重点之一。

规划水平年工业节水应采取以下措施：创新科技，大力发展和推广节水工艺，降低万元增加值工业用水量；调整产业结构，大力发展低能耗工业和绿色环保工业。

3）应急措施

水资源的丰、枯随机性决定了水供给的不稳定性，而经济社会的建设与发展需要高保证率的稳定供水。在遇到特殊干旱年或者连续干旱年，出现生活供水预警时，应根据不同的预警级别，采取相应的应急措施，保障生活用水不受威胁，并将可能带来的损害降到最低。

（1）高于蓝色警戒线、低于黄色警戒线。当预警级别高于蓝色警戒线、低于黄色警戒线时，已无法完全保障城乡生活用水，但是通过节水措施可以保障节水后的城乡生活用水。采取的主要措施是生活及工业节水，大幅提高超额用水部分的水价，适当限制农田灌溉用水。

（2）高于黄色警戒线、低于橙色警戒线。当预警级别高于黄色警戒线、低于橙色警戒线时，城乡生活用水开始紧缺。此时应削减农作物灌溉用水量，保障城乡生活用水。

（3）高于橙色警戒线、低于红色警戒线。当预警级别高于橙色警戒线、低于红色警戒线时，城镇公共用水和部分居民生活用水将受到影响。此时应停止农业用水，保证城市支柱产业的重点工业用水，限制高耗水企业及一些中小型企业的用水，限制高用水量的三产用水，同时启用备用水源。

（4）高于红色警戒线。当供水量低于红色警戒线时，居民最基本生活用水将受到影响。此时应限制除电力、能源等重点工业外的非生活用水，实施分时段供水，跨区域紧急调水、购水。

5. 制度建设

（1）组织机构

成立城乡供水应急领导小组。供水应急领导小组是处置供水应急事件的具体指挥机构，建议由市长或分管副市长任组长，由水利局、公安局、建设局、卫生局、城管局、供电局、环保局、广电局等主要领导担任组员，负责水源供水应急事件的组织协调、决策指挥和处置。

（2）建立预测供水量预警机制

在一般枯水年和特枯水年，当供水量出现不足、发生以下情况之一时，启动供水量预警机制。

① 地下水取水井水位季降幅大于 0.5m。

② 区域地下水开采潜力指数小于 1.2。

③ 任何一个供水工程出现无法正常供水情况。

④ 人口或城镇化率发生突变。

⑤ 新增高用水工业企业。

（3）建立供水突发事件预警机制

① 信息监测和收集。供水工程安全事件信息的监测、收集、检查和预警工作由亳州水利局负责。设立供水安全事故公开报警电话，多渠道获取饮水安全相关信息，对监测信息进行汇总分析，及时向政府及上级应急领导机构报告。

② 预警分级。根据预测分析结果，对可能发生和可以预警的突发事件进行预警，一般可分为 4 级。

③ 预警的发布及应急预案。预警信息包括突发供水事件的类别、预警级别、起始

事件可能影响范围、警示事项、应采取的措施和发布机关等。出现饮水安全突发事件的时候，相关单位要立即上报并且做好前期处理。对于特别严重的供水安全事故，应立即发布相应预警，并启动相应的应急预案。如果居民的生活基本用水得不到保障，则要启用备用水源或异地调水，并且尽快组织技术人员对工程建筑物抢修，以保障受灾居民的基本生活用水。与此同时，医疗保障机构也应加强对传染病的监测和报告，以确保受灾群众的生命安全。

7.5 小 结

1. 确定了城乡居民生活供水警戒线的制定方法

采用面上统计和典型调查相结合的方法调查城乡居民生活用水定额。面上统计以历年水资源公报为主，以相应的用水人口资料为辅，分析其平均用水定额。以现状水平年定额为基础，以水资源综合规划为依据，并考虑人民生活水平进一步提高、区域生活水平的改善、城市供水管网的改造、节水器具的普及等因素，综合分析规划水平年生活用水定额。

通过对生活用水定额区间分布的调查分析及规划水平年生活用水定额的预测，确定生活用水的节水潜力和在应急状况下须满足的基本生活保障用水，并以此将供水警戒线分为 4 级，分别为蓝色警戒线、黄色警戒线、橙色警戒线和红色警戒线。

2. 建立了城乡饮水安全供水预警模型

城乡饮水安全供水预警模型由大量的相似的子模块组成，子模块以地市为单元，建立各地市的水文预报、水资源数量、经济社会需水量、水源地、水资源工程分布及供水量等各项指标与预警标志之间的逻辑关系，把人口和不同保障程度的用水定额作为预测规划水平年城乡居民生活用水警戒线的输入量，分析规划水平年各地市城乡饮水安全供水保障程度，在供水量达到各级警戒线时，分析其危害程度，判定应采取的工程及非工程措施，并对采取措施后的条件重新进行模型分析。

城乡饮水安全供水预警模型主要包括枯水期径流预报子模块、需水预测子模块、地下水预警子模块、供水工程调度子模块、供水方案制定子模块。系统的各部分间的逻辑关系为：以水资源综合数据库为基本信息支持，以各种预测和调度子模块为手段，通过总控程序，构筑系统的运行环境，辅以友好的人机界面和人机交互过程，实现信息服务和供水调度决策。

3. 构建了淮河流域城乡饮水安全供水预警体系框架

城乡饮水安全供水预警体系框架包含三大部分：一是制度体系，二是预警体系，三是措施体系。制度体系是城乡饮水安全供水预警体系框架的基础，主要是城乡饮水安全供水预警制度的建设，包括预警制度的制定，组织实施的形式。预警体系是整个城乡饮水安全供水预警体系框架的核心内容，主要包括预警指标的选择、预警指标的判别、预警线的核算及模型预警。措施体系是城乡饮水安全供水预警体系框架的保障，主要包括发出预警后采取的工程措施和非工程措施。

4. 构建了典型城市的城乡饮水安全供水预警体系

根据淮河流域的用水现状及缺水特点，选取蚌埠市和亳州市作为典型城市。收集整理蚌埠市和亳州市的供用水、水源地及工程等相关资料，将供用水相关的各项指标输入城乡饮水安全供水预警模型，制定蚌埠市和亳州市的供水警戒线，并提出相应的预警措施。

第8章 主要成果和建议

8.1　主要成果

1. 淮河流域气候和水资源变化特征

淮河流域过去 2000 年经历了 7 个阶段的冷暖变化：秦至东汉后期，气候相对温暖；东汉末、三国、两晋、南朝梁时期，气候总体寒冷；南朝陈至中唐时期，气候总体上呈持续温暖态势；唐后期至五代前期，气候总体寒冷；五代后期、两宋至元朝中期，气候相对温暖；元朝后期、明、清及民国初期，气候相对寒冷；1921 年至今，气候温暖且在波动中逐渐增暖。

淮河流域年降水在 1957—1979 年偏少，20 世纪 70 年代末—90 年代初持续多雨，1990 年以后又持续减少，2000 年后转入降水偏多期。淮河流域汛期（6—9 月）降水 1953—1963 年和 2003—2009 年处于相对多水的年代际背景，1992—2002 处于相对少水的年代际背景，20 世纪 70 年代—80 年代则处于相对平稳时期。汛期降水有着准 10 年和 2 年的降水周期，约 2 年就有一次较严重的干旱或洪涝发生。

淮河流域年气温均值为 14.5℃，呈波动上升趋势，20 世纪 60 年代—80 年代，气温有一定幅度的下降，进入 20 世纪 90 年代，气温持续上升，21 世纪初的 10 年气温增暖趋势明显。淮河流域夏季气温并无明显增暖趋势，秋季的增暖趋势高于夏季、小于春季，冬季气温的增幅最为明显。

淮河流域地表径流的年际变化剧烈，具有最大与最小径流量倍比悬殊、年径流变差系数 C_v 大和丰枯变化频繁等特点。

2. 淮河流域未来气候和水资源变化特征

NCAR-CCSM3.3 气候模式预估淮河流域 A2（高排放）情景下 2010—2030 年降水相对平稳，2050 年后降水量明显偏多，气温呈明显的上升趋势，上升速率达 0.35℃/10 年。A1B（中等排放）情景下，预估淮河流域降水在未来 100 年里呈波动增加趋势，降水增加的幅度小于 A2 情景下的预估降水，预估淮河流域年平均气温上升速率为 0.2℃/10 年。B1（低排放）情景下，预估未来 100 年的淮河流域年降水无明显的增加或减少趋势，夏季降水有逐步偏多趋势，气温上升速率为 0.1℃/10 年，比 A2、

A1B 情景下气温增加的幅度小。

气候情景模式-月水量平衡模型预估 2001—2100 年淮河流域年径流量呈现不显著上升趋势，其中 A2、A1B 和 B1 情景下年径流量增加速率分别为 7mm/10 年、11mm/10 年和 2mm/10 年。

3. 淮河流域协调发展指标

用水总量定额指标：到 2030 年淮河流域用水总量控制在 642 亿 m^3 以内。

地表水功能区达标率：到 2030 年淮河流域地表水功能区 COD、氨氮达标率应达到 95%。

万元工业增加值用水量：淮河流域 2030 年万元工业增加值用水量为 12m^3。

亩均农田用水量：淮河流域 2030 年亩均农田用水量为 188m^3。

森林覆盖率：结合淮河流域实际情况，将淮河流域 2030 年森林覆盖率的标准值设定为 20%。

人均生活用水量：淮河流域 2030 年人均生活用水量为 35m^3。

人均 GDP：淮河流域 2030 年人均 GDP 为 8 万元。

4. 淮河流域经济社会和生态环境协调发展

淮河流域经济社会和生态环境关系是协调的。淮河上游、中游与下游区域复合系统的协调度近些年尽管有起伏，但是总体趋势是向着好的方向发展，即经济社会发展的同时，资源环境利用与保护体系也逐步改善，整个系统向着日益协调的趋势发展。沂沭泗河区域复合系统的协调度在 2007 年前向协调趋势发展，但是 2008—2010 年因生态环境子系统中污径比序参量增大而使生态用水率降低，使经济社会发展与生态环境保护的协调性降低，使整个系统的协调性有下降的趋势。因此，为了促进和谐流域建设，该区域应当加强生态环境保护，减少污水排放，保障生态环境的合理用水。

未来淮河流域在经济社会惯性发展趋势下水资源压力巨大。淮河流域 2010 年需水量为 571.7 亿 m^3。由模拟模型分析，考虑不同的节水情景（一般、强化、超强）在不同的经济发展模式（高、中、低增长速度）下，淮河流域 2030 年需水量为 617.2 亿～737.1 亿 m^3。从预测成果可以看出，无论采取什么样的发展模式和节水措施，淮河流域在 2030 年以前河道外需水量总体都呈现出增长趋势，因此未来淮河流域经济的持续发展面临巨大的水资源压力。

根据《淮河区水资源综合规划》成果，2030 年淮河流域用水总量应不超过 642 亿 m^3。因此，根据已有规划外调水安排，淮河流域水资源不能承载高情景方案的发展水平。

5. 淮河流域粮食安全保障指标

为保障淮河流域粮食安全，在分析淮河流域农业供水安全现状的基础上，从粮食产量、农田有效灌溉面积、粮食灌溉水量和设计灌溉保证率与灌溉定额 4 个方面构建了淮河流域农业供水安全标准体系：①2030 年淮河流域粮食产量 1169 亿 kg；②2030 年淮河流域农田有效灌溉面积 16568 万亩；③2030 年淮河流域粮食灌溉供水量 355 亿 m^3，淮河流域发生干旱时，若要控制粮食减产率低于 3%，则至少要保证粮食灌溉供水量为 338 亿 m^3；④2030 年淮河流域农业基本保障灌溉定额 217m^3/亩，充分保障灌溉定额 227m^3/亩。从保障农业用水供给、提高农业用水效率和灌溉保证率三方面提出了淮河流域农业供水安全保障途径。

通过粮食作物受旱试验，分析了淮河流域典型地区典型农作物的需水量与需水规律，提出了淮河流域典型农作物的作物水分生长函数；通过对照试验，重点研究淮河流域各典型农作物在亏水灌溉条件下对粮食产量的影响，试验结果表明，当淮河流域粮食灌溉水量缺水 4.71％时，3 种主要粮食作物综合减产率小于 3％。

6. 城市供水保障与预警

通过对淮河流域生活用水定额区间分布的调查分析及规划水平年居民生活用水定额的预测，将供水警戒线分为 4 级，并确定了城乡居民生活供水警戒线制定方法。建立了城乡饮水安全供水预警模型，主要包括枯水期径流预报子模块、需水预测子模块、地下水预警子模块、供水工程调度子模块、供水方案制定子模块。构建了淮河流域城乡饮水安全供水预警体系框架，分为制度体系、预警体系和措施体系。将模型和预警体系应用于典型城市，构建了典型城市的城乡饮水安全供水预警体系，并分析相应措施的影响。

8.2 建　议

1. 加强节水，提高效率

全面贯彻落实"节水优先、空间均衡、系统治理、两手发力"的治水方针，落实资源节约与环境保护的基本国策，根据经济社会发展的新形势及新时期节水型社会建设的新要求，以提高水资源利用效率和效益为核心，以制度创新为动力，转变经济发展方式，转变用水观念和用水方式，充分认识节水的重要性，始终坚持并严格落实节水优先方针，积极培育节水型生产模式和消费模式。

2. 加强管理，强化水资源刚性约束

淮河流域水资源总量少，人均、亩均水资源占有量较低，水资源分布与淮河流域人口和耕地分布、生产力布局不协调。因此，要强化水资源刚性约束，完善水资源刚性约束管控指标，加快推进河湖水量分配，进一步完善各级行政区用水总量控制指标，全面实行地下水取用水量和水位双控制度，进一步完善用水定额等节水指标。强化水资源刚性约束监管制度。定期开展淮河流域水资源承载能力评价，实施有差别化的管控措施。强化规划和建设项目水资源论证，规范取水许可管理。

3. 建立健全监督与考核机制

建立健全水资源管理"三条红线"控制指标体系和监控评价体系，不断完善最严格水资源管理考核制度。建立健全节水绩效考核机制，完善节水指标考核体系，加强对重点地区、重点行业、重点单位节水指标落实情况的统计、监测和考核评估。节水绩效考核制度，做到层层有责任、逐级抓落实，确保淮河流域水资源管理工作有组织、有步骤地向前推进。

4. 加强水环境保护管理与监测

加强水环境保护管理，全面实施水环境保护方案，完善点源、面源和内源等污染

源治理措施，整治排污口，严格控制入河、入湖排污总量，保证河湖水质达标，实现区域水环境质量的持续改善。加强水环境监测，建立并完善水环境监测网络，随时掌握水质、水生生物的变化动态。完善生态环境管理制度，健全生态环境损害赔偿、污染物排放严惩重罚等制度，完善污染物排放标准，强化排污者责任，严格环境执法监管，推进联合执法、区域执法、交叉执法，严厉打击破坏生态环境的行为，有效提高生态环境保护管理水平。

5. 完善水源地监测体系，加强水源地监测体系建设

进一步完善水源地监测体系建设，包括旱情信息、水库及水源工程信息、水厂及输配水管网运行信息等；构建一套比较合理的、应对紧急状况的预警制度体系，建立更加快捷和畅通的紧急状态预警制度，健全紧急状态报告和举报制度，并进一步建立高效的紧急状态预警指挥决策和管理体系。

6. 加强非常规水源利用

非常规水源是指区别于一般意义上的地表水、地下水的水源，包括污水处理回用、海水、微咸水、雨洪水和矿井水等。未来应大力加强非常规水源的开发利用，缓解水资源供需矛盾，减轻地表水和地下水资源压力。大力促进污水处理回用项目的建设，积极推进污水处理厂和污水收集管网的建设，逐步提高污水收集率和处理率，降低生活污水和生产废水对环境造成的影响；积极推动城市雨、洪水资源利用，建设海绵型城市；在有条件的地区应加强海水、微咸水和矿井水的开发利用。

7. 加强政策保障

提高供水安全保障组织程度，坚持把供水安全保障工作放在突出位置，切实做好各项政策措施的落实，加快形成区域全覆盖、管理全过程的供水安全保障监管机制。强化政策支持，进一步加大公共财政投入力度，并多渠道筹措资金，加快水源地达标建设、应急备用水源建设及自来水深度处理建设改造，加快建立合理的城市供水价格形成和调整机制。加强对供水安全保障工作的督促检查，推动落实各项政策措施。

参 考 文 献

[1] 王雪, 王春棉, 王海潮. 多准则供水安全评价体系研究 [C] //中国水利学会水资源专业委员会学术年会. 中国水利学会, 2007: 215-221.

[2] 宋国涛等. 中国国际环境问题报告 [M]. 北京: 中国社会科学出版社, 2002.

[3] 阮本清, 魏传江. 首都圈水资源安全保障体系建设 [M]. 北京: 科学出版社, 2004.

[4] 中国工程院 "21世纪中国可持续发展水资源战略研究" 项目组. 中国可持续发展水资源战略研究综合报告 [J]. 中国工程科学, 2000 (8): 1-17.

[5] 王浩. 西部大开发战略下的西北水资源开发、利用与保护 [J]. 水利水电技术, 2004 (1): 17-21.

[6] 谢新民, 裴源生, 秦大庸, 等. 二十一世纪初期宁夏所面临的挑战与对策 [J]. 水利规划设计, 2002 (2): 19-25+39.

[7] 韩宇平. 水资源短缺风险管理研究 [D]. 西安: 西安理工大学, 2003.

[8] MERABTENE T, KAWAMURA A, JINNO K, et al. Risk assessment for optimal drought management of an integrated water resources system using a genetic algorithm [J]. Hydrological processes, 2002, 16 (11): 2189-2208.

[9] LINDHE A, ROSEN L, NORBERG T, et al. Cost-effectiveness analysis of risk-reduction measures to reach water safety targets [J]. Water research, 2010, 45 (1): 241-253.

[10] 韩宇平, 阮本清, 解建仓. 多层次多目标模糊优选模型在水安全评价中的应用 [J]. 资源科学, 2003 (4): 37-42.

[11] 施春红, 胡波. 城市供水安全综合评价探讨 [J]. 资源科学, 2007 (3): 80-85.

[12] 郑昊. 哈尔滨市供水安全评价 [D]. 合肥: 合肥工业大学, 2010.

[13] SECKLER D, AMARASINGHE U A, MOLDEN D J, et al. World water demand and supply, 1990 to 2025: scenarios and issues [J]. IWMI Research Reports, 1998.

[14] 李景波. 滕州市城市水资源可持续利用研究 [D]. 南京: 河海大学, 2003.

[15] 张伟东. 面向可持续发展的区域水资源优化配置理论及应用研究 [D].

武汉：武汉大学，2004.

[16] 王浩．可持续发展的水资源混合分配模式 [D]．哈尔滨：哈尔滨理工大学，2006.

[17] 李静．宝鸡市水资源可持续利用与管理 [D]．西安：西安理工大学，2008.

[18] 牟丽丽．三江平原水资源可持续利用研究 [D]．哈尔滨：黑龙江大学，2010.

[19] CHUNG G，LANSEY K，BLOWERS P，et al．A general water supply planning model：Evaluation of decentralized treatment [J]．Environmental modelling and software，2007，23（7）：893-905.

[20] SHARMA D，BHARAT A．Conceptualizing risk assessment framework for impacts of climate change on water resources [J]．Current science，2009，96（8）：1044-1052.

图书在版编目（CIP）数据

淮河流域供水安全保障关键技术研究及应用/沈宏，梅梅主编．—合肥：合肥工业大学出版社，2022.9

ISBN 978 - 7 - 5650 - 5967 - 4

Ⅰ.①淮⋯ Ⅱ.①沈⋯②梅⋯ Ⅲ.①淮河流域—供水管理—研究 Ⅳ.①F299.241

中国版本图书馆 CIP 数据核字（2022）第 181494 号

淮河流域供水安全保障关键技术研究及应用

主编 沈 宏 梅 梅　　　　　　　　责任编辑 张择瑞

出　版	合肥工业大学出版社	版　次	2022 年 9 月第 1 版
地　址	合肥市屯溪路 193 号	印　次	2022 年 9 月第 1 次印刷
邮　编	230009	开　本	787 毫米×1092 毫米　1/16
电　话	理工图书出版中心：0551 - 62903204	印　张	14
	营销与储运管理中心：0551 - 62903198	字　数	309 千字
网　址	www. hfutpress. com. cn	印　刷	安徽联众印刷有限公司
E-mail	hfutpress@163. com	发　行	全国新华书店

ISBN 978 - 7 - 5650 - 5967 - 4　　　　　　　　　　　定价：88.00 元

如果有影响阅读的印装质量问题，请与出版社营销与储运管理中心联系调换。